Chile

Alles kommt zu dem,
der warten kann

Chilenische Volksweisheit

Chile

Fotografie
Hubert Stadler

Text
Susanne Asal

BRUCKMANN

Inhalt

16 | *Das Ende der Welt rückt näher*

19 | Von Norwegen in die Sahara
21 | Die Gründerzeit
24 | *Daten und Bilder zur Geschichte*
30 | Straßen in die Einsamkeit
32 | *Seeigel und Indianerküche: Überraschungen auf Chiles Tellern*
34 | Der Tiger Südamerikas
42 | *Messwein als Exportschlager: Chilenische Weingüter machen Karriere*

44 | *Wo Chile geboren wurde*
Santiago und Umgebung

44 | In das Herz der Stadt
46 | Flanieren durch die Gründerzeit
49 | Der Bauch von Santiago
50 | Zehn Hütten machen Karriere
52 | *Santiago de Chile: Der schönste Stadtrundgang*
60 | Auf dem Land
64 | *Vom Nabel der Welt und Robinson Crusoe: Die Osterinsel und Islas Juan Fernández*

68 | *Huasos, Goldminen und Esoteriker*
Der Kleine Norden

70 | Gold in den Bergen
74 | Eisenbahnen in die Abgeschiedenheit
76 | *Das Kreuz des Südens im Visier: Sternwarten in der Wüste*
81 | Im Land der Dinosaurier
81 | In das Tal des Schnapses
82 | La Serena
86 | *Das weiße Gold des Nordens: Salpeter, der erste Exportschlager Chiles*

88   In der Heimat der Pachamama
Der Große Norden

90	Der Mond steht über dem Tal
92	Der offene Himmel
93	Salto rückwärts in die Geschichte
94	Salpeter lockt
96	*Schutzburgen gegen Eindringlinge:* *Die indianischen Pukaras*
102	Der Norden ist rot
102	Vom Meeresspiegel auf 4600 Meter Höhe
112	*Gleise durch die Wüste:* *Eisenbahnen erschließen das Land*

114   Unter Indianern und Deutschen
Der Kleine Süden

116	Der König von Patagonien
119	Die Kohle von Lota
120	Die Europäer kommen
128	*Wandern, Reiten, Wassersport:* *Freizeitaktivitäten in Chile*
130	Eine einzige Idylle
131	Auf den Spuren von Banditen
140	*»Ein morscher Stamm, welch ein Schatz …«:* *Wild, fremd, geheimnisvoll: der chilenische Wald*

144   Gold, Schafe und Eis
Die Herausforderungen des Südens

144	Lachs kontra Meeresfrüchte
149	Abenteuer Carretera Austral
154	*»Schreie aus Stein«: Im Nationalpark Torres del Paine*
156	Gekaufte Wildnis: Parque Pumalín
157	Großes weites Land der Schafe
159	Feuerland, Ende der Welt
166	*Willkommen in der Natur:* *Nächtigen in außergewöhnlichen Hotels*

168   Planen, Reisen, Genießen

171	*On the road: Mit dem Wohnmobil durch Chile*
172	*Natürliche Schönheit: Die interessantesten Nationalparks*
176	*Chile entdecken: Die fünf schönsten Routen*

180   Menschen, Orte, Begriffe

»Hinter mir, dem Süden zu,
hatte das Meer die Landstriche
zerbrochen mit seinem
Hammer von Eis …«

Pablo Neruda (1904–1973)

Der Nationalpark Pan de Azúcar, wörtlich
»Zuckerhut«, liegt im **Norden Chiles**. Ihn erreicht
man gut von dem ehemaligen Kupferhafenstädtchen
Chañaral aus. Bezeichnend für ihn sind schöne
Strände und unter Naturschutz stehende
Kaktusarten.

Im Sommer wird Papudo besonders
von Familien heiß geliebt. Das
Ferienbad an der Küste ein wenig
nördlich von **Santiago** hat eine
lange Tradition als Ferienort;
einige schöne Villen an der
Strandpromenade bezeugen dies.

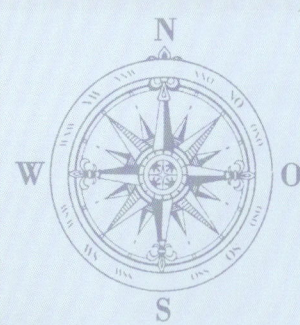

*Im Hintergrund liegt schon Argentinien: Die mit Flechten bewachsene Araukarie am Paso Tromen mit dem Vulkan Lanín im **kleinen Süden**.*

*Der Grey-Gletscher im Parque Nacional Torres del Paine kalbt in den gleichnamigen See. Seit Jahren befindet sich die Gletscherzunge im **großen Süden** auf dem Rückzug.*

Während des Rodeos verwandelt sich das winzige Chañar im Hurtado-Tal in die Hauptstadt des kleinen Nordens. Huasos wie Don Felipe wohnen den Wettkämpfen bei, traditionell gekleidet mit stolzen Hüten und kurzen gestreiften Ponchos (oben). Die meisten Besucher wohnen den Sonnenuntergängen im Valle de la Luna bei San Pedro de Atacama bei. Diese Aufnahme zeigt das wüstengleiche Mondtal einmal am frühen Morgen. Es liegt in der Cordillera de la Sal und bildete ursprünglich das Fundament eines Salars. Die Erosion hat die erstaunlichsten Figuren und Formationen hervorgelockt (rechts).

*Nachfolgende Doppelseiten:
8/9 Auf Entdeckungstour in der Bucht Puyuhuapi.
10/11 Frühling im Nationalpark Torres del Paine am Lago Pehoe.
12/13 Zwischen Punta Arenas und Puerta Natales erwartet den Besucher die Hosteria Estancia Rio Penitente.*

Das Ende der Welt rückt näher

Bitte Haltung annehmen: In diesem Tanzlokal in Santiagos vergnügtem Künstler- und Ausgehviertel Bellavista pflegt man die große Tradition des Tango (oben). Die Wallfahrt zur Jungfrau von Aiquina im Norden des Landes ist eine anstrengende Angelegenheit, der kleine Ort ist nur zu Festtagen belebt. Dann aber birst er über von überschwänglich begangenen Prozessionen und Tänzen. Eine junge schöne Chilenin zeigt ihre Festtracht (rechts). Im nebelverhangenen Nationalpark Torres del Paine haben Guanakos eine sichere Heimat gefunden (rechte Seite).

»Hinter mir, dem Süden zu, hatte das Meer
Die Landstriche zerbrochen
Mit seinem Hammer von Eis
Aus der klirrenden Einsamkeit
Wurde das Schweigen plötzlich zum Archipel
Und grüne Inseln umgürteten
Die Taille meines Landes
Wie Pollen oder Blütenblätter
Einer Meeresrose.«

Pablo Neruda

Das Ende der Welt ist näher gerückt. Zum Beispiel für Caleta Tortel. In den tiefen Fjorden im Süden Amerikas, ein wenig östlich des tobenden »Golfes der Leiden«, liegt der 508-Einwohner-Ort, wo er in seiner verwunschen schönen Umgebung vor sich hinträumte, bis eine Straße ihn im Mai 2003 aus seiner Abschirmung durch riesige Gletscher und stürmisches Meer riss. Bis zu diesem Zeitpunkt konnte man nur mit dem Schiff nach Caleta Tortel gelangen.

Mehr als sieben Berge mussten die Straßenbauarbeiter überwinden, um die von dichten Zypressenwäldern und Sumpflandschaft umschlossene Dornröschen-Schönheit zu erreichen. Über hundert Kilometer Felsen, Moore, Gletscherflüsse und -seen waren es bis zum nächsten bereits mit einer Straßenanbindung ausgestatteten Ort. Hundert Jahre lang lebte die Bevölkerung isoliert in ihrem anmutigen Dorf, das sich eng an einen steilen grünen Hügel schmiegt und komplett aus dem Holz von Zypressen erbaut ist.

Der Zufall hat seine Bewohner hierher gebracht. 1904 stieß eine Gesellschaft zur Erschließung der Region in diese Bucht vor, die bis dahin nur von Schnepfen, Käfern, Wölfen und den Andenrehen *huemules* bevölkert war, und befand diese Gegend als geeignet für Holzeinschlag und Rinderzucht. Arbeiter wurden mit ihren Familien angesiedelt, Handelsschiffe gingen in der Bucht vor Anker. Und das prachtvolle Zypressenholz wurde in den Norden des Landes und sogar bis nach Europa verkauft.

Unterwegs im Nationalpark Fray Jorge südlich von La Serena, Hauptstadt des kleinen Nordens. Der an der Küste gelegene Parque Nacional weist ein ganz spezifisches Mikroklima auf, in dem seltene Pflanzen wie diese Kakteen gedeihen (alle Bilder).

Hundert Jahre Einsamkeit sind nun vorbei. Caleta Tortel ist eingemeindet in das Koordinatensystem der Straßen und Wege, aufgenommen in die Liste der Erreichbarkeit. Und 508 chilenische Bürger können jetzt überall in die Welt hinausgehen, und die Welt kann zu ihnen kommen.

Wie viele Siedlungen sind es, die wie Caleta Tortel oder Ollagüe im Norden an der Grenze zu Bolivien zwischen Flamingos, tosenden Wellen, erloschenen Vulkanen und Salzkristallen in den Fjorden oder in den Gebirgen nisten? Isolation und deren Überwindung haben in Chile immer eine Rolle gespielt. Bis zum heutigen Tag gibt es unerforschte Regionen, noch nie gesehene Berge, noch nie bereiste Inselsplitter, Gebirgslagunen, Steppen und Buchten. Caleta Tortel und Ollagüe sind nur zwei Beispiele dafür, wie sich die Landkarte Chiles allmählich füllt.

Chiles Beitrag zum Weltkulturerbe

Nicht nur Natur und Meeresfrüchte hat Chiloé im Überfluss, sondern auch Kirchen. Grazile Gebäude aus Holz, bei deren Konstruktion kein einziger Nagel verwendet wurde, ragen aus Feldern und Dörfern empor, mit einem zwei- oder dreistufigen Glockenturm und luftigen Arkadenfassaden. Einen »Garten der Kirchen« wollten die jesuitischen Missionare auf Chiloé und ihren Inselsplittern schaffen, und zusammen mit den später angekommenen Franziskanern haben sie das auch erreicht. Über 150 bezaubernde Kirchen und Kapellen liegen über den Archipel verstreut, 16 von ihnen wurden von der UNESCO zum Weltkulturerbe erklärt. Ebenfalls in die UNESCO-Liste aufgenommen wurden 2003 die eigenwillige Altstadt von Valparaíso als herausragende Vertreterin einer hafenstädtischen Architektur-Konzeption der frühen Phase der Globalisierung im 19. Jahrhundert und die Salpeterwerke Humberstone und Santa Laura 2005. Das jüngste Vorzeigeexemplar liegt 85 Kilometer südlich von Santiago und ist die Kupferstadt Sewell (Betrieb 1905 – 1969), die zu einem farbensprühenden Museumsdorf gestaltet wurde. Besonders auffällig: Die an einen Abhang gebaute Stadt erschließt sich über Treppen. Die Moai, die geheimnisumwitterten Kolossalstatuen, auf der Osterinsel und deren autochthone Kultur haben Chile die erste Aufnahme in die Liste des Weltkulturerbes eingebracht.

Von Norwegen in die Sahara

Chile ist 4300 Kilometer lang. Das entspricht der Distanz von Norwegen bis in die Sahara. Und ungefähr so kann man sich auch das landschaftliche Spektrum Chiles vorstellen. Die von Fjorden gestaltete Küste Norwegens, die Gletscher, Seen und Flüsse hat man häufig mit dem Süden des Landes verglichen. Und Chile mag nicht die Sanddünen der Sahara haben, aber dafür die trockenste Wüste der Welt, die Atacama. Sein Bett richtet man in Chile tunlichst in Nord-Süd-Richtung aus, sagen die Chilenen, denn wenn man es in Ost-West-Richtung aufstellt, läuft man Gefahr, sich den Kopf an den Anden zu stoßen und die Füße im eisigen Meerwasser hängen zu haben. Ihr Land, *el último rincón del mundo*, der letzte Winkel der Welt, habe die verrückteste Geografie, davon sind sie überzeugt.

Besteigen wir ein Flugzeug und betrachten das Land aus der Vogelperspektive. Das schmale, lang gestreckte Chile hat zwei Grenzen, die die Natur fast unüberwindlich gebaut hat: die Anden im Osten, deren höchster Berg, der Aconcagua, der mit 6962 Metern auch der höchste Berg Südamerikas ist, sich an der argentinisch-chilenischen Grenze erhebt, und den Pazifik im Westen. Den Norden mit seiner gleißenden Sonne prägen ocker- und braunrote Wüsten, glitzernde Salzmeere, tief eingeschnittene Täler, grüne und blaue Lagunen und eine in allen erdenklichen Braun- und Rotschattierungen getönte Welt aus Vulkanen und Bergen. Das Pflanzenkleid beschränkt sich auf Kakteen, Flechten, Pilze und niedrige Sträucher. In den Tälern, so erfahren wir, ist jedoch Landwirtschaft möglich. Oliven, Oregano, Kartoffeln, Quínoa, Karotten, Knoblauch, sogar Blumen werden angebaut und Ziegenherden gehalten.

Gen Süden verdichtet sich die Vegetation, die Andenflüsse erlauben intensive Bewässerungskulturen. Man kann gut die beiden Gebirgsketten der Anden und des Küstenberglandes und das dazwischen liegende Tal erkennen. Die Zentralzone und der zentrale Süden wirken von oben betrachtet wie ein überdimensionaler Flickenteppich aus Feldern und Städten. Sie bestehen aus Kulturland mit Obstbaumplantagen, Weinbergen und Weizenfeldern. Die Anden an der Grenze zu Argentinien erreichen Rekordhöhen von nahezu 7000 Metern, ein Reigen schneebedeckter Vulkane zieht sich gen Süden. In dunkle Wälder eingebettet liegen die Seen, die Chile in touristischer Hinsicht viele Lorbeeren eingebracht haben.

Je weiter südlich das Flugzeug vordringt, desto wilder und großartiger zugleich entwickelt sich die Landschaft. Singuläre, wie gedrechselt wirkende Bergspitzen ragen in die Höhe, zahlreiche Buchten gliedern die Küste, die in manchen Augenblicken an einen zerborstenen Spiegel erinnert. Blausilbern marmorierte Gletscher bedecken immense Massen von Land. Das schillernde Grün der

Walddickichte will gar nicht mehr aufhören. Braune Schneisen darin weisen auf Waldrodungen hin, die sich scheinbar ins Unendliche dehnen.

Der Lago General Carrera lässt sich mit seinen grünen, türkisen und azurblauen Buchten gut identifizieren. In Richtung Argentinien lösen sich die Berge und Wälder in Steppen und Schichtstufenland (*mesetas*) auf. Die unverwechselbaren Zacken der Torres del Paine ragen majestätisch in den weiten Himmel.

Windstöße machen die Landung in Punta Arenas zur Wackelpartie, über die der Pilot nur schmunzeln kann, denn das ist das übliche Wetter hier, und er ist extra dafür ausgebildet, es zu meistern. Immer wieder fegen die Böen relativ ungehindert über die Magellanische Steppe und über Feuerland.

Die Gründerzeit

Eines ist auch von oben aus großer Entfernung ersichtlich: Die Verhältnisse, die die Natur geschaffen hat, stellen höchste Ansprüche, will man sie denn beherrschen. Und so regierte über die Entwicklung des Landes lange Zeit der Zufall. Eine Infrastruktur wurde nur dort aufgebaut, wo strategisch-politische oder wirtschaftliche Gründe dies erforderten.

Der Sand der Strände im Nationalpark Pan de Azúcar ist weich wie Samt, zart wie Seide und hat die Farbe von Vanillezucker (oben).
Von aufmerksamen Pelikanen bewacht werden die Fischer am Strand von Papudo (ganz links). Ein Muscheltaucher bei Caldera präpariert seinen Kescher für den nächsten Fang (links).

Nachfolgende Doppelseite: Wie aus Shakespeares Fantasie: Flechtenwald auf Feuerland.

Daten und Bilder zur Geschichte

1

2

3

4

5

Die ältesten archäologischen Funde belegen eine Besiedlung Chiles seit dem 13. vorchristlichen Jahrtausend. Die Atacameños wanderten vom Norden ein und ließen sich in den Gebirgsflussoasen der Anden nieder. Um das heutige Arica herum breitete sich in den Flussoasen von Lluta und Azapa die Chinchorro-Kultur aus, als deren Zeugnisse die ältesten Mumien der Welt im Museum von San Miguel de Azapa zu besichtigen sind. Man schätzt ihr Alter auf 9000 Jahre. Die Chango besiedelten den nördlichen Küstenstreifen, gingen auf Walfang und bauten Boote aus Robbenhaut.

Im tiefen Süden des Landes erstreckte sich das Territorium der Tehuelche. Eine ihrer kultischen Höhlen in der Nähe von Villa Cerro Castillo am Lago General Carrera ist vor kurzem entdeckt worden. Sie zeigt zinnoberrote Positiv-Negativ-Abdrücke von ausschließlich linken Händen.

Im Labyrinth der Fjorde und Inselchen lebten die Alacalufes, und noch weiter südlich, zwischen dem Beagle-Kanal und Kap Hoorn, die Yamana. Auf Feuerland gingen die Selk'nam der Guanako-Jagd nach.

Vom ersten Jahrtausend v. Chr. an kam es zu einer intensiveren Besiedlung durch Stämme, die vom heutigen Nordwest-Argentinien über die Anden zogen. Kulturelle Blüte überzog den Norden mit dem Vordringen der Tihuanaco-Kultur, die ihre Wurzeln am bolivianisch-peruanischen Titicacasee hatte. In der Umgebung des heutigen La Serena ließen sich die Diaguita nieder, die für ihre bemalte Keramik gerühmt wurden. Ab 1470 eroberten die Inka Chile bis hinunter zum Río Maule. Nur ein Volk unterwarfen sie nicht: die Mapuche, die sich hinter den Río Biobío zurückzogen.

Die setzten auch den spanischen Konquistadorenheeren unter Pedro de Valdivia von 1540 an erbitterten Widerstand entgegen. Augustiner, Franziskaner, Dominikaner und Jesuiten folgten den Konquistadoren, und 1747 wurde die erste Universität in Santiago gegründet. Während der gesamten Kolonialzeit war der Biobío die Grenze zur »Zivilisation«, jenseits davon erstreckten sich indianische Herrschaftsgebiete.

Wie überall auf dem Subkontinent formierte sich Ende des 18. Jahrhunderts Widerstand gegen die Gängelpolitik der Mutterkolonie. Das chilenische Bürgertum forderte eigene Interessenvertretungen und eine Liberalisierung der Ökonomie. Nahezu zeitgleich brachen von Caracas bis Santiago Kämpfe gegen die Spanier aus. Und Chile errang unter der militärischen Führung von Bernardo O'Higgins 1818 die Unabhängigkeit.

Eine Periode von unübersichtlichen politischen Prozessen beendete der konservativ-autoritäre Diego Portales 1830, der die Agrar- und Handelsoligarchie hofierte. Mit der beginnenden Industrialisierung setzte die Verstädterung ein. Der Gewinn des Salpeterkriegs 1884 bescherte Chile die bolivianischen und peruanischen Provinzen Antofagasta und Tarapacá. Unterdessen trieben die Präsidenten Manuel Bulnes und Manuel Montt die Vertreibung der Mapuche und die Kolonisation durch europäische, meist deutsche Einwanderer voran. Politische Instabilität begleitete Chile ins 20. Jahrhundert. Die Industriearbeiter gründeten 1912 die Sozialistische Arbeiterpartei. Volksnahe Regierungen mit sozialdemokratischen Konzepten und eher rechtsgerichteten Blöcken wechselten sich ab. 1949 wurde das Frauenstimmrecht eingeführt.

Die folgenreichste Epoche der chilenischen Geschichte begann, als der Sozialist Salvador Allende Gossens 1970 Präsident wurde. Die Hoffnungen des gesamten Subkontinents auf eine linkssozialistische Erneuerung nach all den zahlreichen rechten Diktaturen ruhten auf seinem Regierungskonzept. Die US-Regierung setzte diesem Experiment auf blutige Weise ein Ende. Unter der folgenden Militärdiktatur Augusto Pinochets wurde die Meinungsfreiheit eingeschränkt, die wirtschaftliche Schieflage mit Rezepten aus neoliberalen Ideenkisten behandelt.

1990 begann der Siegeszug des »Tigers von Südamerika«. Nachdem sich 1988 die Chilenen in einer ebenso leidenschaftlich geführten wie knapp ausgegangenen Volksabstimmung gegen eine weitere Regierungsperiode von Pinochet ausgesprochen hatten, verfolgen die bislang vier Regierungen des Wahlbündnisses Concertación eine neoliberale Wirtschaftspolitik und moderate soziale Verbesserungen. Mit Michelle Bachelet eroberte 2007 erstmals eine Frau das Präsidentenamt.

1 Spanische Silbermünze zu 8 Real mit dem Wappen der spanischen Krone.
2 Überfall der Indianer auf die Spanier (kolorierte Illustration um 1550 von Theodor de Bry).
3 Der Konquistador Diego Almagro (1475–1538) führte die ersten Europäer auf der Suche nach Gold durch das heutige Chile.
4 Die rekonstruierte Indio-Stadt Tulor Viejo bei San Pedro de Atacama stammt aus vorchristlicher Zeit.
5 Vom Volk gewählt: Präsident Salvador Allende 1970 inmitten seiner Anhänger auf dem Weg zur Wahlurne.
6 Das Bombardement der Militärjunta auf den Moneda-Palast am 11. September 1973, bei dem Staatspräsident Allende ums Leben kam.
7 An die Macht geputscht: General Augusto Pinochet.
8 Eduardo Frei Ruiz-Tagle, von 1994 bis 2000 zweiter Präsident der Concertación.

*1 Ansicht von Valparaíso (Gemälde von Johann Moritz Rugendas, um 1835/50).
2 Holländisches Schiff an der Küste der Feuerlandindianer, im Hintergrund Kap Hoorn (Illustration eines Reisebuchs aus dem 17. Jahrhundert).
3 Blick auf Valparaíso (Foto um 1920). 4 Jagd auf wilde Lamas beim Vulkan Antuco (Kreidelithografie um 1850).
5, 6 Valparaíso (Stich um 1850 und Foto um 1960).*

Zu Kolonialzeiten war Chile weder fest umrissen noch existierte ein Besiedlungsplan. Nach der Unabhängigkeit 1818 bestanden die vorrangigsten Aufgaben darin, dem Land eine Struktur zu geben und die Grenzen zu festigen.

Der junge chilenische Staat wollte und konnte dies nicht allein tun. Mit zum Teil nicht immer vorteilhaften Folgen: Im 19. Jahrhundert, der Gründerzeit, ließ Chile Abenteurern, Pionieren und Geschäftsleuten alle Freiheiten der Welt, aufzubauen, auszubeuten, zu entnehmen – Viehfarmen, Minen, Holz –, wenn nur ein wenig Schiene, Straße, dörfliche Struktur für das Allgemeinwohl dabei heraussprangen, an das man anknüpfen und die man ausbauen konnte.

Alleen und Parks in Chile: Auf dem Cerro Concepción in Valparaíso (großes Bild), Quinta Vergara in Viña del Mar (darunter), kleine Skulptur mit Muschelwasserbecken in La Serena (links) und die Plaza de Armas in San Pedro de Atacama (unten).

Das hatte oft ungerechte Besitzverhältnisse zur Folge und barg die Gefahr einer ungleichen Entwicklung. Pioniere erbaten Boden und erhielten ihn, doch erschien eine potentere Kapitalgesellschaft auf der Bildfläche und versprach flächenmäßig eine größere Erschließung, hatten die Kleinbauern oft das Nachsehen. Ganze Landstriche südlich von Coyhaique wechselten auf diese Art und Weise ihren Besitzer.

Die Landkarte ist noch immer ein Spiegel dieser unterschiedlichen Entwicklung und der Kämpfe, die bei der Erschließung und Nutzbarmachung von Land durchstanden werden mussten. Im Norden künden die Friedhöfe davon, die entlang der Panamericana an die namenlosen Toten gemahnen, die in den Salpeterlagern gestorben sind. Im Süden fährt man über Hunderte von Kilometern an abgestorbenen Wäldern und bleichen Baumstümpfen vorbei, Zeichen aus einer Zeit, als man den Dschungel mittels Brandrodung zu zähmen versuchte.

Die patagonische Urbevölkerung ist bis auf die mächtigen Mapuche nahezu ausgerottet worden. Tehuelche, Selk'nam, Alacalufes und Yamana, um nur die bekanntesten indianischen Völker zu nennen, überlebten zwar die spanischen Konquistadoren, nicht aber die junge chilenische Nation. Einzig in ihrem letzten Zufluchtsort, Puerto Edén, das kleiner als ein Pünktchen zwischen den immensen Fjorden und Inselchen des tiefen Südens sitzt, leben noch acht Alacalufes.

In den achtziger Jahren des 19. Jahrhunderts jagten die portugiesischen und irischen Schafbarone auf Feuerland das Volk der Selk'nam regelrecht und bezahlten ihre Mörder nach der Anzahl der

*In Puerto Octay haben deutsche Einwanderer gelebt, wie sich am Holzportal ablesen lässt (oben).
Rechte Seite: Zur Wallfahrt der Jungfrau von Guadalupe lebt Aiquina auf (oben).
Bars in San Pedro de Atacama (Mitte).
Markt von Parinacota (unten links) und ein Muschelhändler auf Chiloé.*

abgeschnittenen Ohren, die sie ihnen lieferten. Die nomadisierenden Stämme passten nicht in ihr Konzept, die vom Staat bewilligten Millionen von Hektar Land in lukrative Schafweiden zu verwandeln. Diese grausame Tötung der Indianer erinnert an die Feldzüge gegen die nordamerikanische Urbevölkerung. Museen in Porvenir, Puerto Williams und vor allem das Salesianer-Kloster in Punta Arenas dokumentieren den Untergang der chilenischen Urbevölkerung.

Straßen in die Einsamkeit

Heute kümmert sich der Staat um die Erschließung des Landes. Die Verhältnisse haben sich in ihr Gegenteil verkehrt. Mit dem Bau der Carretera Austral, der Landstraße im von Gletscherfeldern gestalteten Süden, begann das Militär unter Pinochet 1986, um weit entlegene Siedlungen besser versorgen zu können. Zumindest lautet so die offizielle Version. Dörfchen für Dörfchen, Gehöft für Gehöft, Hunderte von Kilometern voneinander entfernt, wurden so wie lose Perlen auf eine Schnur gefädelt. Das kühne Projekt wird voraussichtlich im nächsten Jahrzehnt beendet sein. Die demokratischen Regierungen schicken weiterhin Straßenbauingenieure und Militärs in Orte wie Caleta Tortel.

Die Chilenen haben sich auch sonst ins Vernetzen gestürzt. Die Mitglieder der staatlichen Organisation EMAZA zur Versorgung weit entlegener Regionen krabbeln völlig eingestaubt aus Geländefahrzeugen oder entsteigen mit rebellierendem Magen nach Kerosin stinkenden Fähren, um die erwünschten Dinge in nahezu unzugängliche Siedlungen zu bringen: Erbsen, Draht, Nägel. Ein Geflecht von Wanderwegen, die Senderos de Chile, sollen einmal von Visviri an der Grenze zu Bolivien bis hinunter nach Feuerland die kompletten 4300 Kilometer Land überspannen.

In Chile gibt es viel zu entdecken. Immer wieder erblicken neue überraschende Schätze das Licht der Öffentlichkeit und werden erforscht. Zum Beispiel die Scharrbilder bei Arica und die indianischen Festungen im äußersten Norden oder die roten Handabdrücke bei Villa Cerro Castillo, die von den Tehuelche stammen und auf über 10 000 Jahre geschätzt werden. Oder die Erkenntnis, dass hoch oben in der Nähe des höchsten Vulkans der Welt und höchsten Bergs Chiles, des Ojos del Salado, Dinosaurier gelebt haben. Oder dass sich bei Puerto Ibáñez am Lago General Carrera unter den für das ungeschulte Auge wie schlichte Steinhaufen wirkenden Hügeln Grabstätten der Urbevölkerung verbergen.

In den vergangenen beiden Jahrzehnten überstürzten sich förmlich die Ernennungen von Städten und Bauten zum Weltkulturerbe

Fortsetzung Seite 34

Seeigel und Indianerküche

Überraschungen auf Chiles Tellern

Wer sich in Chile als Liebhaber von Meeresfrüchten zu erkennen gibt, wird um einen Test nicht herumkommen: rohe Seeigel. Die Chilenen lieben und verteidigen ihre *erizos*, träufeln ein wenig Zitrone oder Weißwein auf das weiße Fleisch, und geschluckt wird es. Für viele ist es eine Selbstverständlichkeit, Meeresfrüchte roh zu verspeisen. Sie haben auch ein entsprechendes Gericht geschaffen, *mariscal*, eine Platte mit rohem Seegetier: Austern, Jakobsmuscheln und die orangerot leuchtenden *piure* befinden sich darauf, und eben Seeigel. Für empfindliche Mägen wird eine gegarte Variante serviert, *paila marina*, und mit Miesmuscheln und Abalone ergänzt, den man in Chile *loco* nennt.

Bei einer Küstenlinie von 6435 Kilometern verwundert es kaum, dass die wesentlichen Zutaten der Nationalküche aus dem Meer kommen. Über den Kongeraal, *congrio*, hat Pablo Neruda sogar eine Ode verfasst. Sie bilden die Basis für Suppenkreationen wie beispielsweise »Luna y Miel« die Flitterwochensuppe, die aus Miesmuscheln und *picorocos* besteht, sie werden mit Knoblauch gegrillt oder mit einer Mischung aus Petersilie, Chili und Öl übergossen (*pil-pil*). Eine leichte Sahnesauce mit Krabben und Muscheln begleitet ein gedünstetes Fischfilet (*salsa marinera*), und am besten munden der Schwertfisch *albacora* oder der Wolfsbarsch *robalo* frisch zubereitet von der Eisenplatte (*plancha*). Das teuerste Gericht Chiles ist die leuchtend rote *centolla*, Seespinne oder Hummerkrabbe. Im Ausland lebende Chilenen vermissen aber nicht die *centolla*, sondern die Sandwiches, von denen in den *sandwicherias* eine erkleckliche Vielfalt angeboten wird. Zwischen Brötchenhälften türmt sich gegrilltes oder gebratenes Rindfleisch oder Hühnerfilet, mit schmelzendem

4

5

6

7

8

Käse belegt, mit Zwiebeln und Salatblättern oder Avocado- und Tomatenscheiben bedeckt. Wer einen *completo* bestellt, bekommt einen Hotdog; das Komplette daran ist die Garnitur aus Ketchup, Mayonnaise und Senf.

Alternativ dazu beißt man in eine knackige *empanada* aus dem Ofen, die häufig mit einer Spezialmixtur aus Hackfleisch, hart gekochtem Ei, Oliven, Rosinen und arabischen Gewürzen gefüllt wird. Das Nationalgericht der Zentralzone nimmt ebenfalls das arabische Aroma auf: der Maiskuchen, *pastel del choclo*, wird – obwohl salzig – mit Honig und einer Prise Kardamom gewürzt. Aus der indianischen Küche stammen die *cazuelas*,

Eintopfgerichte aus Rind- oder Geflügelfleisch mit Karotten, Kartoffeln, Mais, Kürbis und *cilantro*. Das Getreide Quinoa verarbeiten die Aymara zu Mehl und backen daraus Kekse, Kuchen und Pasteten. Klare Verhältnisse herrschen beim beliebtesten Gästeessen der Chilenen, dem *asado*.
Kochen mag Frauensache sein, aber wenn es um das Grillen geht, lässt kein Mann seine Señora ans Feuer.

1 Schöne Überraschung: Im Restaurant des Hotels »José Nogueira« in Punta Arenas wachsen die Weintrauben von der Pergola. **2** Im »Azul Profundo« in Bellavista in Santiago liebt man Pablo Neruda und Meeresfrüchte. **3** In der Küche des Restaurants »Merlin« in Puerto Varas. **4** Eine andalusische Ausstattung erster Güte bildet den Rahmen für gediegenes Speisen: das berühmte »Centro Español« in Iquique. **5** »El otro Loco«: Hinter Graffitis isst man Fischgerichte der Spitzenklasse. **6** bis **8** Kotelett, Empanadas und Fischeintopf sind Alltagsgerichte.

*Huasos unter sich:
beim Pferderennen in Cochamó
und auf der Hacienda Los Andes
im Valle Hurtado (alle Bilder).*

der UNESCO und zum Patrimonio Cultural Nacional, zum nationalen Kulturerbe. Auf der Liste der UNESCO stehen die Osterinsel (1995), die Kirchen auf der Isla de Chiloé (2000), das historische Zentrum von Valparaíso (2003), die Salpeterwerke Humberstone und Santa Laura (2005) sowie die Minenstadt Sewell (2006). Vom stillgelegten Eisenbahnhof in Arica über die Ruta del Vino bis zu den typischen Zonen von Caleta Tortel und dem Zentrum von Punta Arenas überspannen die geschützten Stätten, Gebäude und Industrieanlagen das gesamte Land. Sie sind Zeugen einer stürmischen Vergangenheit, die das Land allmählich wieder entdeckt. Und auch zu schätzen beginnt.

Der Tiger Südamerikas

Das heutige Chile gibt sich gern kosmopolitisch. Am Sonntag pilgern die *santigueños*, wie sich die Bewohner der Hauptstadt nennen, auf den Hügel San Cristóbal, um zu picknicken, spazieren oder schwimmen zu gehen. Ihre Stadt breitet sich zu ihren Füßen aus. Arme und reiche Wohnviertel verlieren sich im staubigen Sommerdunst, aber die City ähnelt einem Lego-Baukasten aus dem Juweliergeschäft. Ein blinkendes, buntes, postmodernes Klötzchen reiht sich an das nächste, und darauf sind die Chilenen ganz besonders stolz. Die verspielte, etwas poppig anmutende Architektur der heutigen Innenstadt symbolisiert ihren Fortschritt, eine Rolle, die das Land im lateinamerikanischen Kontext seit über einem Jahrzehnt so überzeugend ausfüllt: die bedeutsamste Wirtschaftsmacht des Kontinents, der Tiger Südamerikas zu sein. In der Tat ist die Wirtschaft die stabilste, krisenresistenteste und profitiert vom gestiegenen Preis für Kupfer, zu dessen Weltproduktion Chile 36 Prozent beiträgt.

Wenn man durch die Straßen des Providencia-Viertels schlendert, bewegt man sich wie überall auf der Welt in den Zentren der Young Urban Professionals. Um sich hier zurechtzufinden, braucht man keine Anleitung. Handy am Ohr, dunkler Anzug, Geschäftigkeit, Business-Lunch-Angebote in kleinen Restaurants, Shopping Malls, und nun ist der neueste Trend gesetzt: Sekt und Wein im Ausschank und nicht nur in der Flasche, was in den Gourmetzeitschriften auf Hochglanzpapier lobend erwähnt wird. Merke: Ein chilenischer Yuppie zeigt sich nicht mit einem proletarischen Bier.

Die Generation der Dreißig- bis Vierzigjährigen schwimmt voll auf der Globalisierungswelle und will nichts mehr hören von Diktatur und Pinochet und dem sozialistischen Experiment des Dr. Salvador Allende. Vor allem möchte sie nicht damit identifiziert werden. Es mag ja sein, sagen sie, dass es immer noch viele *pinochistas* gibt, aber die sind alt und sterben aus, sie sind für sie Fossilien, die das Rad des Aufschwungs lähmen, Sand im Getriebe. Eine Diktatur ist nicht modern, und übrigens – ob wir vergessen hätten, dass es in Chile nie eine Diktatur gegeben hat bis auf die eine? Und diese war nur ein Ausrutscher der Geschichte. So wird das bewertet.

In den Kreisen der Etablierten lobt man den missverstandenen Allende, Märtyrer seiner Sache, und den neoliberalen Wirtschaftsumbau unter Pinochet, und für diese entzündet sich daran kein Widerspruch. Und überhaupt, die Sozialisten machen ihre Sache doch gut, erst Ricardo Lagos, der erfolgreichste Präsident der Concertación, ein Zusammenschluss von 13 Parteien, die Pinochet abgelöst hatte, und jetzt seine Nachfolgerin Michelle Bachelet.

Auch die Milderung der starken sozialen Missstände verstehen die Regierungen politisch anzugehen. Der Ausverkauf der Natur (der Meeresfrüchte, des Holzes) an ausländische Konzerne, wesentlichste Stütze der Wirtschaft, geht allerdings weiter. Das umstrittenste Projekt heißt Pascua Lama, liegt in der Atacama-Region und würde bedeuten, dass für die Erschließung von Goldvorhaben drei Gletscher abzutragen wären. Im Lebenscocktail der jungen (Geschäfts-)Leute hat eben alles so seinen Platz.

Myrtenwald am Lago Riesco bei Puerto Aisén (linke Seite). Die Bucht von Caleta Tortel ist erst seit kurzem mit dem Auto zu erreichen (Mitte). Zypressenholz bildet den Reichtum von Caleta Tortel (unten). Kirche an der Carretera Austral (ganz unten).

Über die Jahrhunderte hinweg besaß Chile den doppeldeutig schönen Ruf *el último rincón del mundo*, der letzte Winkel der Welt, zu sein. Jetzt fangen wir ihn langsam ein, den letzten Winkel. Wie Caleta Tortel mit seinen unnachahmlichen Treppen und Stegen aus Zypressenholz. Wie Colchane inmitten von glitzernden Salaren. Wie den unverwechselbaren chilenischen Wald.

»... und außerdem
tief waren die von Leuchtkäfern
glühenden Wälder
der Schlamm phosphoreszierend,
die Bäume ließen lange Seile hängen
wie in einem Zirkus,
und das Licht lief Tropfen zu Tropfen
wie des Dickichts grüne Tänzerin.«

Pablo Neruda

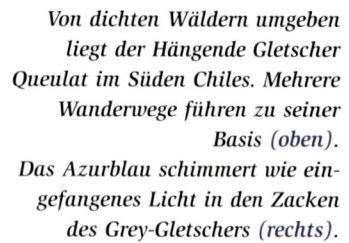

Von dichten Wäldern umgeben liegt der Hängende Gletscher Queulat im Süden Chiles. Mehrere Wanderwege führen zu seiner Basis (oben). Das Azurblau schimmert wie eingefangenes Licht in den Zacken des Grey-Gletschers (rechts).

Nachfolgende Doppelseite: Die Laguna Santa Rosa vor dem Ojos del Salado.

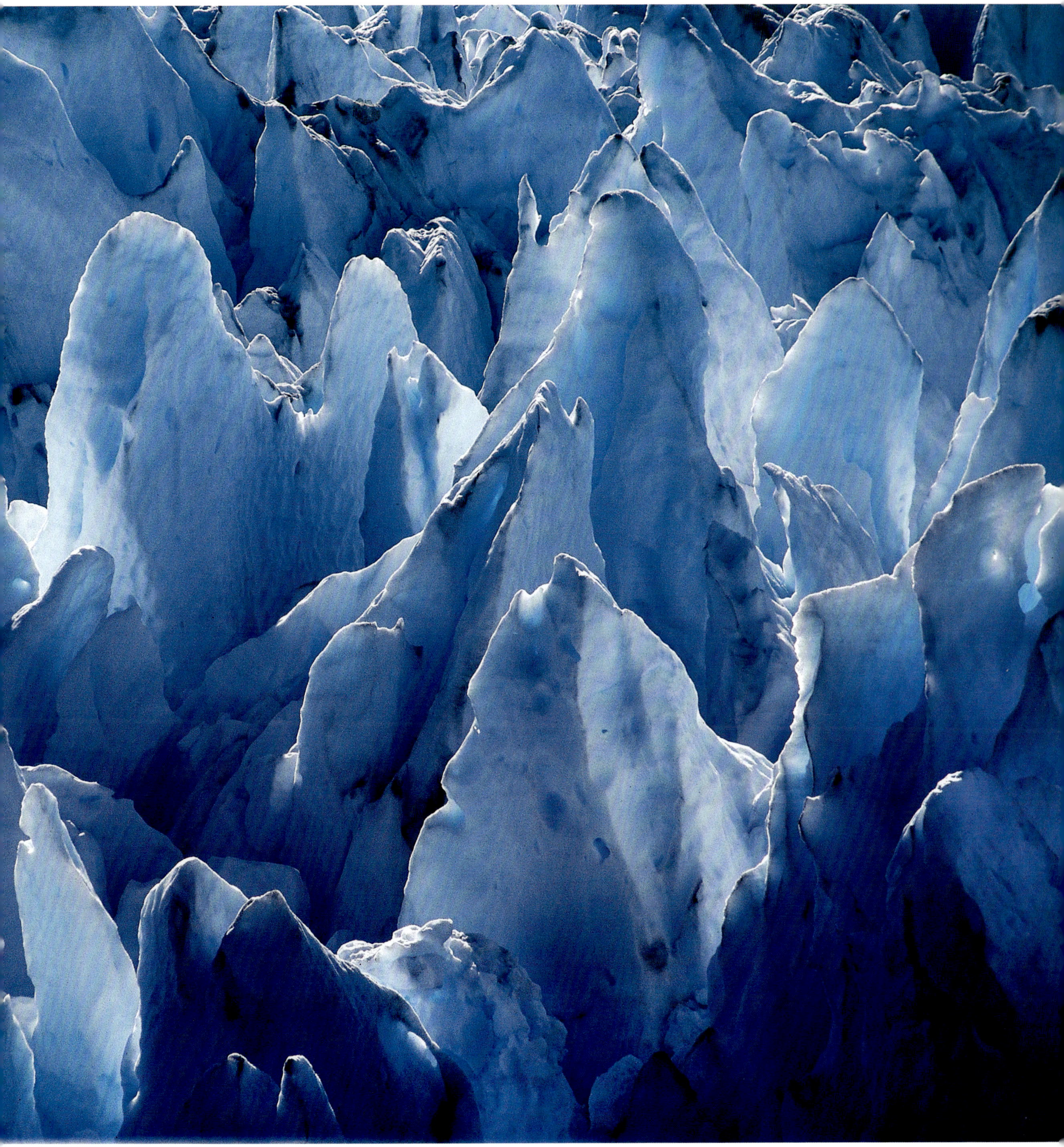

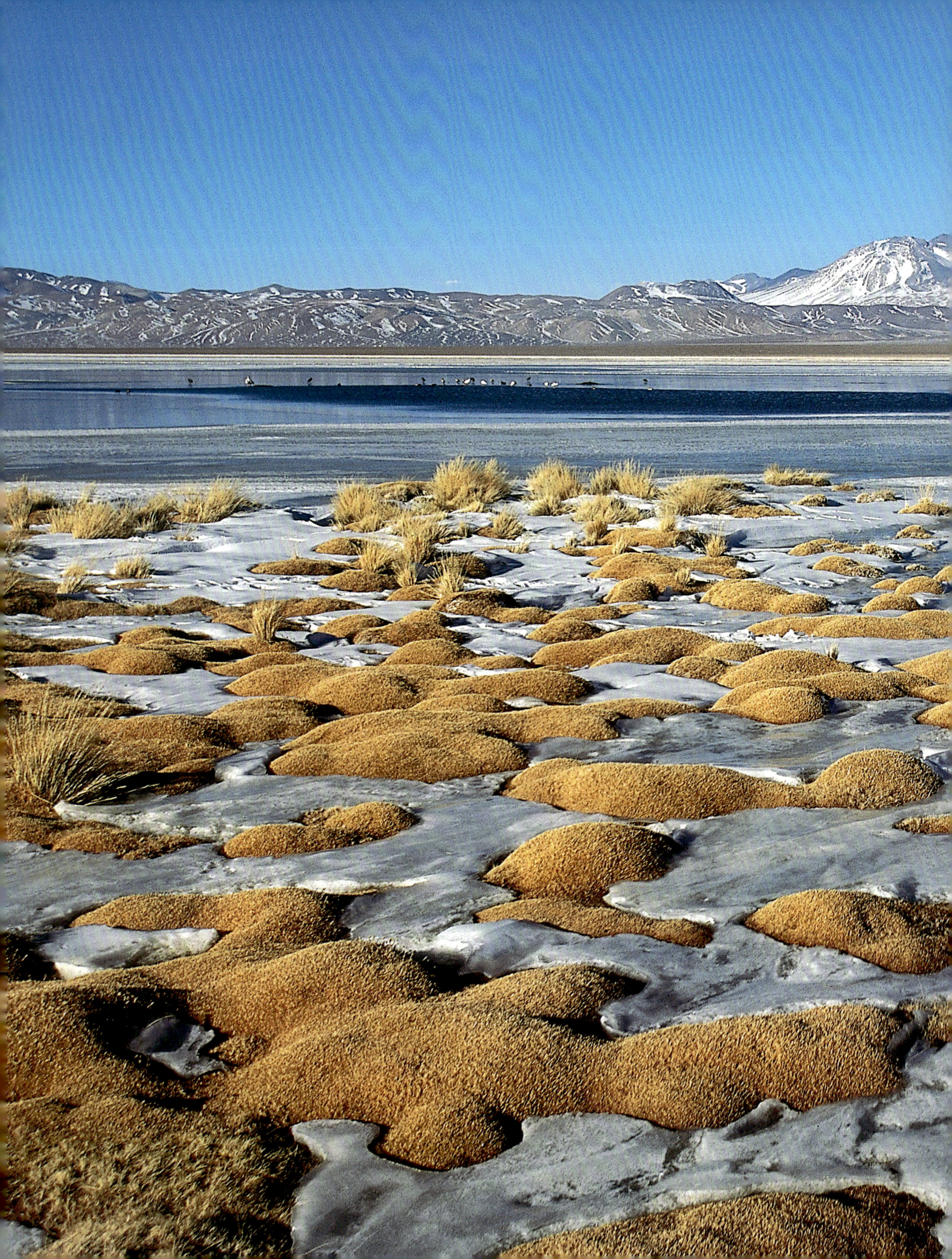

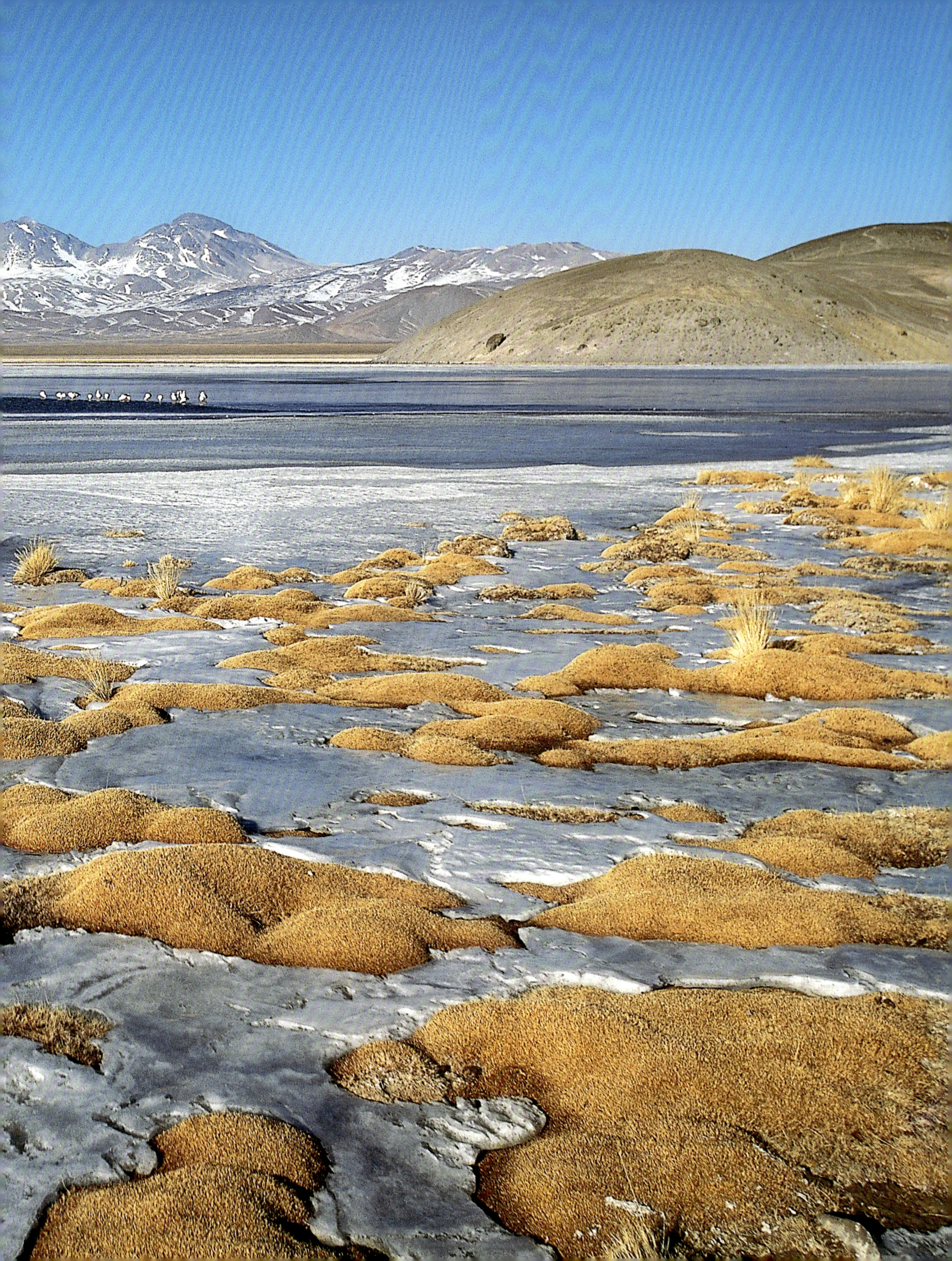

Messwein als Exportschlager

Chilenische Weingüter machen Karriere

1

2

3

4

Westindien war gefunden, die Erde der Neuen Welt betreten und Papst Alexander VI. hatte die Christianisierung der Urbevölkerung angeordnet – da tat sich für die Priester, die den Konquistadoren in die unbekannte Wildnis gefolgt waren, ein Problem auf: Wie sollte man die Wandlung, das Kernstück jeder katholischen Messe, zelebrieren, wenn der Wein fehlte, der das Blut Christi symbolisierte?

Da es in Lateinamerika keine Weintrauben gab, mussten sie aus der Alten Welt importiert werden. Und so existiert ein Sevillaner Dekret aus dem Jahr 1564, nach dem jedes Schiff, das nach Westindien aufbrach, Weinstöcke mitzunehmen hatte. Später brachten die Orden, die Klöster unterhielten, ihre eigenen Weinstöcke mit.

So kam der Wein nach Chile. Heute weiß man nicht mehr genau, wo sich das erste Weingut befand; man vermutet bei Santiago oder bei Concepción. Bewässert wurde und wird nach Art der Inka, mit einem Kanalsystem.

Aber auch wenn man davon ausgehen kann, dass der Genuss von Wein in Chile nicht nur dem Klerus vorbehalten blieb, so spielte der Weinanbau zunächst keine große Rolle. Gepflanzt wurde die Muskattraube País. Das änderte sich rapide in der Mitte des 19. Jahrhunderts, als das junge, im Minengeschäft reich gewordene Bürgertum die Mode schuf, eigene Weinberge zu unterhalten. Die Familien importierten französische Rebsorten wie beispielsweise Merlot, Cabernet, Sauvignon, Carménère und Chardonnay, die sehr gut gediehen. Viele Weingüter tragen Familiennamen, Cousiño Macul, Undurraga, oder sie sind nach einer Heiligen benannt wie z.B. Santa Emiliana, Santa Rita. Im eigenen Familienkreise wird heute längst nicht mehr nur konsumiert. Chilenischer Wein erobert die Märkte, und völlig zu Recht so urteilt die Fachwelt, obwohl es eine Kennzeichnung nach Herkunftsgebiet (DOC) wie in Europa nicht gibt.

Das Klima ist ausgesprochen günstig, die trockenen Sommer verhindern Schädlingsbefall, die Gletscherflüsse bringen Mineralien mit.

Die Aromen der Weißweine explodieren förmlich von exotisch-fruchtigen Noten, der Chardonnay duftet nach Melone, Pfirsich und Honig, der Carmenère nach Tabak und Leder. Alle französischen Edelrebsorten sind heute auf chilenischem Boden vertreten, vom Pinot Noir bis hin zum Sémillon.

Die Hauptanbaugebiete umgürten die Zentralzone bis zu den Anden. Die Täler des Maipo und Curico, in denen die samtigeren, waldigeren Noten zu Hause sind, und das Colchagua-Tal weiter südlich, das frischere, zitrushaltigere Töne hervorbringt, sind die bekanntesten. Die im Valle Casablanca in Meeresnähe angebauten Sorten bestechen durch einen besonders spritzigen Ton, weil die üblichen nächtlichen Pazifiknebel die Rebe »verschließen«.

Je weiter man nach Norden kommt, umso gehaltvoller werden die Weine. Um La Serena herum bestechen sie durch ein pfeffriges Aroma, und schwer vom Holz und Tannin schmecken die Rotweine aus der Region Tarapacá.

In Zukunft sollen Weinstöcke bis hinunter nach Concepción angepflanzt werden, um eine weitere Note ins Spiel zu bringen: Hier könnte ein guter urdeutscher Riesling entstehen.

1, 2, 4 Hier lagern die flüssigen Kostbarkeiten: im Weingut Santa Carolina in Santiago.
3 Spaliere mit Piscotrauben bedecken den Boden des Valle del Elqui.
5 Im Herrenhaus des Weingutes Santa Carolina.
6 und 7 Im Elqui-Tal destilliert man aus der Piscotraube das Nationalgetränk der Chilenen, den Pisco.

Wo Chile geboren wurde

Santiago und Umgebung

Jedes Mal wenn Privatdetektiv Heredia in seinen Trenchcoat gehüllt und mit Augenlidern auf Halbmast durch die Calle Bandera schleicht, kann man sicher sein, dass er mal wieder einen über den Durst getrunken hat. Vermutlich hat ihn sein Mädchen verlassen oder er kann einen Fall nicht lösen. Das Leben ist gar nicht so einfach für den Kriminalisten, der im neuen globalisierten Santiago mit den schicken Yuppie-Stadtvierteln El Bosque Norte und Las Condes regelmäßig seine Fährten verliert. Heredia ist noch von der alten Schule und haust standesgemäß zwischen Huren und einfachen Leuten im alten Zentrum der chilenischen Hauptstadt, wo die Fassaden immer blasser und die Bürgersteige immer rissiger werden.

Privatdetektiv Heredia ist eine Erfindung des chilenischen Schriftstellers Ramón Díaz Eterovic und Bewohner einer Dämmerwelt aus Drogen, aufrechten Gefühlen, getäuschten Frauen und treuen Polizisten, die irgendwo im Niemandsland des Chile leben, das sich wirtschaftlich und politisch neu definiert hat.

Eine wunderbare Aussicht auf das Meer genießt man von der Terrasse des »Café Turri« in Valparaíso (oben).
Junge Chilenin in Viña del Mar (rechts).
Aus dem Paris der Belle Époque stammt das himmelblau gestrichene Edificio Edwards an der Plaza de Armas in Santiago. Heute ist es ein Warenhaus (rechte Seite).

In das Herz der Stadt

Der melancholische Privatdetektiv Heredia liebt das alte Santiago und auch die Traditionen, wie sie zum Beispiel an der Plaza de Armas vorgelebt werden. Sie ist trotz ihres kriegerischen Namens – Waffenplatz –, den übrigens alle Zentrumsplätze in Chile tragen, das Herz der historischen Hauptstadt. Wegen zwei neuer Autospuren wurde ein wenig vom Platz geopfert, doch das drückt nicht sehr auf die Stimmung. Sicher, der cremefarbene Musikkiosk ist durch die Umgestaltung ein wenig grotesk an den Rand des Platzes gerückt. Aber Porträtmaler, Schuhputzer, Zeitungsverkäufer und Fotografen, die einen Urlaubsschnappschuss auf Polaroid bannen: Das ganze Per-

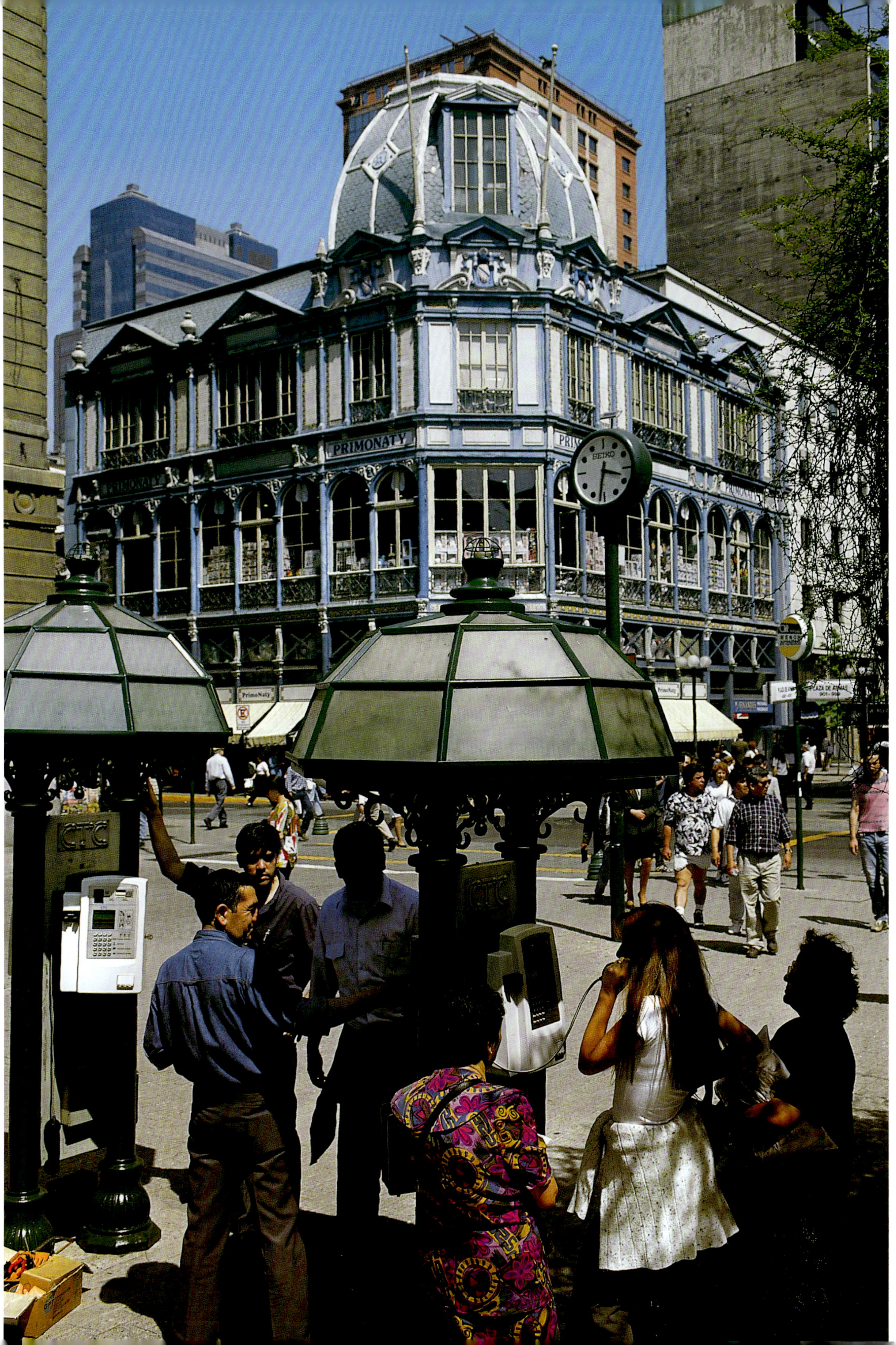
PRIMONATY
SEIKO
CTC
CTC

sonal versammelt sich noch immer hier und findet seine Kundschaft. Auf den altmodischen gusseisernen Sitzbänken kann man sich noch wie früher schön von der Mittagshitze ausruhen. Wasserspiele und Baumbestand haben keine Einbußen hinnehmen müssen. Und immer noch heißt es, dass an der Plaza de Armas die Kinder Santiagos laufen oder Eis essen lernen – am besten sogar beides.

Doch die Gesellschaft befindet sich im Wandel, und das spiegelt das Stadtbild wider. Passend zur neuen Identität als Wirtschaftsmacht Nummer eins in Südamerika wurde ein neues attraktives, modernes Zentrum weiter östlich geschaffen. Das recht charmante und behäbige alte Santiago erinnert dagegen eher an die leicht ramponierte Version irgendeiner europäischen Hauptstadt.

Das ist übrigens kein Wunder: Architektonische Impulse empfingen die Hauptstädte der Neuen Welt stets von Übersee. Das ist in Buenos Aires oder in Lima auch nicht anders. Dazu kommt, dass Santiago vielen europäischen Einwanderern seine Tore öffnete; und die reich Gewordenen drückten der Stadt ihren Stempel auf und orientierten sich dabei stilistisch an ihrer Heimat. Zwei Straßenzüge heißen gar »Barrio Paris – Londres«, wurden frisch gestrichen und sind jetzt »Zona Típica«.

Flanieren durch die Gründerzeit

In der Hauptstadt des »letzten Winkels der Welt« jenseits der Anden, in Santiago, flanierte man gern so wie früher in Paris oder Madrid. Die Plaza de Armas war ein solcher Treffpunkt. Die Avenida Bernardo O'Higgins, auch heute noch die bestimmende Achse durch die Stadt, pflegte der Boulevard der Begüterten zu sein, auf dem sie sich, ihre Kutschen und Kleider, gern zur Schau stellten. Schenkt man der Anlage trotz der Abgase und des Lärms, die der Stadtverkehr mit sich bringt, einen zweiten Blick, dann zeichnet sich die frühere Bestimmung ganz deutlich ab: In der Mitte trennt ein mit Bäumen bepflanzter Grünstreifen die Fahrbahnen, an den Straßenufern fällt manch kleiner, heute ein wenig vernachlässigter Palast ins Auge.

Schlendern wir doch ein wenig durch diese Innenstadt des Herrn Heredia. Es gibt eine Menge zu sehen, denn hier konzentriert sich die sogenannte City der vierziger Jahre: die Art-déco-Architektur in der Calle Nueva York zum Beispiel, in die wie eine »Titanic« das Börsengebäude mit seiner Pilasterfassade hineinragt. Die Plaza de la Constitución mit dem klassizistischen Palast der ehemaligen königlichen Münzprägeanstalt, La Moneda, die seit dem Jahr 1958 Regierungspalast und Präsidentensitz ist, liegt gleich nebenan.

Wer den Cerro Santa Lucía im Stadtzentrum erklimmt, blickt auf die glitzernden Fassaden des modernen Santiago (Mitte), die die historischen Gebäude rund um die Plaza de Armas überragen (oben und unten).

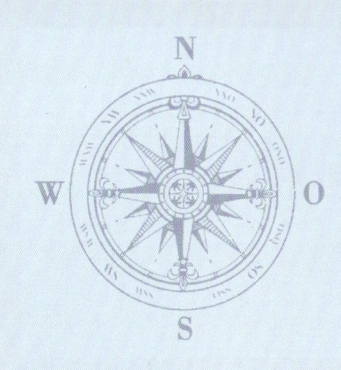

Um die bunte »Schuhkarton«-
Kulisse von Valparaíso, der Stadt
auf tausend Hügeln, richtig zu
würdigen, muss man die Hänge
der Bucht treppauf, treppab
steigen (links).
Der Sandstrand von Papudo – ein
mondänes Seebad der Belle
Époque (oben).
Mit dem Aufzug gelangt man
auf den Cerro Artillería von
Valparaíso (Mitte).

47

Ein schöner Palast für die Schönen Künste: das Museo de Bellas Artes in Santiago (oben). Brunnen vor dem Teatro Municipal in Santiago (rechts oben). Große Teile des historischen Zentrums wurden inzwischen zur Fußgängerzone erklärt (rechts).

Viel Gründerzeitarchitektur mit wuchtigen verzierten Steinfassaden wie das Gebäude der Hauptpost, die Villen der Großbürgerfamilien Errázuriz, Cousiño, Aritzía, Schmiedeeisenkonstruktionen, Passagen und alte Kaufhaustempel prägen das Antlitz der Innenstadt, dazwischen drängeln sich überfüllte Fußgängerzonen, in denen die ambulanten Händler ihr Reich aufgeschlagen haben. In die Erdgeschosse der ehemaligen hochbürgerlichen Fassaden sind bunt angemalte Drogerie-Supermärkte oder die Imbisskette »El Pollo Feliz« eingezogen, sowie Chinesen mit ihrem Ramsch »Todo por cien«, alles für 100 Pesos – die ambulanten Händler verteidigen mit T-Shirts, Kugelschreibern, Badetüchern und Landkarten laut rufend ihre Stellung. Und alle täuschen den Durchschnitts-Chilenen freundlich darüber hinweg, dass er eigentlich gar nicht viel Geld in der Tasche hat.

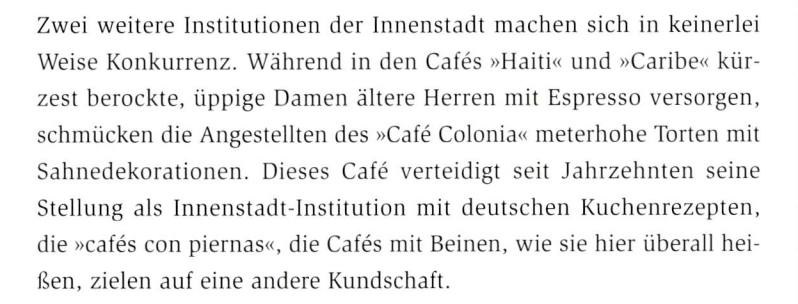

Zwei weitere Institutionen der Innenstadt machen sich in keinerlei Weise Konkurrenz. Während in den Cafés »Haiti« und »Caribe« kürzest berockte, üppige Damen ältere Herren mit Espresso versorgen, schmücken die Angestellten des »Café Colonia« meterhohe Torten mit Sahnedekorationen. Dieses Café verteidigt seit Jahrzehnten seine Stellung als Innenstadt-Institution mit deutschen Kuchenrezepten, die »cafés con piernas«, die Cafés mit Beinen, wie sie hier überall heißen, zielen auf eine andere Kundschaft.

Der Bauch von Santiago

Könnte man sich einen anderen Platz für den »Bauch von Santiago« vorstellen als diesen Teil der Stadt? Angefüllt mit Pyramiden aus Früchten und Fischen, die vom Dämmerlicht aus einer filigran gestal-

Die Häuser von Pablo Neruda

Askese und Purismus können des Dichters Vorlieben kaum gewesen sein: Wenn man die Wohnstätten von Pablo Neruda betritt, fühlt man sich eher an Interieurs aus den Filmen des spanischen Filmregisseurs Pedro Almo-dóvar erinnert. Der Nobelpreisträger für Literatur liebte es originell, warm, beseelt und bunt. Das Anwesen »La Chascona« im Santiagoer Stadtteil Bellavista hangelt sich über drei Ebenen einen kleinen Hügel hinauf. Hier findet man viele Kunstgegenstände aus seiner Zeit als Botschafter in Burma und eine überwältigende Sammlung mexikanischer Pokale aus Schlierenglas, in denen er seine Fantasie-Cocktails kredenzte. Holzpferde von Zirkuskarussellen blicken in »La Sebastiana« in Valparaíso aufs Meer hinaus, bemalte Puppenköpfe und Op-Art-Kunst zieren Wohn- und Schlafzimmer. Einen besonderen Schatz birgt sein Haus in Isla Negra: Neruda liebte Galionsfiguren, und hier gibt es sogar eine, die weinte, wenn Feuer im Kamin brannte – zumindest geht so die Legende.

teten Glas- und Stahlkuppel bestreut werden, stillt der Lebensmittelmarkt Mercado Central auch das Bedürfnis nach einem guten, deftigen Mittagessen. Obligatorisch sind Fisch und Meeresfrüchte, die fangfrisch auf den Tisch kommen. Die üppige Dreingabe von Knoblauch stört hier keinen. Eingeweihte trinken einen Kamillentee als Digestif.

Am besten flaniert man über den Río Mapocho. Auf der anderen Seite des Flusses wartet Bellavista, das Hippie-Boheme-Künstler-Werbeagentur-Theater-Viertel der Stadt. In bunt angestrichenen Häuschen sind sie alle untergebracht. Hier findet man auch eines der Wohnhäuser von Pablo Neruda (1904 bis 1973).

Der unter Pinochet verfemte Dichter und Wahlkämpfer für Salvador Allende, unter verschiedenen Regierungen Botschafter seines Landes und Träger des Nobelpreises für Literatur, erlebt seit den neunziger Jahren des 20. Jahrhunderts eine Wiedergutmachung. Seine Häuser in Santiago, Valparaíso und Isla Negra – Orte, in denen es Heredia sicherlich auch gut gefallen hätte – sind nach den Flutungen und Zerstörungen unter dem Militärregime wiederhergestellt und restauriert worden. Mittlerweile zählen die witzigen Ensembles aus übereinander gestapelten Rundbauten, Aussichtstürmen und verschachtelten Innenräumen zu den großen musealen Attraktionen des Landes. Jeder Besucher will Nerudas außergewöhnliche Sammlung von Galionsfiguren (auch männlichen!) sehen, seine Zirkus- und ausgestopften Pferde.

Zehn Hütten machen Karriere

Wer seine Gedichte kennt, den wird es nicht wundern, dass Pablo Neruda Valparaíso liebte. Die Stadt liegt 120 Kilometer von Santiago entfernt am Meer. Der Gründer von Santiago, Pedro de Valdivia, bestimmte 1542 die Bucht als Anker- und Warenumschlagplatz, doch es dauerte lange, bis sich Valparaíso auch dazu entwickelte. Zunächst warteten am Meeresstrand zehn Hütten und eine Kirche lange auf Gesellschaft, denn Callao in Peru war der Haupthafen der spanischen Kolonie, über den die Geschäfte mit Spanien abgewickelt wurden. Die zentralistische Wirtschaftspolitik Spaniens verbot den einzelnen Kolonien den Handel miteinander, und so wurde den »Nebenhäfen« auch keine besondere Bedeutung beigemessen. Valparaíso blieb also winzig.

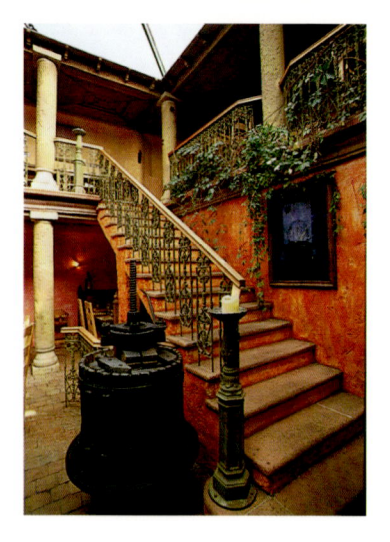

Mit der Unabhängigkeit kam der Umschwung. Der Handelsverkehr frischte auf. Die Route zwischen Europa und Amerika führte um das Kap Hoorn herum oder durch die Magellanstraße. Valparaíso errang als Stützpunkt für Handelsniederlassungen einen bedeutenden Rang, war es doch der erste Hafen, an dem die Segler und Dampfschiffe ankern, Fracht löschen und aufnehmen konnten. Aus den zehn Häuschen erwuchs eine ganze Stadt, die sich über die rasch ansteigende Küstenkordillere ausbreitete. »Die Beagle ankerte spät in der Nacht im Meerbusen von Valparaíso, dem Haupthafen von Chile. Als der Morgen herankam, erschien alles entzückend. Nach dem Feuerland war die Empfindung des Klimas ganz köstlich – die Atmo-

Fortsetzung Seite 58

Edles Interieur in der Börse von Santiago (oben), und auch in diesem Restaurant herrscht eine vornehme Atmosphäre (rechts). Auf der Plaza de Armas, dem historischen Zentrum von Santiago, pulsiert das Leben: Essen, Trinken, Spiele und Diskussionen kennzeichnen das sympathische Flair (rechte Seite).

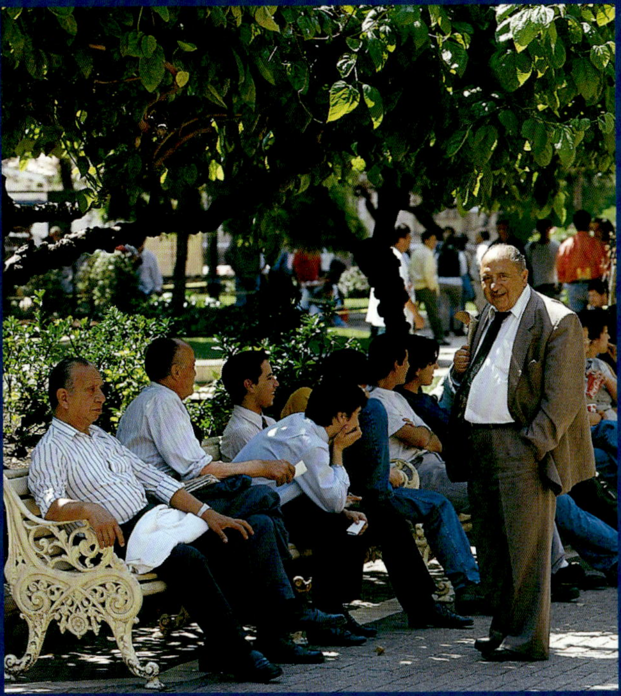

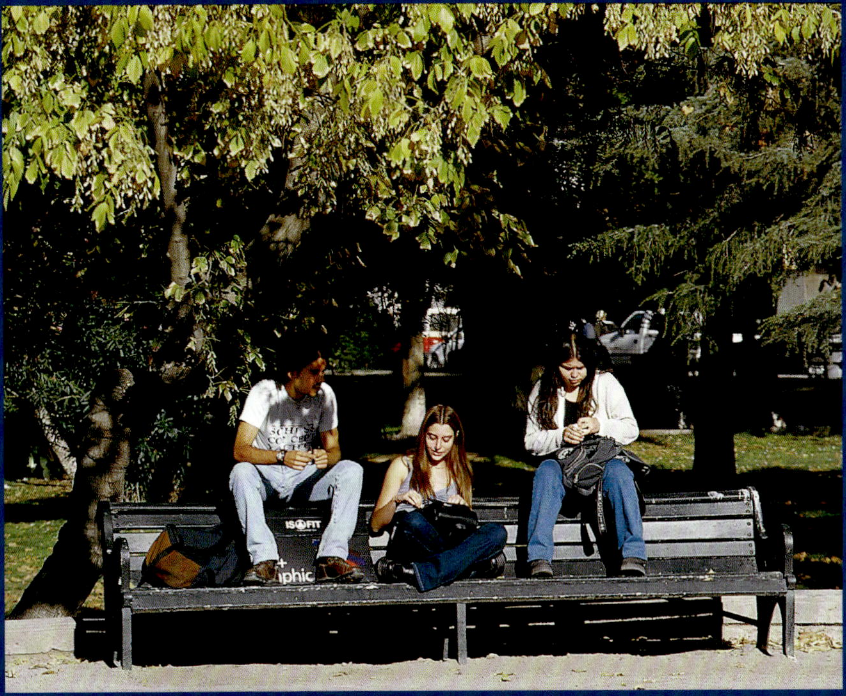

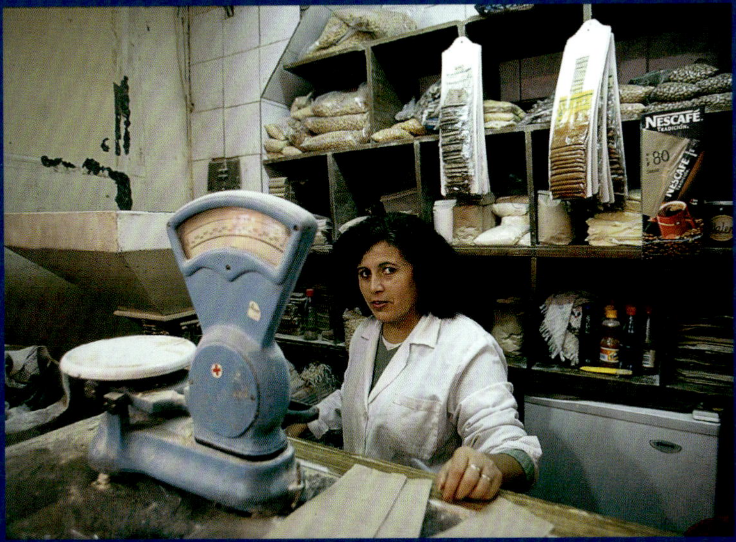
NESCAFE

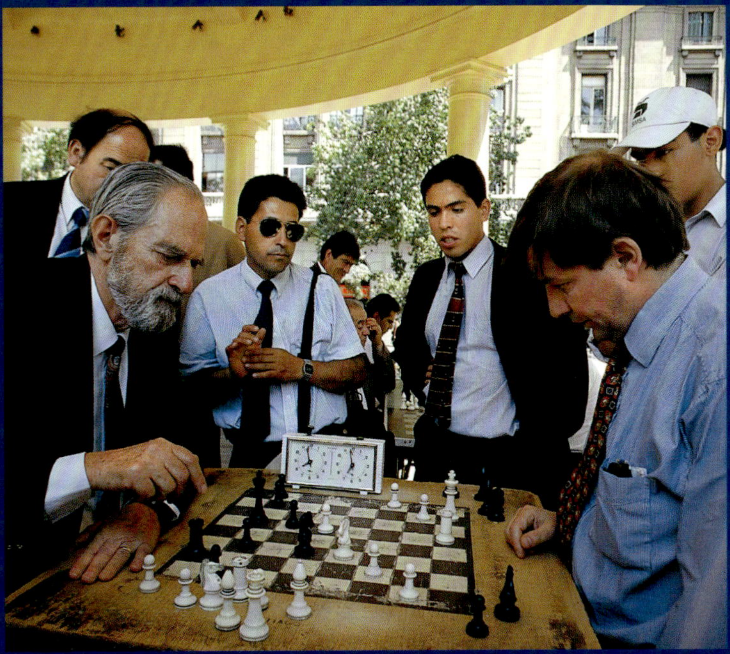

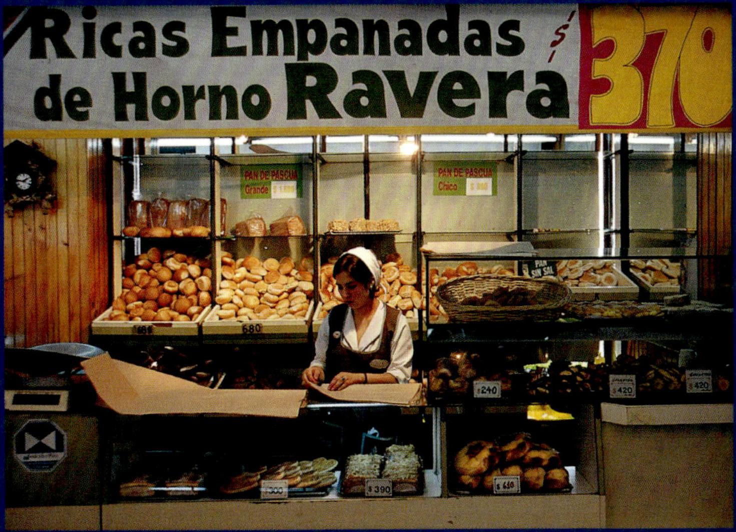
Ricas Empanadas
de Horno Ravera
370

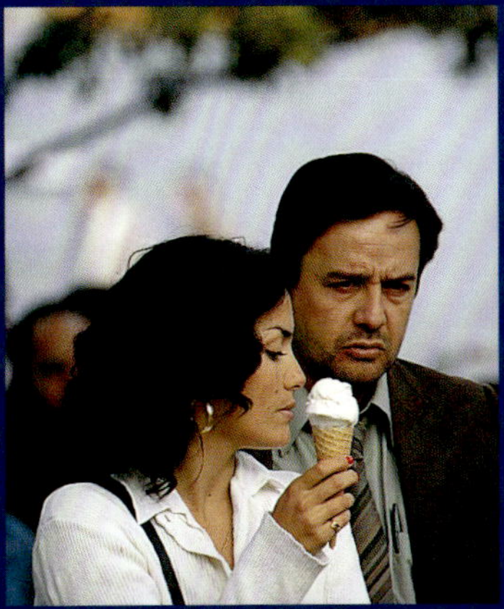

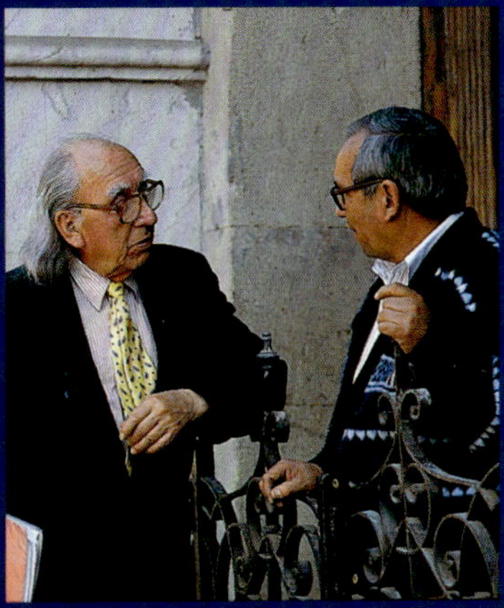

Santiago de Chile

Der schönste Stadtrundgang

Mit dem Hügel Santa Lucía hat sich ein Puzzlesteinchen des Küstenberglands in die Innenstadt von Santiago verirrt, und genau dort beginnt der Streifzug. Der Pflanzenreichtum wird durch barock gestaltete Aufgänge, Wege und Terrassen in Form gebracht. Und auf dem Hügel thront ein altes Kastell, das 1816 zur Verteidigung des spanischen Besitzanspruchs auf Chile gebaut wurde. Huelén, Schmerz, tauften die Mapuche diesen Hügel.

Besonders an einem sonnigen Sommertag spaziert es sich angenehm im Schatten der Bäume, und an den lauen Abenden finden auf den Terrassen Konzerte und anspruchsvolle Theaterveranstaltungen statt. Zu Füßen des Cerro Santa Lucía wurde 1924 die Nationalbibliothek erbaut, eine der größten Südamerikas.

In Richtung Osten verläuft die Avenida O'Higgins, im Volksmund Alameda genannt, die im 19. Jahrhundert als Prachtboulevard entworfen wurde. Als zentrale Verkehrsachse verleiht sie heute der Innenstadt Struktur. Nach drei Blocks zweigt rechts der Paseo Ahumada ab. Die verblasste Schönheit einiger Einkaufsgalerías weist darauf hin, dass der Paseo in den zwanziger Jahren des 20. Jahrhunderts modische Flaniermeile war. Ein Abstecher in westliche Richtung auf der Straße Agustinas führt zur Plaza de la Constitución und der ausladenden Renaissancefassade der ehemaligen Münzprägeanstalt La Moneda, seit 1958 Regierungspalast. Eine Statue ehrt den dort verstorbenen Präsidenten Salvador Allende, der während der Bombardierungen des putschenden Militärs 1973 ums Leben kam.

Um die Plaza de Armas, dem grünen Kraftfeld des alten Santiago, gruppieren sich die Kathedrale mit Sakralmuseum, das Portal Fernández Concha mit den Empanada-Buden unter seinen Arkadengängen und der pastellfarbene neoklassizistische Bau der Hauptpost, an den sich der Palacio de la Real Audiencia anschließt. Sein heutiges Gesicht – eine Mischung aus neoklassizistischen Elementen – erhielt er 1846. In ihm ist das Nationalhistorische Museum eingezogen. Den Palast gleich nebenan hat die Stadtverwaltung bezogen. Am südöstlichen Rand der Plaza de Armas in der Calle Merced lockt das Stadtmuseum im ochsenblutroten Stadtpalais eines spanischen Granden. Jen-

seits des Waffenplatzes entfaltet das Museum für präkolumbische Kunst im Kolonialbau der Königlichen Zollverwaltung seinen Zauber (Calle Bandera).
Gen Norden liegt am Ufer des Mapocho der dekorative Bahnhof Estación Mapocho, der heute als Veranstaltungsort für Ausstellungen und Konzerte dient. Schräg gegenüber verbirgt sich hinter unscheinbaren Imbissbuden der prächtige Lebensmittelmarkt, in dem man (auch sonntags!) herrliche Meeresfrüchte speisen kann. Den Fluss säumt der Parque Forestal, eine gepflegte Parkzone, die von Denkmälern geschmückt wird. Im Osten befindet sich das Museo de Bellas Artes, ein Gründerstiltempel mit einer Schau der Schönen Künste und dem Museum für zeitgenössische Kunst.

Wendet man sich zurück, liegt in südlicher Richtung die Calle Lastarría. Einer Oase gleicht die kleine Plaza Mulato Gil de Castro mit dem Archäologischen Museum und zwei Bistro-Restaurants.

1 Geschäftige Weltstadt: Touristen und Geschäftsleute bevölkern die Fußgängerzonen.
2 Auf dem Cerro San Cristóbal, den man mit einer Zahnradbahn erreicht, liegt dem Betrachter die Stadt zu Füßen.
3 Fliegende Händler in historischer Architektur: der Bahnhof von Santiago.
4 Im historischen Ambiente des Museo de Bellas Artes präsentiert sich moderne Kunst.
5 Weißer geht's nicht: die Statue der Unbefleckten Empfängnis auf dem Cerro San Cristóbal.
6 Mahnmal für die Mapuche auf der Plaza de Armas.

Vor der Moneda, dem Regierungsgebäude findet jeden Tag die Zeremonie des Wachwechsels statt. Das chilenische Militär wurde einst von preußischen Offizieren ausgebildet (oben).
Die Plaza de Armas ist ein Ort der Ruhe und Entspannung in der sonst oft hektischen Metropole (rechts).

Nachfolgende Doppelseite: Traumküste vor den Toren Santiagos: beim Seebad von Zapallar.

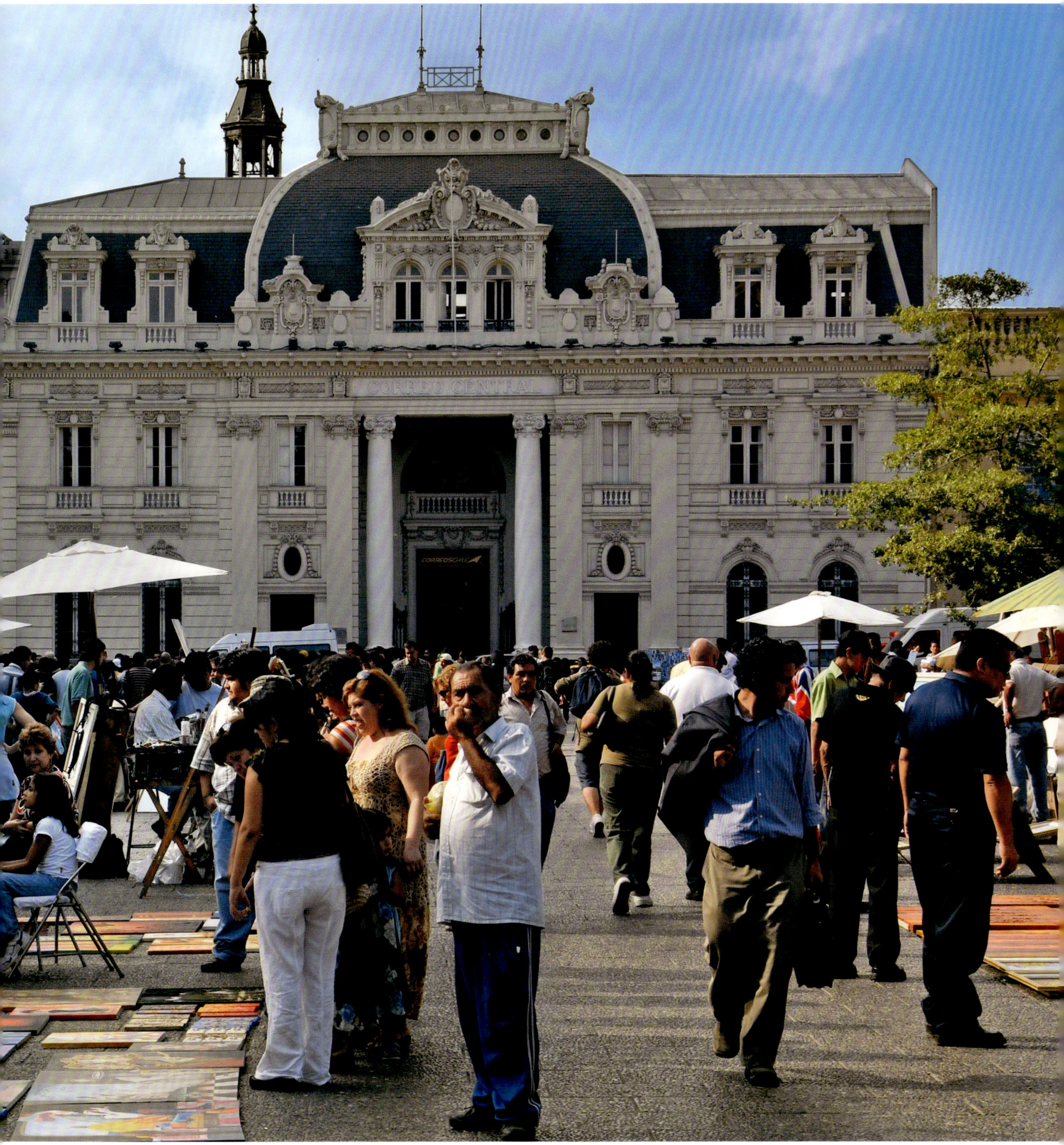
CORREO CENTRAL

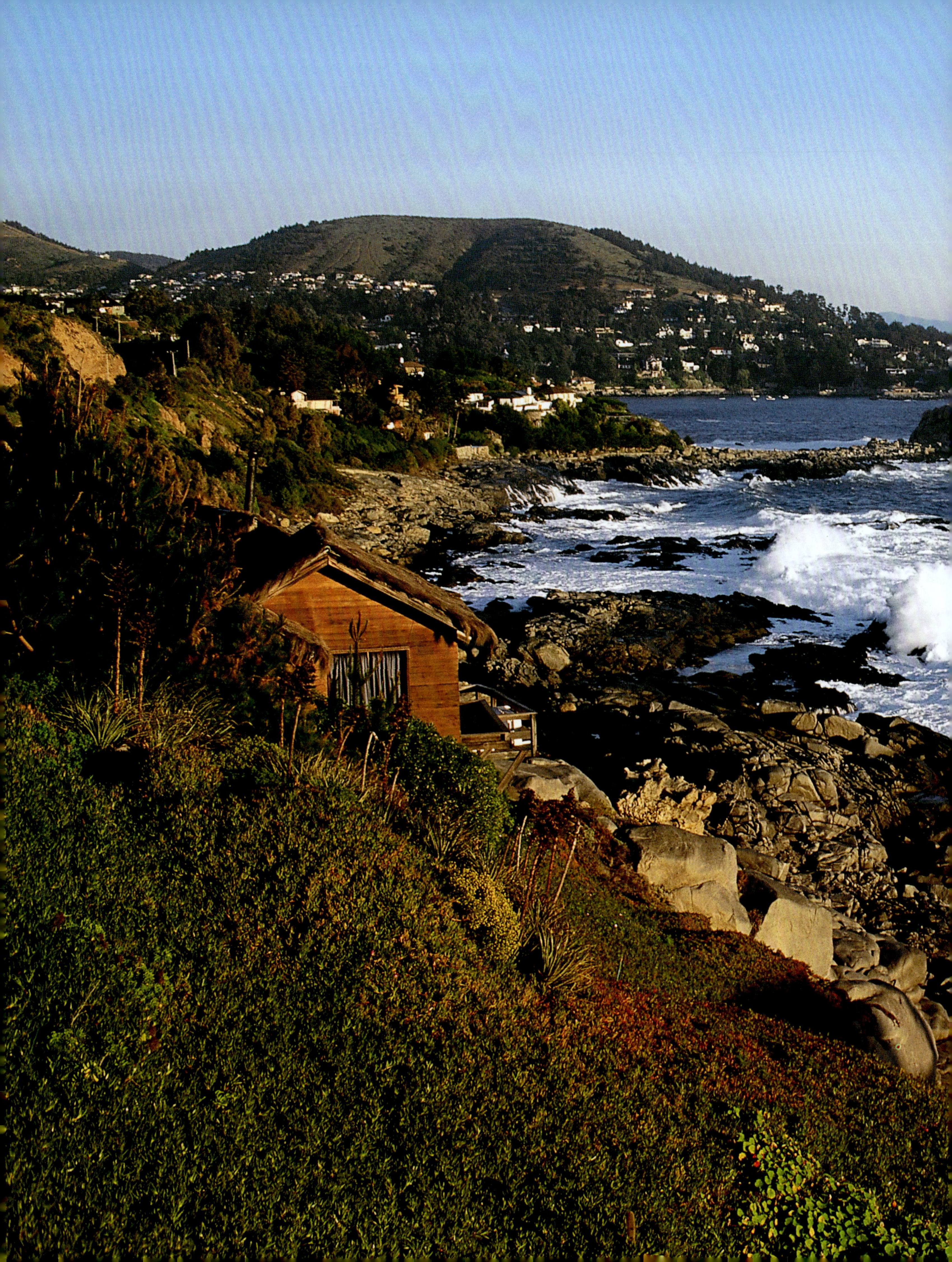

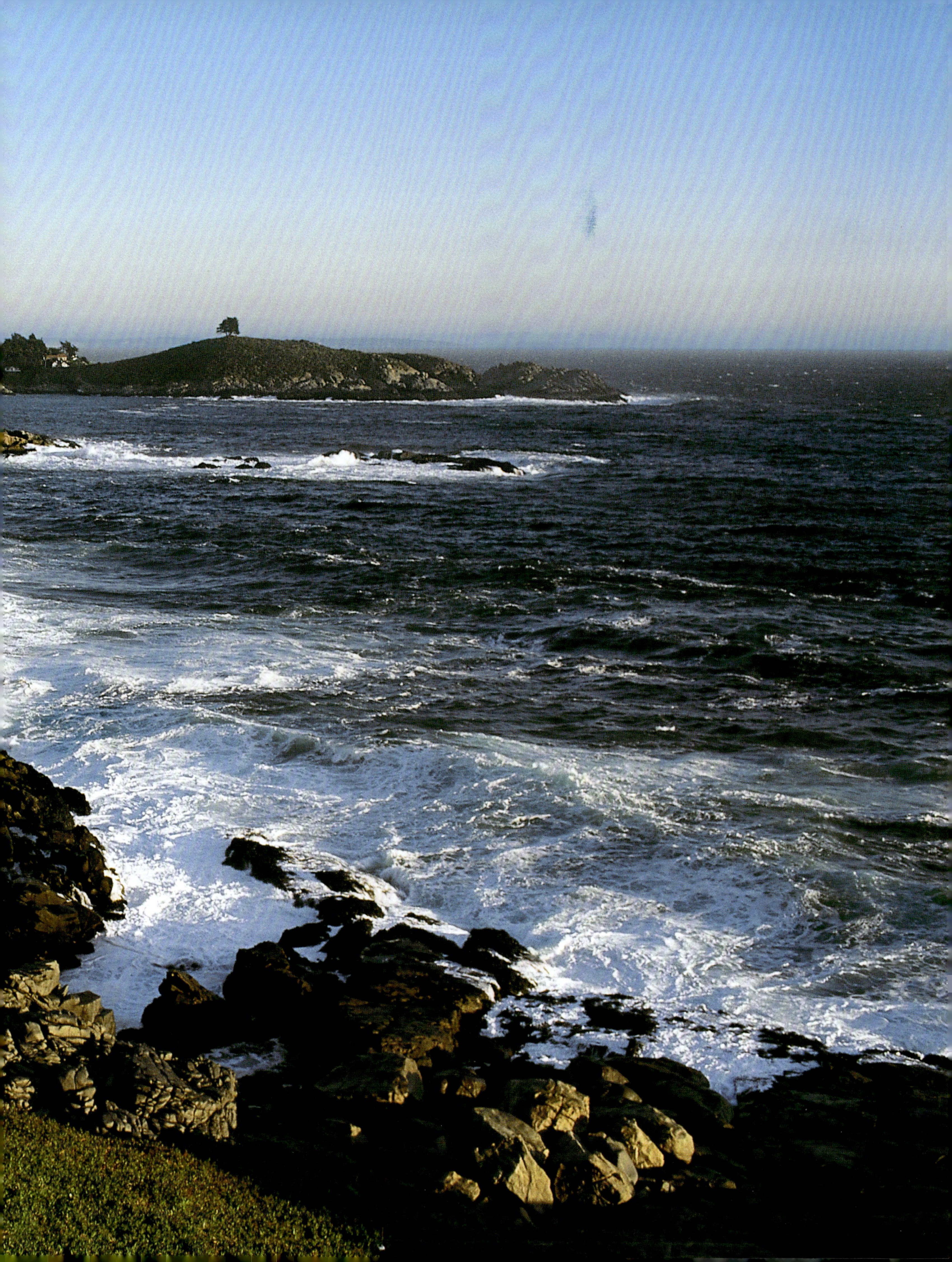

sphäre war so trocken und der Himmel so klar und blau mit glänzend scheinender Sonne, dass die ganze Natur von Leben zu sprudeln schien. Die Ansicht vom Ankerplatz ist sehr hübsch. Die Stadt ist unmittelbar am Fuß einer ungefähr 1600 Fuß hohen und im ganzen steilen Bergkette gebaut«, notiert Charles Darwin am 23. Juli 1833 in sein Tagebuch, das später als »Reise eines Naturforschers um die Welt« für Furore sorgen sollte.

Es war keine leichte Aufgabe, hier eine Stadt zu bauen, urteilt jeder, der sie sieht, denn die Lage erinnert an ein Amphitheater. Mit Erfindungsreichtum lösten die Bewohner, Architekten und Baumeister die Aufgabe so originell, dass der Stadtkern inzwischen zum Weltkulturerbe der UNESCO ausgerufen wurde, will sagen: Valparaíso ist eine der malerischsten Städte der Welt.

Die Füße könnte man sich wund laufen im »Paradiestal«. Seine engen steilen Gassen und abschüssigen Viertel sind durch ein buntes Sammelsurium von Treppen und Passagen verbunden, und wo der Untergrund sich zu schroff neigt, kommen Aufzüge und Standseilbahnen zum Einsatz. Die haben mitunter schon den hundertsten Geburtstag hinter sich. Das alles erzeugt ein faszinierendes Bild: Valparaíso vibriert vor Bewegung. Die in jüngster Zeit wieder gewürdigte historische Originalität und Eigenwilligkeit dieses Stadtensembles bezieht beileibe nicht nur zahlreiche herausgeputzte Paläste und Kapitänsvillen, sondern auch den leicht angeschmuddelten Hafen- und Marktbereich und seine charakteristischen bunten Häuser mit ein. Zu Recht: Keiner wird im Ernst von einer Hafenstadt sterile Schönheit erwarten.

Auch hier hat sich Neruda ein Haus bauen lassen, das wie ein Nest über einem Abhang thront. Das dritte befindet sich in Isla Negra, wörtlich: schwarze Insel, die aber gar keine Insel ist, sondern ein von dunklen Steinen gerahmter, waldiger Ferienort an der Küste. Die Besucher strömen; mit Wartezeiten für Überfahrt und Hausbesichtigung muss gerechnet werden.

Bei uns kommen Massenstrände mit Massenbettenburgen nie aus der Mode, und in Chile ist das auch nicht anders. Die hübsche Villenstadt Viña del Mar, Schwesterstadt von Valparaíso und mit ihr durch eine fünf Kilometer lange Stadtautobahn verbunden, hat solche Mas-

Valparaíso: Der klangvolle Name allein weckt Fernweh. Seit Neuestem ist das historische Zentrum der alten Hafenstadt mit ihrer imposanten Bucht in den Katalog des UNESCO-Weltkulturerbes aufgenommen worden (oben). An der Plaza Sotomayor (links).

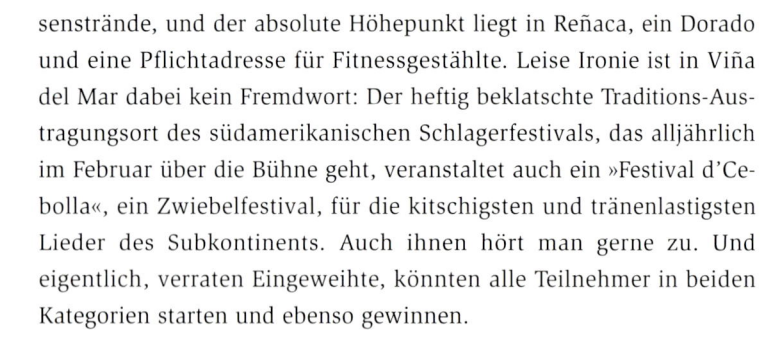

senstrände, und der absolute Höhepunkt liegt in Reñaca, ein Dorado und eine Pflichtadresse für Fitnessgestählte. Leise Ironie ist in Viña del Mar dabei kein Fremdwort: Der heftig beklatschte Traditions-Austragungsort des südamerikanischen Schlagerfestivals, das alljährlich im Februar über die Bühne geht, veranstaltet auch ein »Festival d'Cebolla«, ein Zwiebelfestival, für die kitschigsten und tränenlastigsten Lieder des Subkontinents. Auch ihnen hört man gerne zu. Und eigentlich, verraten Eingeweihte, könnten alle Teilnehmer in beiden Kategorien starten und ebenso gewinnen.

Auf dem Land

Wie dieses heute so dicht besiedelte Zentrum des Landes wohl früher einmal ausgesehen hat? Soweit es überliefert ist, soll Chile bei der Ankunft der Spanier nicht besonders dicht bewohnt gewesen sein, da seine Erde nicht sehr fruchtbar war. Strauchvegetation überzog das flache Land, üppiger war nur die Region zu Füßen der Anden. Das Gebiet wurde sofort unter den Spaniern aufgeteilt, die Indios zu Arbeitssklaven degradiert. Zunächst ließen die Spanier nach Gold graben, dann entdeckten sie die Eignung des Bodens als Ackerland. Die indianischen Kulturpflanzen Mais, Quínoa und Kartoffeln wurden durch Weizen ersetzt, auch um die indianischen Traditionen zu zerstören, später führte man Rinder, Schafe und Schweine ein.

Der Weizen verkaufte sich gut. Nach der Unabhängigkeit 1818 interessierte sich zunächst Kalifornien dafür, später meldete sich sogar Australien. Die Anbauflächen wurden ausgedehnt, Wälder abgeholzt, Bewässerungskanäle erhöhten die Produktivität. Am

Landschaftsbild hat sich bis auf die zahlreichen Stadtgründungen nichts geändert: Zwischen Rancagua, 80 Kilometer südlich von Santiago, Chillán mit seinem im ganzen Land bekannten Obst- und Gemüsemarkt und Angol erstreckt sich die klassische Kornkammer Chiles.

Weizen und Vieh haben in jüngster Zeit flüssige Konkurrenz bekommen. Seit chilenischer Wein auch international einen guten Ruf genießt und neue Absatzmärkte im Ausland erschlossen worden sind, wurde auch der Anbau verstärkt und neue Weinregionen wurden entdeckt. Dass der Weinanbau besonders von vermögenden Familien vorangetrieben wurde, lässt sich bei einem Besuch des Valle de Colchagua zwischen San Fernando und Pichilemu leicht verifizieren. Denn die Weingüter gruppieren sich um höchst attraktive Landgüter, Zeugen vergangener Hacienda-Herrlichkeit, und manche machen auch als Museum Furore.

Es geht heiß her auf dem Fischmarkt von Valparaíso (linke Seite oben).
Morgens, wenn die Fischer mit ihrem Fang zurückkommen, findet an der Caleta Portales zwischen Valparaíso und Viña del Mar der Verkauf auch direkt vom Boot aus statt (oben und darunter).
Fischen ist nicht alles, man muss auch einmal Zeitung lesen können (linke Seite unten).

Nachfolgende Doppelseite: Südseeparadies: der Strand von Anakena mit den sieben Moai auf der Osterinsel.

61

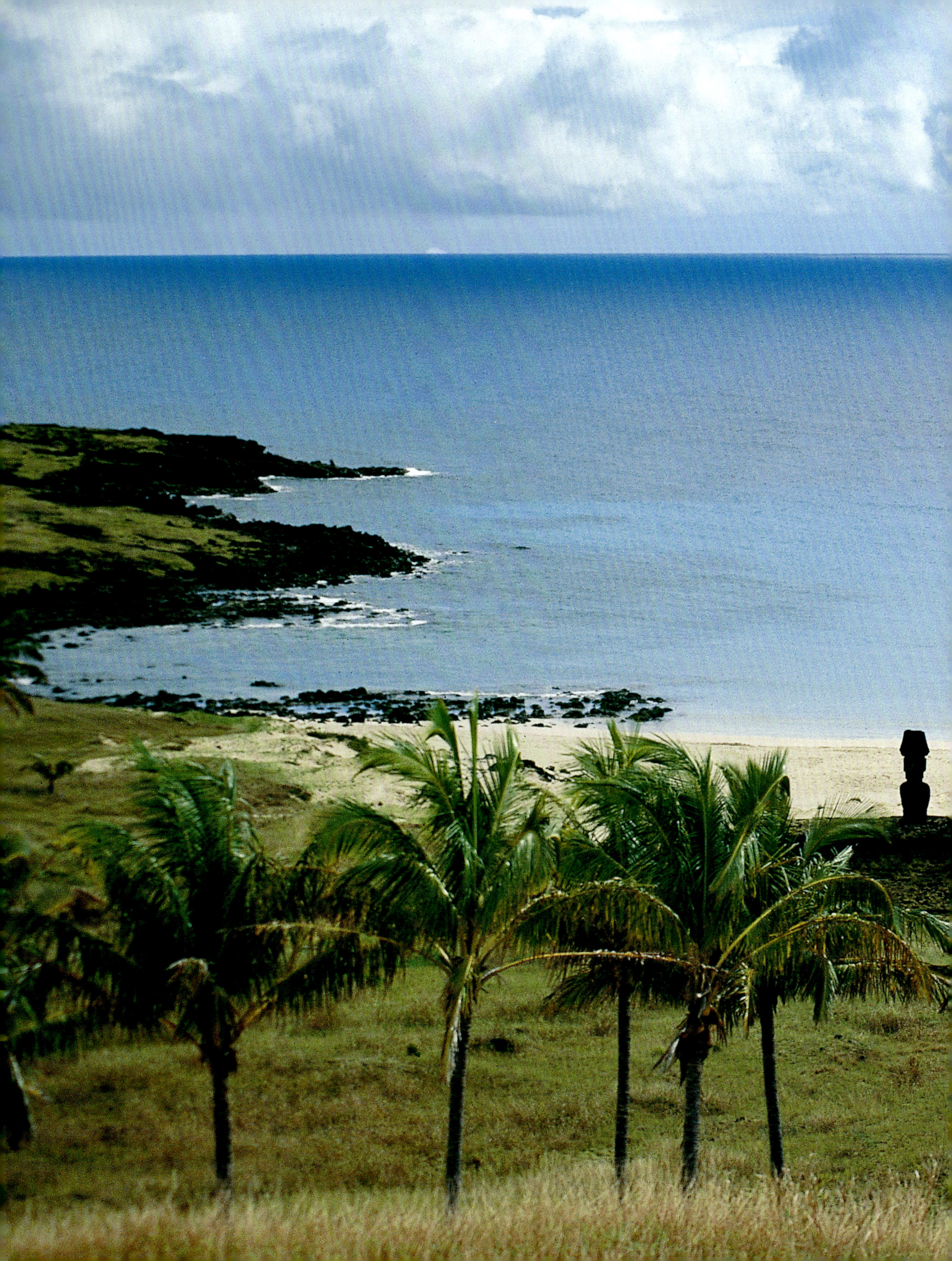

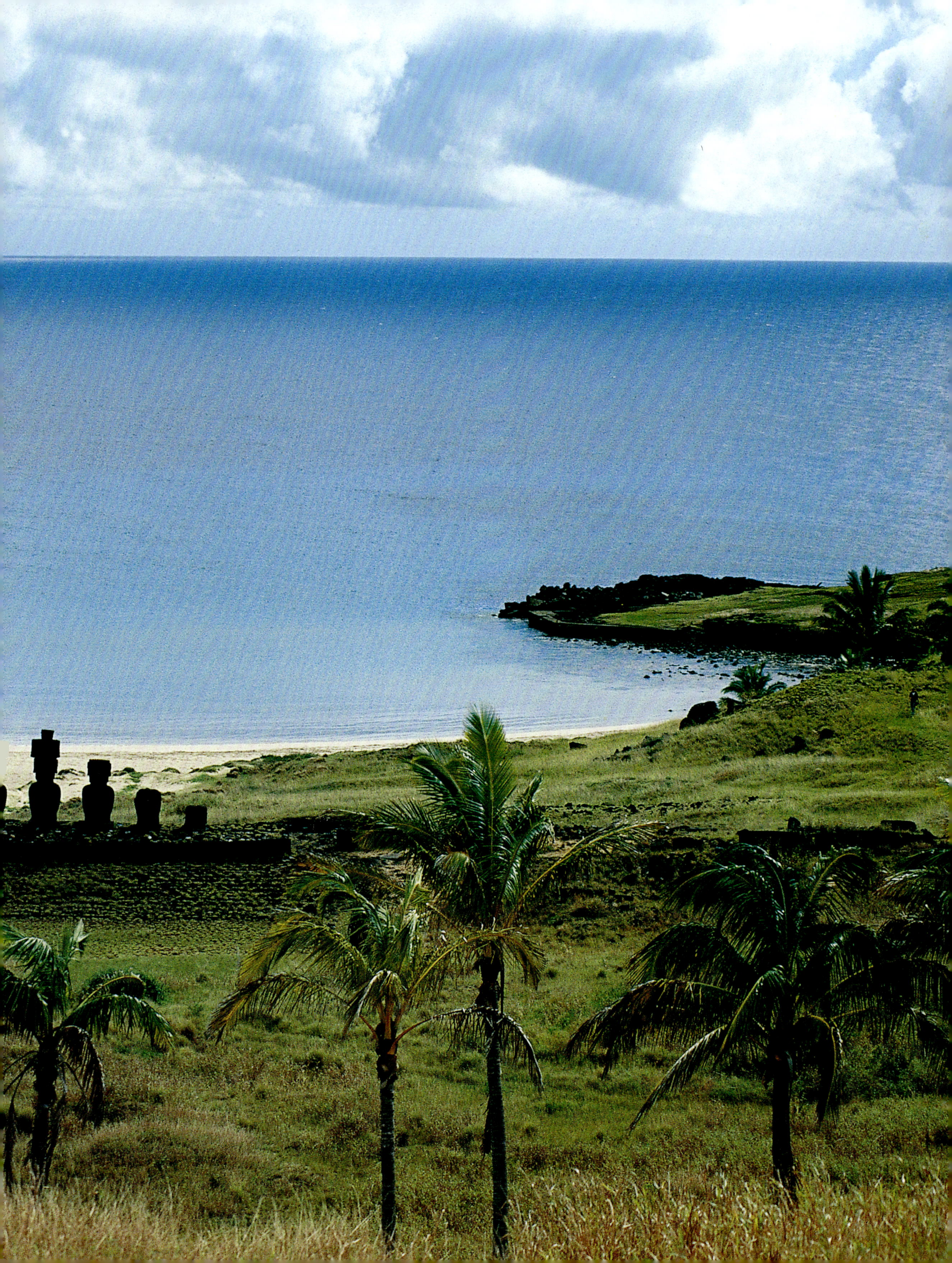

Vom Nabel der Welt und Robinson Crusoe

Die Osterinsel und Islas Juan Fernández

Für ihre Bewohner ist sie der Nabel der Welt, für alle anderen der isolierteste Platz der Erde: die Osterinsel, Rapa Nui in der Sprache der Einheimischen, Isla de Pascua auf Spanisch. Der holländische Handelsschiff-Kapitän Jakob Roggeveen erblickte sie am Ostersonntag des Jahres 1722. Seitdem trägt sie diesen Namen. Rapa Nui, Mittelpunkt der Welt. Aus ihrer Perspektive haben die Bewohner vollkommen recht. Um die Insel herum mündet der Ozean in den Horizont, nichts stört das Gleichmaß. Chile liegt 3700 Kilometer entfernt. Ihr Volk ist 400 Jahre v. Chr. von Polynesien kommend auf die Osterinsel eingewandert. Tausende von Seemeilen haben sie in Booten zurückgelegt, und das Meer spielt in seiner Mythologie eine bedeutsame Rolle.

Berühmt wurde die Osterinsel durch steinerne Kolosse, die Moai. Entlang der Küste stehen sie in Gruppen aufgereiht und starren mit ihren aus Koralle und Muscheln gefertigten Augen aufs Meer; nur eine Gruppe blickt landeinwärts. Als die ersten Europäer die Osterinsel betraten, darunter der Mainzer Georg Forster, bot sich ihnen ein verwirrendes Bild, denn viele der Statuen aus Vulkangestein waren umgestürzt und zerborsten. Es wurde über einen Aufstand der unterprivilegierten Kurzohren gegen die Herrscherkaste der Langohren spekuliert.

Kolonialherren sind nie zimperlich mit fremden Kulturen umgegangen, und so verharrte vieles von der Geschichte im Dunkeln. Erst vor etwa 60 Jahren entließ man die Inselbewohner aus ih-

rem eingeengten Leben im Ghetto. Die Rapa Nui pflegen seither ihre eigene Kultur.
Diese Probleme stellten sich den Bewohnern der Inselgruppe Juan Fernández nicht, denn sie haben als Langustenfischer und Hummerfänger die Eilande von Chile kommend besiedelt. Neben ihrer endemischen Vogelwelt, den dichten, für Vulkaninseln charakteristischen Wäldern und der Qualität der Hummer haben die Islas Juan Fernández auch noch eine weitere Attraktivität: Hierhin verschlug es Robinson Crusoe, alias Alexander Selkirk, dessen Schicksal Daniel Defoe zu einem der bekanntesten Werke der Weltliteratur inspirierte. Der »echte« Selkirk schiffte sich 1704 auf dem Handelsschiff »Cinque Ports« ein und geriet mit seinem Kapitän derart in Streit, dass er bat, ihn auszusetzen. Die Inseln heißen jetzt Robinson Crusoe und Alexander Selkirk.

1, 3, 6 Geburtsstätte der Moais: der Krater von Rano Raraku.
2 Als einziger Ahu liegt der Ahu A Kivi nicht an der Küste.
4 In der Zeremonienanlage von Tahai: Moai Ko Te Riku.
5 Das restaurierte Fundament einer Schlafhütte. Früher wölbte sich darüber die hölzerne Wand-Dach-Konstruktion mit einer Schilfabdeckung.
7 und 8 Szenen eines beschaulichen Alltags in Hangaroa.

Nachfolgende Doppelseite:
In jedem Frühjahr schwammen junge Männer von Orongo aus zum vorgelagerten Motu Nui, um das erste Ei der Rußseeschwalbe »Sterna fuscata« zu finden. Wer als Erster ein unbeschädigtes Ei zurückbrachte, wurde zum Vogelmann erklärt, stand rituellen Opfern vor und erfreute sich besonderer Privilegien.

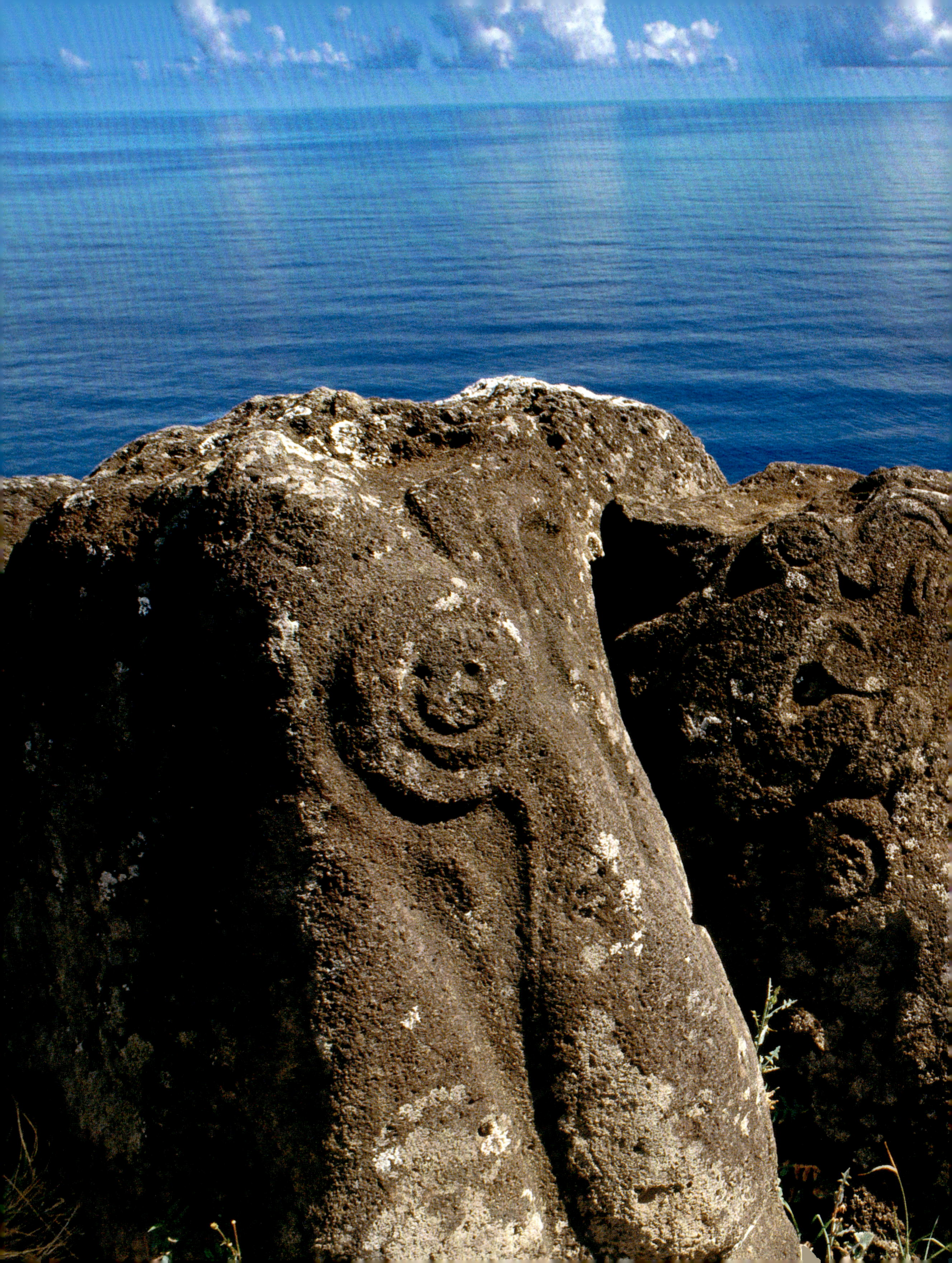

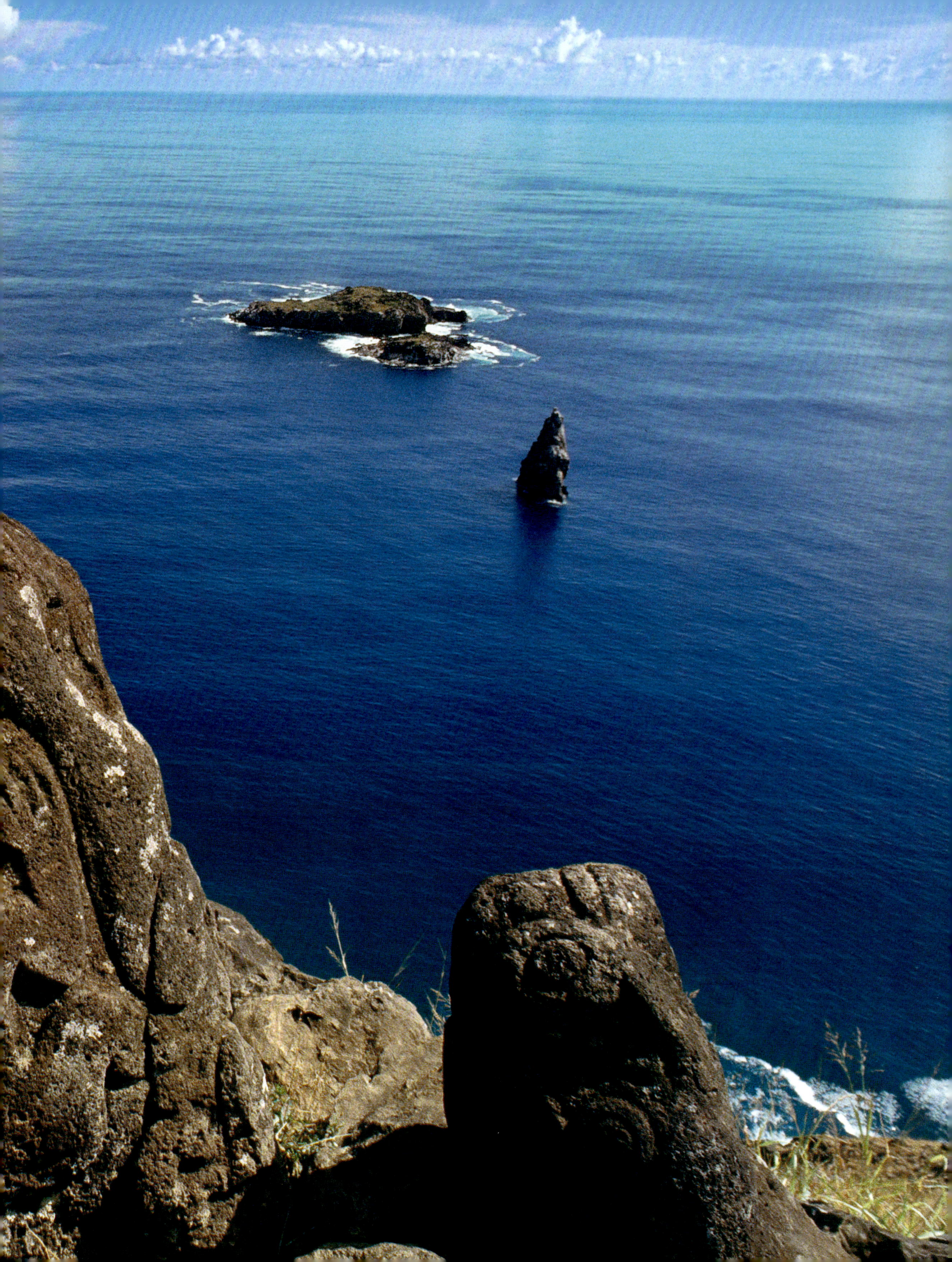

Huasos, Goldminen und Esoteriker

Der Kleine Norden

Der reiche Don Casanova erlebte im vergangenen Jahr eine niederschmetternde Niederlage gegen die deutsche Kellnerin Christine. Anlass war das alljährlich stattfindende Rodeo in Chañar, einem winzigen Flecken von 318 Einwohnern im Tal des Río Hurtado. Christine hatte bei Probeläufen im Pferderennen auf sich aufmerksam gemacht, hätte aber eigentlich gar nicht starten dürfen, weil sie kein eigenes Rennpferd besaß. Doch Don Casanova, den die Idee, sich mit Christine messen zu können, nicht mehr losließ, bewies seine Großzügigkeit und lieh ihr eines. Als er dann im Wollponcho und dem breitkrempigen Hut eines ehrenhaften *huaso* zum Wettbewerb antrat, sah er von Christine nur noch die flatternden Haare und die wirbelnden Hinterläufe seines Pferdes. Dieses Jahr ist er wiedergekommen, traditionsbewusst und vornehm, wie er ist, und über die Niederlage gegen Christine lacht er ein wenig verlegen.

Nur Eingeweihte wie Don Casanova finden mühelos den Weg nach Chañar, denn es ist nicht mehr als ein Pünktchen auf der Landkarte. Von Ovalle ist die Strecke bis Samo Alto asphaltiert, verwandelt sich dann jedoch in eine gewundene Schotterstraße. Zwischen staubtrockenen Bergflanken, die bis zu 4800 Meter aufragen, hat der Río Hurtado hier sein Bett gegraben, das von den Anden bis nach Ovalle reicht, und an seinen Ufern üppige grüne Streifen hervorgebracht – ein wunderbares und fruchtbares Anbaugebiet. Obst- und Gemüsefelder begleiten denn auch seinen Lauf.

Wenn aber ein Rodeo veranstaltet wird, erhebt sich Chañar zur heimlichen Hauptstadt des Kleinen Nordens. Wie überall in der Gegend wurden auch hier Pappeln angepflanzt, um den Ort vor den rauen Winden zu schützen. In dieser dornenbewehrten Halbwüstenvegetation, in der es so viele endemische Kaktusarten gibt, dass die Wörterbücher passen müssen, schlägt dann das Herz der Viehzüch-

Es ist Frühling im Valle Hurtado: Die Kakteen blühen in der Cordillera (oben). Absatteln auf der Hacienda (darunter). Zwei Huasos auf dem Streifzug durch einen blühenden Mandelbaumhain (rechte Seite).

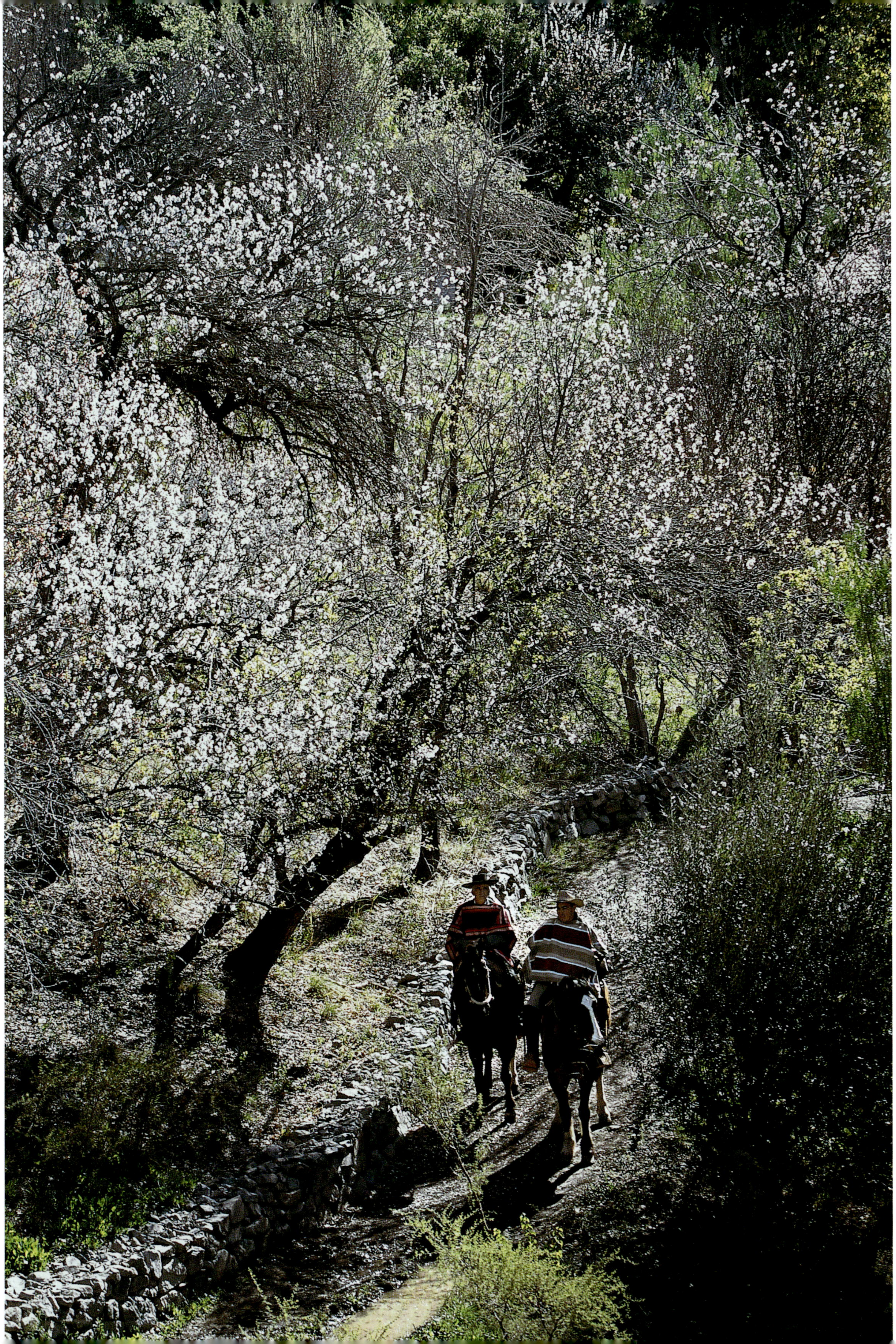

Die Plaza de Armas des ehemaligen Minenstädtchens Copiapó atmet noch ein wenig Gründerzeit-Atmosphäre (rechts und ganz unten). Kilometerlang ist der Sandstrand von La Serena. Herausragend ist sein Wahrzeichen, der Leuchtturm (unten).

terregion. Die zahlreichen Besucher fiebern bei den Wettbewerben mit, beim Einfangen der Rinder, dem Zähmen der Pferde. Abends steht die Verkostung des Nationalschnaps Pisco an, der aus einer einheimischen Traube gewonnen wird.

Wandert man ein bisschen durch die Berge, ist man plötzlich im Goldgräberland angekommen. Während im Tal in den schmalen Flussoasen alles gedeiht – Pfirsiche, Avocados, Datteln, Pflaumen, Mirabellen, Wassermelonen, Trauben –, verbergen sich in den strauchbedeckten Höhen Metalladern unter dem bloßen Stein.

Gold in den Bergen

Schon die Inka bauten hier Gold ab. Gold war ihnen heilig; sie benutzten es zur Herstellung zeremonieller Gegenstände. Bereits vor den Inka hatten die Diaguita Gold gefunden, ein aus dem heutigen Argentinien stammendes Volk, das ausdrucksvoll bemalte Keramik brannte – manche sagen, die schönste ganz Südamerikas – und von den Inka kolonisiert wurde. Eine offen gelassene Goldmine erreicht man gut von Chañar aus. Es ist kaum mehr von ihr zu sehen als eine schwarze enge Öffnung in der Felswand, durch die sich die Arbeiter hindurchquälen mussten.

Diese Mine ist eine von Abertausenden in einer Gegend, über die die Konquistadoren einstmals löblich urteilten: Je kahler die Berge, desto wertvoller die Metalle, die darin verborgen sind. Damit lagen die spanischen Eroberer alles andere als falsch.

Doch hier im kahlen Norden Chiles fiel ihnen das Edelmetall nicht ganz so leicht in den Schoß wie im Inka-Reich der beiden Priesterkönige Atahualpa und Huáscar in Peru, wo es bereits abgebaut und verarbeitet worden war und sie es nur noch zusammenraffen und verschiffen mussten. Hier hätte es erst abgebaut werden müssen, und das war den fremden Eindringlingen offenbar zu mühselig.

Als Charles Darwin 1833 auf seiner »Reise eines Naturforschers um die Welt« durch Nordchile streifte, notierte er eher abfällig in sein Tagebuch, die Region sähe aus wie ein Ameisenhaufen – wegen der vielen Minenlöcher. In knapp drei Jahrhunderten war einiges passiert.

Die Spanier waren nach den Unabhängigkeitskriegen 1818 aus dem Land vertrieben worden, und die chilenische Regierung vermaß und entdeckte ihr Terrain. Was die Wissenschaftler herausfanden, bestätigte die Konquistadoren-Weisheit von den kahlen Bergen und den reichen Minen.

Kilometerlang erstrecken sich solch karge Erosionslandschaften hinter der Küste des Nationalparks Pan de Azúcar *(links)*.
Ein junges Paar an der Pazifikküste bei Caldera *(oben)*.
Arrangement vor einem bäuerlichen Haus in Pisco Elqui *(ganz oben)*.

71

In den Tälern ist intensive Bewässerung möglich, das trockene sonnige Klima lässt sogar Palmen gedeihen – und natürlich Trauben, Obst und Gemüse. Die weiten Hänge unterhalb der schneebedeckten Kordilleren bieten ein Eldorado für alle, die auf Cowboyspuren wandeln möchten (oben und rechts). Dieses stachlige Gebilde heißt im Volksmund »Schwiegermuttersitz« (rechts oben).

Kupfer-, Gold- und Silberadern unterhalb der Strauchwüsten, und was die Kolonialherren verschmäht hatten, eigneten sich nun die Chilenen an.

Über einen Zeitraum von gut sechzig Jahren wurden Boden, Vegetation und Lebensbedingungen erkundet; und in diese Zeit fallen die bedeutsamsten Entdeckungen der Minen, deren wichtigste heute fast symbolhaften Charakter hat: Chañarcillo wurde 1832 entdeckt und entpuppte sich als die drittgrößte Silberlagerstätte der Welt. Mit den reichen Erlösen aus der Mine konnten die gesamten Auslandsschulden des Landes getilgt werden.

Der Abbau von Baryt (Bariumsulfat), Kupfer, Eisen, Marmor und Gold stellt bis heute den wichtigsten Arbeitsmarkt der Region, eine janusköpfige Entwicklung, gehen damit doch zumeist Umweltschäden einher. Große Proteste hat im Jahr 2007 ein Projekt der Regierung

Der Don vom Lande

Im zentralen Chile und im Kleinen Norden liegt die Heimat des *huaso*, des »Don« vom Lande. Zum ersten Mal tauchte dieser Begriff im 18. Jahrhundert auf, um einen Gutsherrn zu beschreiben, der auf dem Land lebt und sich mit der Bauernarbeit auskennt. Es handelt sich nicht notwendigerweise um einen reichen Mann, aber ein armer Viehtreiber ist er auch nicht. Dafür kennt man in Chile den Begriff des *pilchero*. Die Huasos verfügen oft über Landbesitz und züchten Vieh, und ein Rodeo mit Reitwettbewerben ist ihr typisches Sportfest. Ihr Aufzug, sagten die ersten europäischen Reisenden, mische Elemente der spanischen mit der Mapuche-Tracht, denn eines der wichtigsten und dekorativsten Bestandteile ist der gestreifte Poncho, der bei ihnen nur bis zur Hüfte reicht.

ausgelöst, der kanadischen Firma Barrick Schürfrechte für Goldvorhaben im Valle del Huasco zu überlassen, deren Wert auf 15 Milliarden US-Dollar geschätzt wird. Dafür müssten drei Gletscher abgetragen werden, von Wasserverschmutzungen mit Arsen und der Vernichtung natürlicher Lebensräume ganz zu schweigen. Bislang ist noch nichts entschieden, die Prüfung der Umweltschutzbehörden sind noch nicht abgeschlossen.

Im Winter dorthin zu gelangen, ist nur etwas für Mutige: Das grandiose Panorama der Laguna Santa Rosa mit dem Ojos del Salado im Hintergrund sieht unter Schnee und Eis verwunschen unwirklich aus. Der Weg dorthin gestaltet sich in dieser Jahreszeit ziemlich abenteuerlich. Mit plötzlichen Schneestürmen und »vientos blancos« (weißen Winden) in purer Einsamkeit auf 4000 Metern Höhe ist zu rechnen (alle Bilder).

Nicht weit übrigens von Samo Alto und Chañar am Río Hurtado liegt das Minenstädtchen Andacollo. Abraumhalden und Berge, deren lockerer Waldbestand die Schmelzöfen befeuerte, umschließen ein schmales Tal, das gerade mal ein bisschen Platz für ein Dorf lässt. Mag der Reichtum der Adern anderer Orte erschöpft sein, hier geht der Abbau weiter. Um die Weihnachtszeit herum pilgern Tausende von Gläubigen aus dem Hochland in die Kirche zu Ehren der Jungfrau vom Rosenkranz in Andacollo. Die dort ausgestellte kleine, geschnitzte Holzmadonna ist die Patronin der Bergarbeiter, sie stammt aus Lima und soll verschütteten Bergarbeitern erschienen sein.

Eisenbahnen in die Abgeschiedenheit

Für das sehr spärlich bewohnte Chile mit weit auseinanderliegenden Dörfern und Städten bestand eine große Herausforderung darin, Menschen anzusiedeln und die Siedlungen miteinander zu verbinden. Im Kleinen Norden gelang der Regierung dies. Man brauchte wie die sich später im Minengeschäft engagierenden Briten für den Abtransport der Güter ein Wegesystem. Eisenbahnschienen durchkreuzten bald die Region, aber nur dort, wo sie sich bezahlt machten, also von den Minen zu einem Pazifikhafen. Die erste Linie überhaupt zwischen Copiapó und Caldera war bereits 1850 fertiggestellt, die jüngste zwischen Vallenar und Huasco bauten die Nordamerikaner 1892. Doch die Hausse ist längst vorbei, und ehemalige Bahnhöfe sind Museen.

Die Besiedlung von Räumen folgte also deren Wirtschaftlichkeit. Für Arbeiter wurden Unterkünfte gebaut, ein Minimum an Infrastruktur errichtet – teilweise konnten die Familien folgen. Dass die Umgebung oft lebensfeindlich war, weder Wasser noch Brennmaterial zur Verfügung standen, spielte keine Rolle. Diese Siedlungen wurden nach Schließung der Mine verlassen.

Genau das ist auf der Strecke zwischen Paipote und Puquios östlich von Copiapó zu sehen. Längst verkehrt hier keine Eisenbahn mehr. Es ist staubig und heiß, nachts sinken die Temperaturen unter den Gefrierpunkt. Puquios wurde 1930 aufgegeben. Ein einziges kleines Bauernhaus ist auf dieser Strecke noch bewohnt, das Ehepaar lebt von seinen Ziegen und dem Verkauf von Ziegenkäse. Sherpa nennt sich Don Francisco, in dessen sonnengegerbtem Gesicht man Spuren seines wahren Alters kaum entdecken kann. Früher hat er den Minenunternehmen als Kundschafter gedient und als guter Ortskenner vor den berüchtigten weißen Winden warnen können, den *vientos blancos*, plötzlichen Schneestürmen, die Menschen komplett die Orientierung verlieren lassen und hier häufig vorkommen.

Wir dringen weiter vor in diese verlassene Gegend, in Richtung Nationalpark Tres Cruces mit der Laguna del Negro Francisco und der Laguna Santa Rosa. Beide liegen an der Grenze zu Argentinien. Der mit 6880 Metern höchste Vulkan der Welt und höchste Berg Chiles, der Ojos del Salado, überragt hier eine unwirkliche Landschaft mit einem ungewöhnlichen Farbenspiel. Die Berge leuchten förmlich in warmem Schokoladenbraun, Aubergine und Aprikose, die mit Salzstaub überhauchten Lagunen, an deren Ufern Flamingos picken, strahlen in tiefstem Blau oder in Orange- und Rottönen. Salz wird hier gewonnen – und Gold: Die Mine Marte liegt auf 5000 Metern Höhe.

Anders als früher haben die Minenarbeiter heute geregelte Arbeitszeiten, einen guten Lohn und Urlaub. Für acht Tage Arbeit

Fortsetzung Seite 80

Das Kreuz des Südens im Visier

Sternwarten in der Wüste

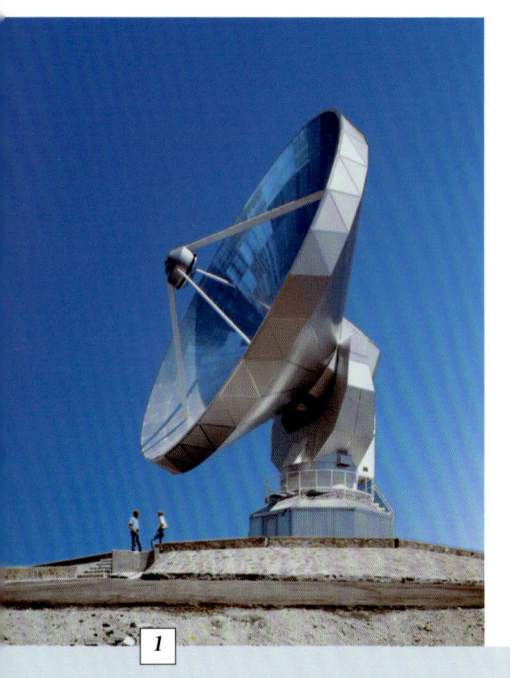

1

2

4

Kaum einem anderen Rätsel sind Wissenschaftler so publikumswirksam auf der Spur wie der Erforschung des Weltalls. Hier mischen Mythen mit. Wer guckt nicht gern in die Sterne, zählt Kometenschweife, schaut sich Meteoriten in Museen an, betrachtet zu nachtschlafender Zeit Mondfinsternisse und wartet auf den Halleyschen Kometen? Mit einem Blick in den Himmel erahnt man die ungelösten Rätsel des Universums, die die Menschheit seit Jahrtausenden faszinieren. Planetarien und der Zugang zu Observatorien erfreuen sich denn auch regen Zuspruchs. Doch egal an welchem Ort der Welt, nur ein Zusammenspiel von günstigen Bedingungen erlaubt die unverstellte Sicht ans Firmament. Der spärlich besiedelte Norden Chiles ohne störendes Stadtlicht oder Dunst aus Industrieabgasen, mit seinen staubtrockenen Wüsten, hohen Gipfeln und klarem, meist schlierenfreiem Himmel erfüllt viele davon. Wer durch das Valle del Elqui fährt, sieht die weißen Ellipsen des Observatoriums El Tololo auf einem Bergkamm thronen, und auch La Silla, die europäische Südsternwarte (ESO – European Southern Observatory), befindet sich in der Nähe. In El Paranal, zwei Autostunden von Antofagasta entfernt, verfügt die ESO mit dem VLT, dem Very Large Telescope, über ein in vier Teleskope von 8,2 Metern Durchmesser gebündeltes System und

3

damit über den neuesten wissenschaftlichen Standard.

La Silla im Kleinen Norden, platziert auf einem Gebirgssattel von 2400 Metern Höhe, entstand 1969 als Projekt der ESO, an dem zehn europäische Staaten beteiligt sind. Es verfügt heute über exzellente Teleskope zur Erforschung des Weltraums; schon das New Technology Telescope, das 1989 dort installiert wurde, kam einer kleinen Sensation gleich, denn es besteht aus

76

einer dünnen und leichten Keramikscheibe, die von 75 beweglichen Stempeln gestützt und elektronisch in die ideale Stellung gebracht wird.
Der Spiegel hat einen Durchmesser von 3,5 Metern. Die neueste Errungenschaft in La Silla ist SEST, das Swedish-ESO Submillimetre Telescope, das einen Durchmesser von 15 Metern hat und für Beobachtungen im Millimeter- und Submillimeterbereich geeignet ist.
La Silla, El Paranal und El Tololo, das von mehreren Universitäten aus ganz Amerika getragen wird, sind nicht die einzigen Sternwarten im Norden des Landes. Die USA arbeiten in Las Campanas.
La Silla, El Tololo und Las Campanas sind der Öffentlichkeit nicht zugänglich. El Paranal kann man jedoch an ausgewählten Wochenenden tagsüber besichtigen; eine Voranmeldung von mehreren Monaten ist wegen des Besucherandrangs ratsam.

Volkstümlich geht es dagegen im Observatorio Comunal Mamalluca in der Nähe von Vicuña im Valle del Elqui zu. Hier wird der Himmel dem interessierten Laien geöffnet. Die Führungen finden nachts statt, und das Firmament betrachtet der Besucher durch ein Teleskop von 30 Zentimetern.
Der Himmel des Südens übrigens verwirrte bereits die ersten aus Europa kommenden Sterndeuter sehr, unterscheiden sich doch die Himmel der nördlichen und der südlichen Hemisphäre grundsätzlich. Wer Mamalluca besucht, wird das feststellen. – Eine Formation aber suchen sie alle: das »Kreuz des Südens«, an dem sich einst Tausende von Seefahrern orientierten.

1 Das 15-Meter-Teleskop der ESO-Schweden in der Sternwarte von La Silla.
2 Teleskope der Sternwarte von El Paranal südlich von Antofagasta.
3 Im Kontrollraum der Sternwarte La Silla.
4 Während der Abendstimmung werden die Teleskope von La Silla startklar gemacht. Im oktogonalen Baukörper befindet sich das 3,6-Meter-Hochleistungs-Teleskop (NTT).
5 Die optische Einheit des großen NTT-Teleskops von La Silla.
6 Oberhalb der Küstennebel, nördlich La Serena, liegen in der weiten, kargen Bergwelt die großen Spiegelteleskope der ESO-Sternwarten von La Silla.

Nachfolgende Doppelseite:
Im Nationalpark Pan de Azúcar gedeihen seltene Kakteen.

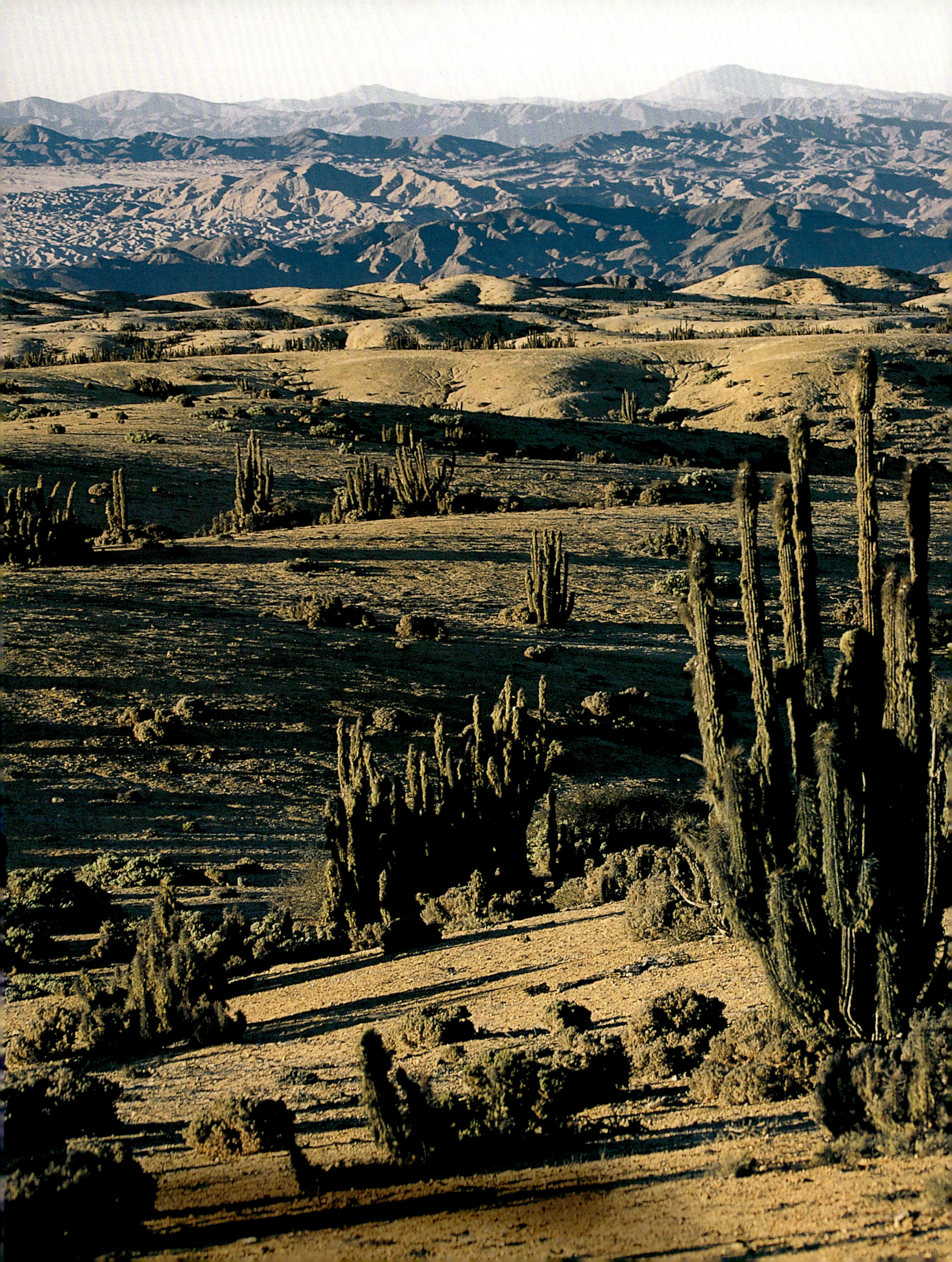

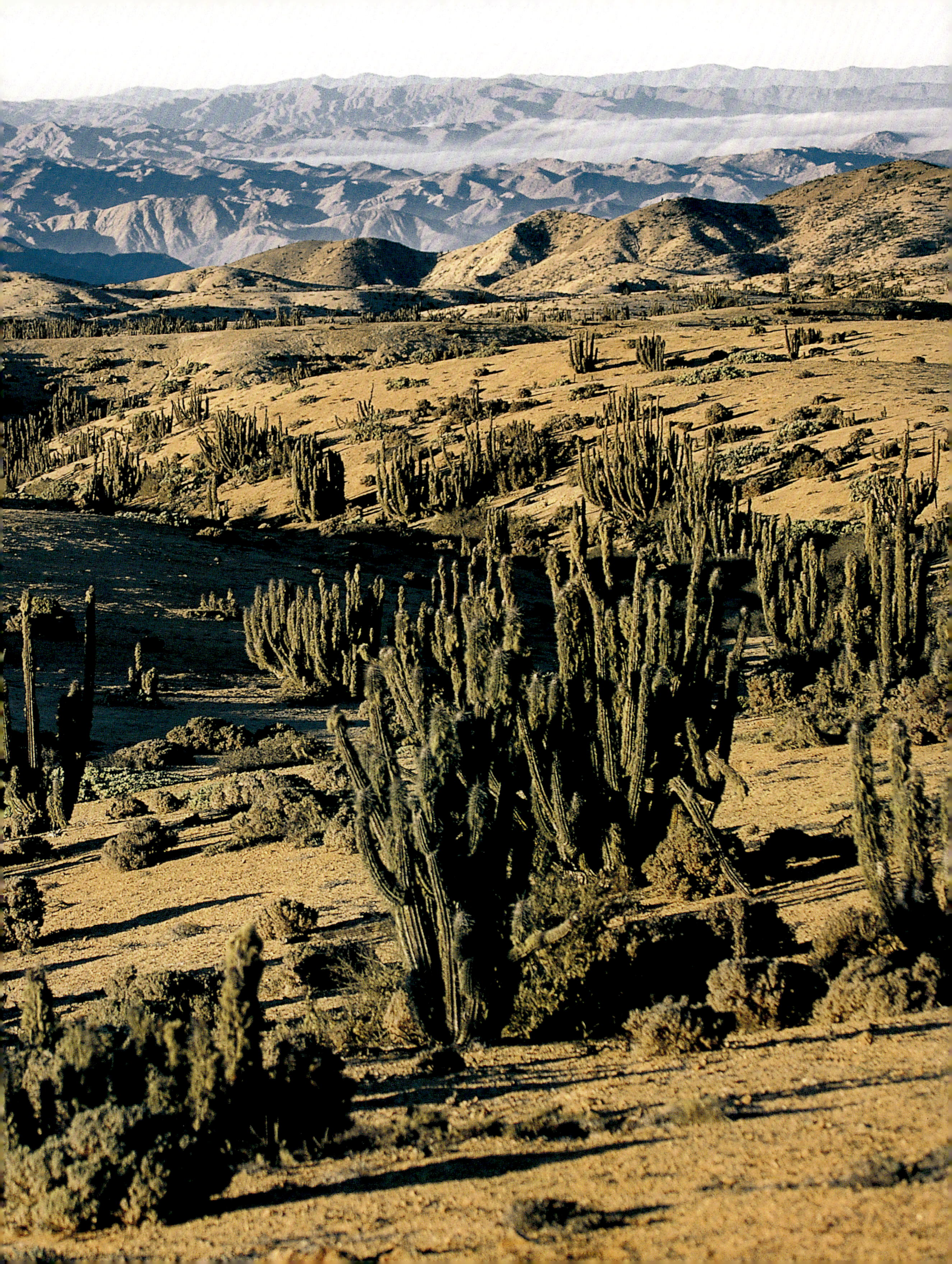

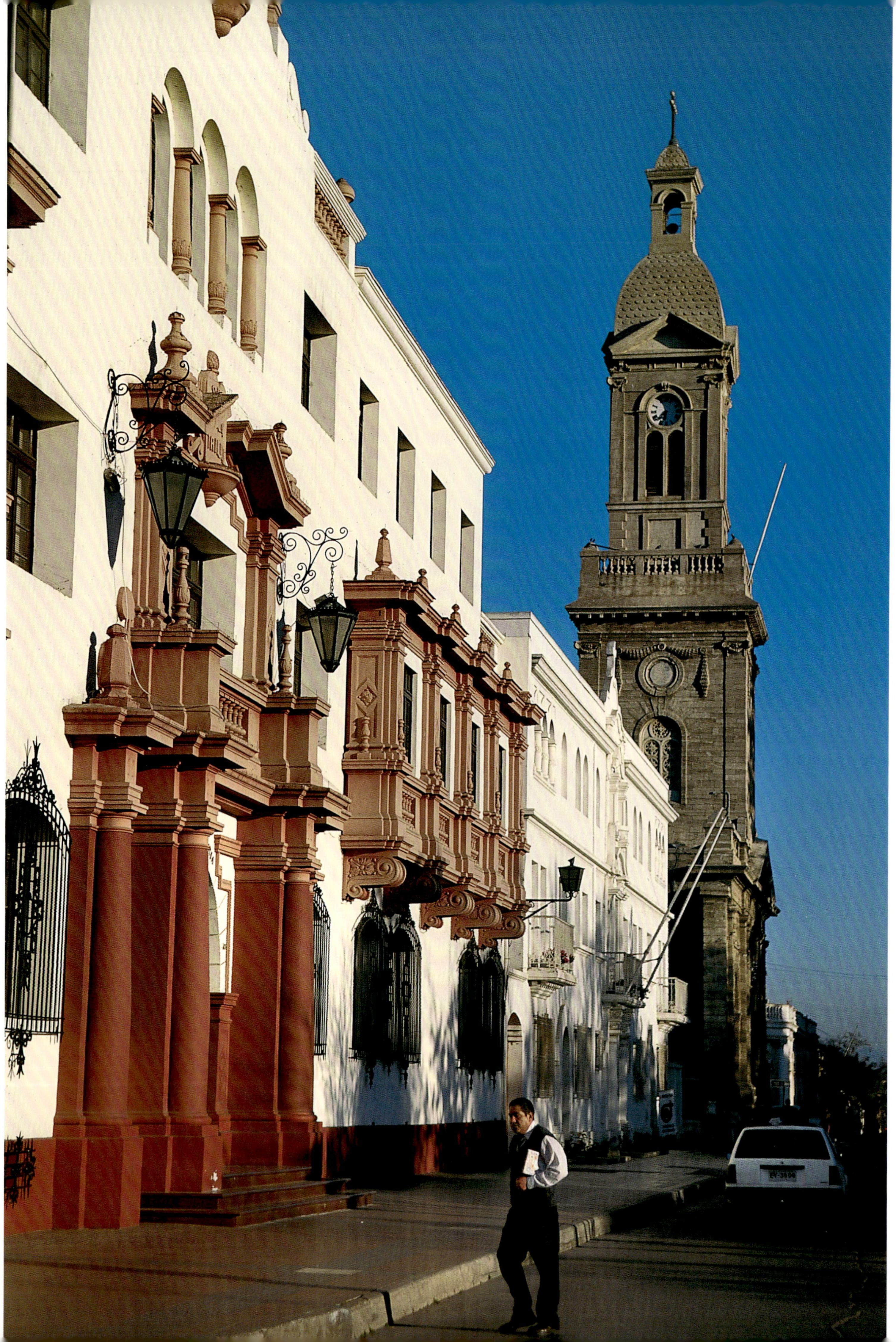

gibt es acht Tage frei. Jeder, der sich auf dem Weg zur Laguna Verde befindet, der Ausgangsstation zur Besteigung des Ojos del Salado, wird am Eingang zum Minengebiet registriert – und freut sich, dass inmitten dieser Einsamkeit an ihn gedacht wird.

Im Land der Dinosaurier

In diesen eisigen Höhen sollen einst Dinosaurier gelebt haben, fand die biologische Forschungsstation an der Laguna del Negro Francisco heraus. Knochenfunde und Fossilien deuten darauf hin und belegen, dass die heute so nackte Region einmal mit Vegetation bedeckt gewesen sein muss, was man sich angesichts der Landschaft aus Fels, Geröll und Sand kaum vorstellen kann.

Benutzen wir unsere Fantasie einmal mehr: Dort, wo heute die Aspiranten auf den Gipfelanstieg des Ojos del Salado ihre durchgefrorenen Glieder in heißen Quellen erwärmen, an der Laguna Verde, gibt es einen Pass, über den bis in die 1960er Jahre Vieh von Argentiniens Weiden getrieben wurde, weil die chilenischen Exporthäfen für die nordargentinischen Viehbauern näher liegen als die argentinischen Atlantikhäfen. Hier beträgt die Entfernung zwischen Andengipfeln und Pazifik lediglich 80 Kilometer.

Wer auch immer sich in diesen Höhen um die 4600 Meter aufhält, kann diese Anstrengung beurteilen: Von den Bergsteigern, die den Ojos del Salado besteigen wollen und in den Hütten der Umwelt- und Forstbehörde Chiles übernachten, wird eine Akklimatisierungszeit von ungefähr einer Woche verlangt.

In das Tal des Schnapses

Doch der Kleine Norden Chiles besteht nicht nur aus der Einsamkeit grandioser Ex-Lebensräume von Dinosauriern, stillgelegten Eisenbahnschienen, ausgetrockneten salzigen Lagunen und schneegekrönten Bergen.
Im Elqui-Tal werden Piscotrauben angebaut. Das Tal strotzt von *parranales*, den horizontal aufgestellten Spalieren, die je nach Sonnenstand schöne Muster auf den Grund werfen. Seit Beginn des 20. Jahrhunderts gibt es eine richtige Schnapsindustrie. Damals sprenkelten verschiedene Brennereien das Tal, wie beispielsweise »Los Artesanos« in Monte Grande oder »RR« in Pisco Elqui, heute beherrscht »Pisco Capel« den Markt. Man kann die Brennerei besichtigen und den Pisco verkosten.

Das Valle del Elqui ist aber nicht nur wegen seines Schnapses etwas Besonderes. Es entwickelte sich zum Paradies für Aussteiger: abgeschieden, still, ungewöhnlich schön – aber auch ungewöhnlich schwierig, darin zu leben. Hippie-Kommunen erkoren die unwegsamsten Dörfchen in der Nähe der argentinischen Grenze zu ihren neuen Lebensstätten, Cochiguaz und Alcoguas, die auch heute nicht einfach zu erreichen sind.

Die Region hat zweifelsfrei Magie: Die reine klare Luft, die hohen, hintereinander gestaffelten Berge und das tief eingeschnittene Flusstal bilden landschaftlich eine außergewöhnliche Komposition. Esoteriker machten sie als Kopie des Himalaja ausfindig: Dort sollen

Schönheiten des Kleinen Nordens: La Serena überrascht durch ein homogen durchgestaltetes koloniales Stadtbild (linke Seite).
Im Kontrast zu den kargen wüstenhaften Bergen der Kordillere steht die ungewöhnlich üppige Vegetation entlang des Flusslaufs im Elqui-Tal: ideal für den Anbau der Piscotraube (oben).
Schmucker Zeitungskiosk in der Küstenstadt La Serena (links).

verwandte energetische Felder anzutreffen sein. Was man davon auch halten mag, Meditation und Entspannungslehren, Behandlungen mit Heilpflanzen und Gestalttherapie sind die angenehm zu konsumierenden Begleiterscheinungen der Entdeckung des Valle del Elqui als esoterischem Zentrum. Übernachten kann man im »Alma Zen« oder im »Sol Naciente«.

Da kommt eines zum anderen wie das Patschuli-Parfümöl zum Räucherstäbchen: die buddhistische Kunstgalerie mit Guru-Botschaften auf DVD und der Blumenseifenladen, die selbst installierte Sternwarte im Garten und die Ufos in der Nacht. Aus mancher Verzauberung lässt sich auch ganz flott Kapital schlagen, das wir aber lieber in eine Flasche Pisco investieren.

Der spröden Schönheit der Landschaft entstammt eine der bedeutendsten Lyrikerinnen des 20. Jahrhunderts, Gabriela Mistral. Meist macht die männliche Schreiberzunft den Nobelpreis für Literatur unter sich aus, nur wenige Frauen sind bislang in diesen Olymp vorgestoßen, und eine von ihnen ist die chilenische Lehrerin aus dem Elqui-Tal, Lucila Godoy Alcayaga. Sie erhielt ihn 1945. Mit Denkmälern und Museen in Vicuña und Monte Grande hält man die Erinnerung an sie aufrecht.

Zerklüftete schwarze Küste im Nationalpark Pan de Azúcar (unten). Die Pelikane auf dem Felsen waren fleißig: Guano, Vogeldung, einst ein begehrtes Düngemittel, wurde bis nach Europa exportiert (rechte Seite oben). Darunter präsentiert sich die stolze und durch einen Nationalpark geschützte Tierwelt der Isla Damas, die man von Punta Choros aus erkunden kann (alle Bilder).

Nachfolgende Doppelseite: Raues, wildes Land: die Küste bei Chañaral.

La Serena

Kurven wir aus dem Valle del Elqui in die Hauptstadt des Kleinen Nordens nach La Serena. Seit geraumer Zeit zerfällt sie in zwei Bereiche: in den alten Stadtkern und in die neue Ferienzone am kilometerlangen Sandstrand. Hotels, Apartmenthäuser, Restaurants, Kneipen und Einkaufsgalerien bilden ein eigenes Zentrum, das sich in den milden Sommern großer Beliebtheit erfreut.

Das alte La Serena wurde 1544 durch spanische Konquistadoren gegründet und als Nachschub- und Versorgungslager für Stützpunkte aufgebaut, die von Peru ausgehend weiter in den Süden getrieben wurden. Für dieses Jahr verzeichnet es eine Einwohnerschaft von 800 indianischen Sklaven und 100 Weißen. La Serena ist eine der ältesten Kolonialstädte des Kontinents, wenngleich von damals nichts erhalten ist. Die Architektur ist auffallend homogen. Die öffentlichen Gebäude rund um die Plaza de Armas, eine der schönsten des Landes, sind im robusten Kolonialstil gehalten und mit einem Anstrich in Cremeweiß und Ziegelrot versehen. Diese Zier haben sie dem berühmtesten Stadtsohn zu verdanken, Gabriel González Videla, der in den späten vierziger Jahren des 20. Jahrhunderts zum Staatspräsidenten gewählt wurde und anschließend Gelder in die Verschönerung seiner Geburtsstadt fließen ließ.

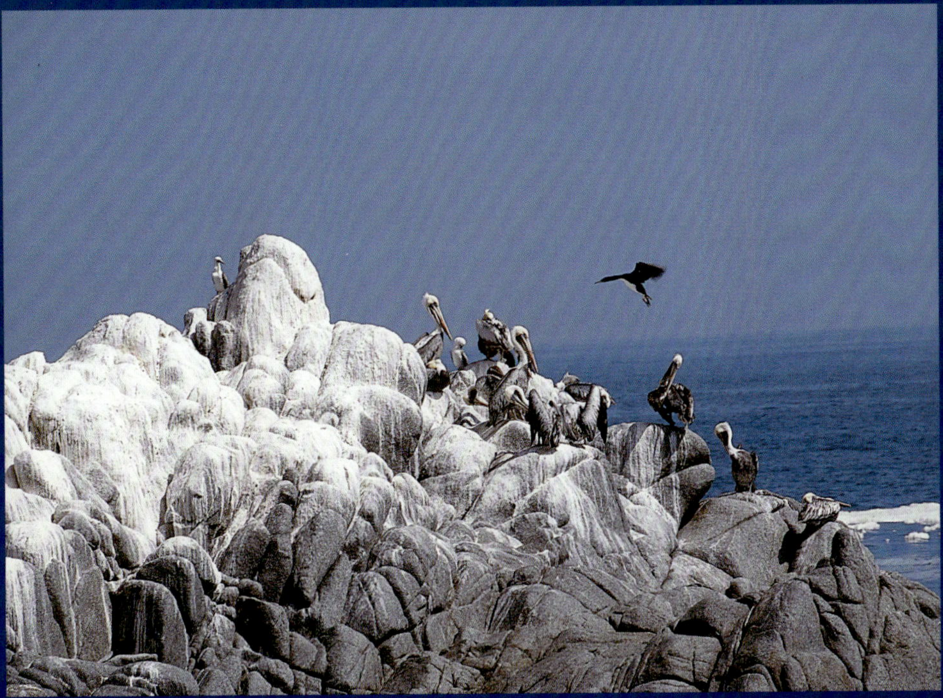
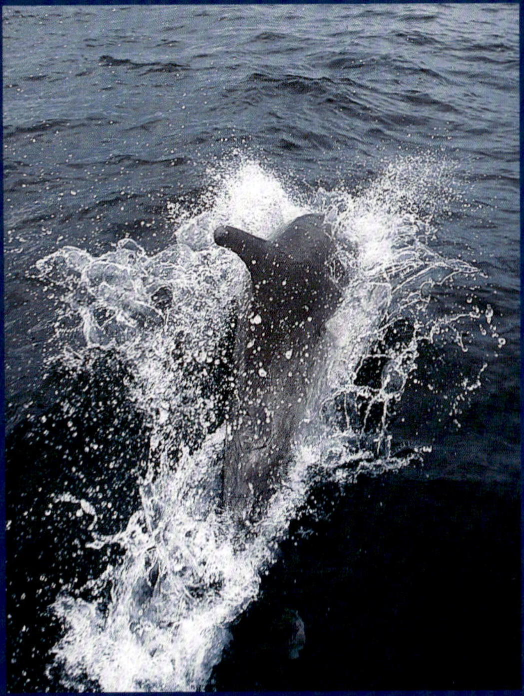
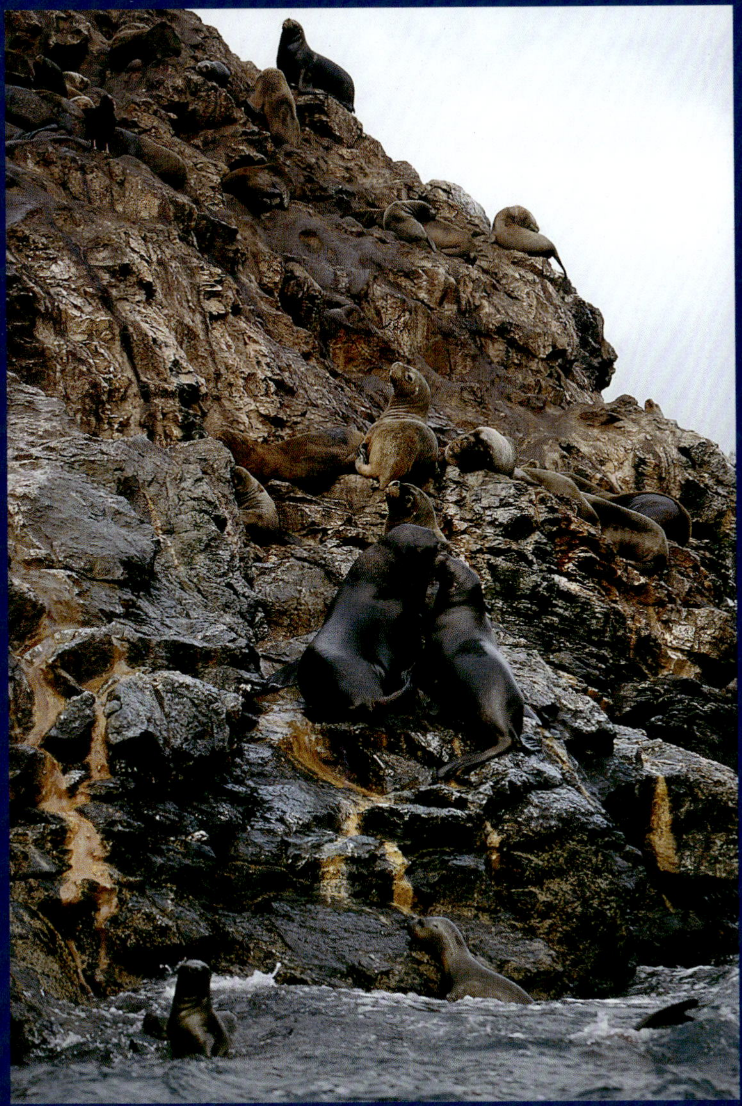
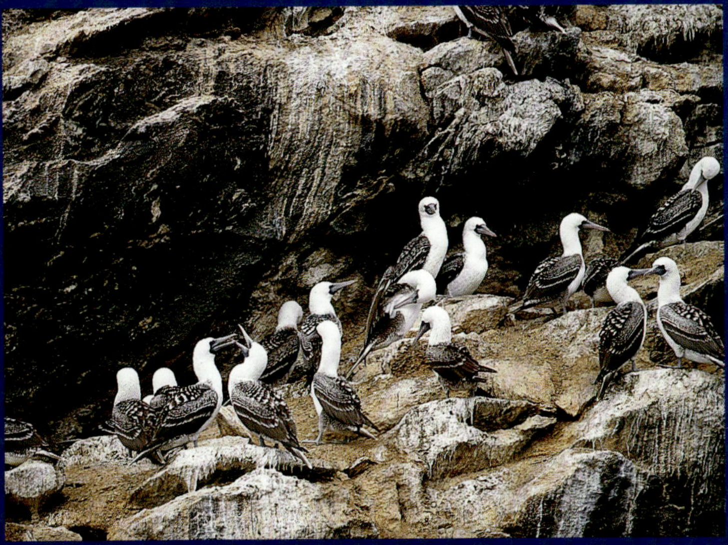
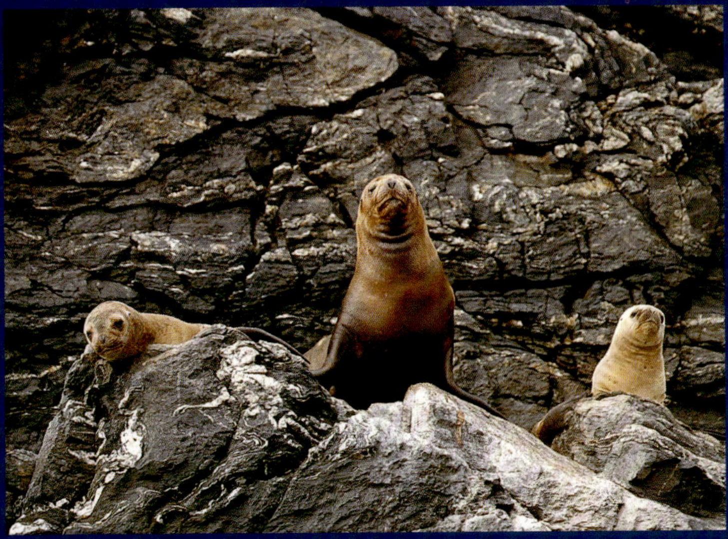

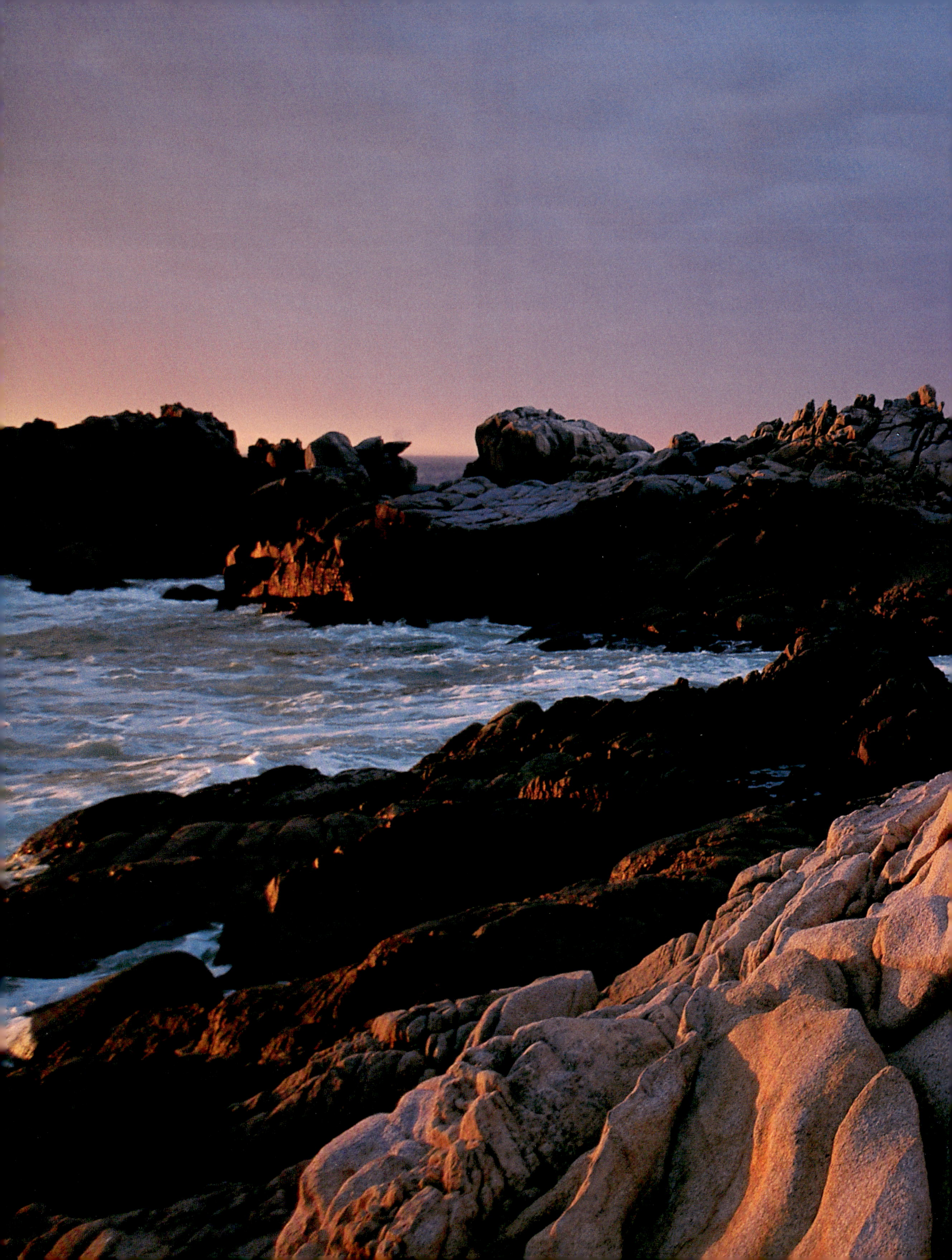

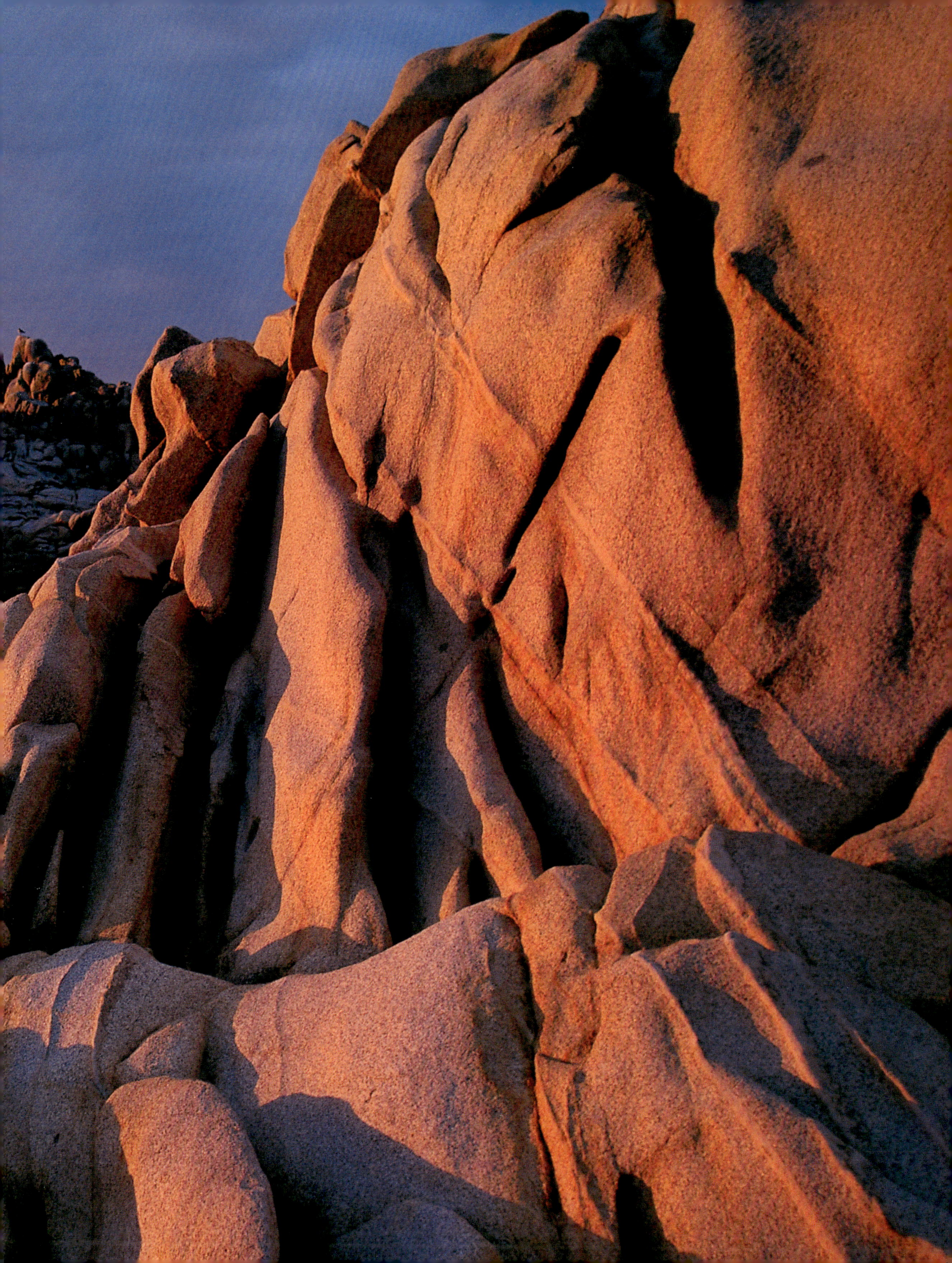

Das weiße Gold des Nordens

Salpeter, der erste Exportschlager Chiles

Ein junger Botaniker aus Böhmen machte sich im Revolutionsjahr 1789 auf den Weg nach Südamerika. Thaddäus Haenke entdeckte auf seinen Forschungsreisen quer durch Peru, Bolivien und Chile den Stoff, um den ein knappes Jahrhundert später ein Krieg ausbrach und der die Landkarte des südlichen Südamerikas neu gestalten sollte: Salpeter. Haenke fand ihn auf den Hochebenen, die sich hinter den Küstenkordilleren ausbreiteten, ungefähr von Iquique bis nach Antofagasta. Die beiden nördlichsten Regionen Chiles, Tarapacá und Antofagasta, gehörten damals zu Peru und Bolivien.

Der Tamarugal, der mit seinen weit reichenden Wurzeln in der Lage ist, in den salzhaltigen Böden des Großen Nordens zu gedeihen, erzeugt Salpeter, ebenso wie die dort vorkommenden Kakteen. Salpeter setzt sich als Verwesungsprodukt auf Steinen und Felsen ab und war als Oberflächenmaterial spielend leicht abzubauen.

Im Jahr 1809 entwickelte Thaddäus Haenke eine Methode, um aus dem Rohstoff Salpeter *(caliche)*, Nitratsalz zu kristallisieren. Für den Naturwissenschaftler war es ein Leichtes, die Eigenschaften des Salpeters zu ermitteln: Er konnte als effektives Düngemittel verwendet werden. Und danach herrschte im Zeitalter der beginnenden Industrialisierung in Europa eine enorm starke Nachfrage.

Von 1810 bis 1812 wurden in der Region Tarapacá sieben oder acht Salpeterwerke gegründet. Ab Mitte der dreißiger Jahre wurde der wertvolle Rohstoff nach Europa und in die USA verkauft. Der Handel mit der Alten Welt ließ die Industrie florieren.

1866 fand der Chilene Santos Ossa Salpeter im ehemaligen Bolivien und begann mit der Produktion im »Salar del Carmen«. Mittlerweile waren Chilenen, Engländer, Deutsche und Franzosen in das bolivianische/peruanische Geschäft eingestiegen. Als die beiden Länder entgegen bereits geschlossener Verträge Ausfuhrsteuern erhoben, erklärte Chile Peru und Bolivien 1879 den Krieg, den es mit der Unterstützung Englands, das zu 60 Prozent an dem Salpetergeschäft beteiligt war, vier Jahre später gewann. Chile erhielt Tarapacá und Antofagasta zugesprochen – und damit die gesamten Salpetervorkommen.

Salpeter sollte sich bald als noch größerer Exportschlager erweisen, da man ihn auch für die Herstellung von Schießpulver verwenden konnte – in Europa brach 1914 der Erste Weltkrieg aus.

Wer heute durch die praktisch menschenleere Hochebene fährt, dürfte sich kaum vorstellen können, dass hier einmal nahezu 100 000 Menschen gelebt und gearbeitet haben. Auf alten Landkarten sind die Lagerstätten verzeichnet, von denen oft nur ein paar Mauerreste übrig sind. Wenn die zahlreichen Friedhöfe nicht wären, auf denen verstorbene Salpeterarbeiter ihre letzte Ruhe fanden, würde man diese Steinhaufen nicht zu deuten wissen.

Wer sich ein Bild von der Salpeterindustrie machen will, erhält ausführliche Informationen in den Museen von Antofagasta und Iquique. Anschauungsunterricht ist in den restaurierten Oficinas Humberstone (am Eingang von Iquique) und Chacabuco (auf halber Strecke zwischen Antofagasta und Calama) zu bekommen. Chacabuco hatte Augusto Pinochet während seiner Militärdiktatur als Gefangenenlager benutzt. Auf Initiative des Goethe-Instituts wurde es als Mahnmal der jüngsten Geschichte restauriert.

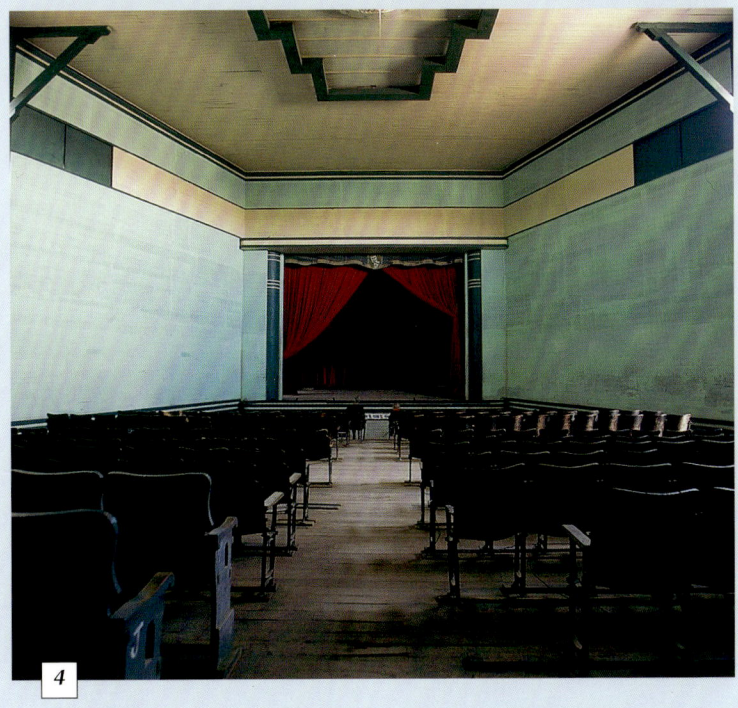

Bilder aus einer vergangenen Zeit: Als Salpeter zwischen den beiden Kordillerensträngen des Nordens gefunden und abgebaut wurde, zog Leben ein in die menschenleere Hochebene unter einer gleißenden Sonne. Von den Städten ist kaum etwas geblieben.
1 Ein Friedhof gedenkt der Toten.
2 Mit Wandgemälden an der Avenida Baquedano in der Hafenstadt Iquique erinnert man an diese Zeit. Aufnahmen aus der restaurierten Salpeter-Oficina Humberstone: Esplanade (3) und ein Blick in das Theater (4) sowie Überreste alter Maschinen (5).
6 Gegenüber von Humberstone liegt die Oficina Laura, beide gehören zum UNESCO-Weltkulturerbe.

In der Heimat der Pachamama

Der Große Norden

Die Trekkingstiefel hüllt eine rötliche Sandschicht ein, die Haare stehen steif vom Kopf, die Nase ist verbrannt und der kalte Kopf noch dumpf. Wir verlassen San Pedro de Atacama am Rande der trockensten Wüste der Welt in aller Herrgottsfrühe. Die Sonne ist gerade aufgegangen und schickt wärmende Strahlen. Ein paar Hunde kreuzen mit hängenden Köpfen die kleine, mit Pfefferbäumen bestandene Plaza, ansonsten wird in den niedrigen Adobe-Häusern noch tief geschlummert. Ein Frühstück ist nirgendwo zu bekommen. Wir packen Kekse und Orangen aus, und die Wasserflaschen natürlich.

Baseballkappe und Wasserflasche sind die Erkennungszeichen der Urlauber in San Pedro: Die Sonne brennt heiß auf den Schädel, die Wüste macht durstig. Man fragt sich, wie die Bewohner von San Pedro vor der Ankunft der Touristen ohne Baseballkappe und Wasserflasche überlebt haben?

Eigentlich ganz gut. Denn keinem Atacameño wäre es je eingefallen, mit dem Mountainbike 30 Kilometer zu strampeln, um indianische Grabstätten aufzustöbern, oder zu den *ayllus* zu wandern, ohne in diesen dörflichen Gemeinschaften, die San Pedro umkränzen, wirklich etwas zu tun zu haben. In der Gluthitze des Tages ziehen sich die Atacameños in die kühlen Innenräume ihrer Lehmziegelhäuser zurück, die schon seit Jahrhunderten im selben Stil gebaut werden, sodass man die neuen Häuser kaum von den alten unterscheiden kann. Sie kämen nicht auf die Idee, den Vulkan Licancabur zu besteigen, der in Sichtweite des Dörfchens mit seinen fast 6000 Metern wie ein Gebieter über der staubtrockenen Landschaft thront. Den Leuten aus San Pedro ist auch im Traum nicht eingefallen, morgens um vier Uhr aufzustehen, um in völliger Dunkelheit nach den aufbrechenden Tatio-Geysiren zu suchen.

*Die Panamericana nördlich von Antofagasta (oben).
Ein erfrischendes Bad kann man in den Baños de Puritama nehmen (darunter). – Überlebenskünstler in eisigem Klima:
steinharte Flechten auf 4400 Meter Höhe am Vulkan Parinacota im Nationalpark Lauca (rechte Seite).*

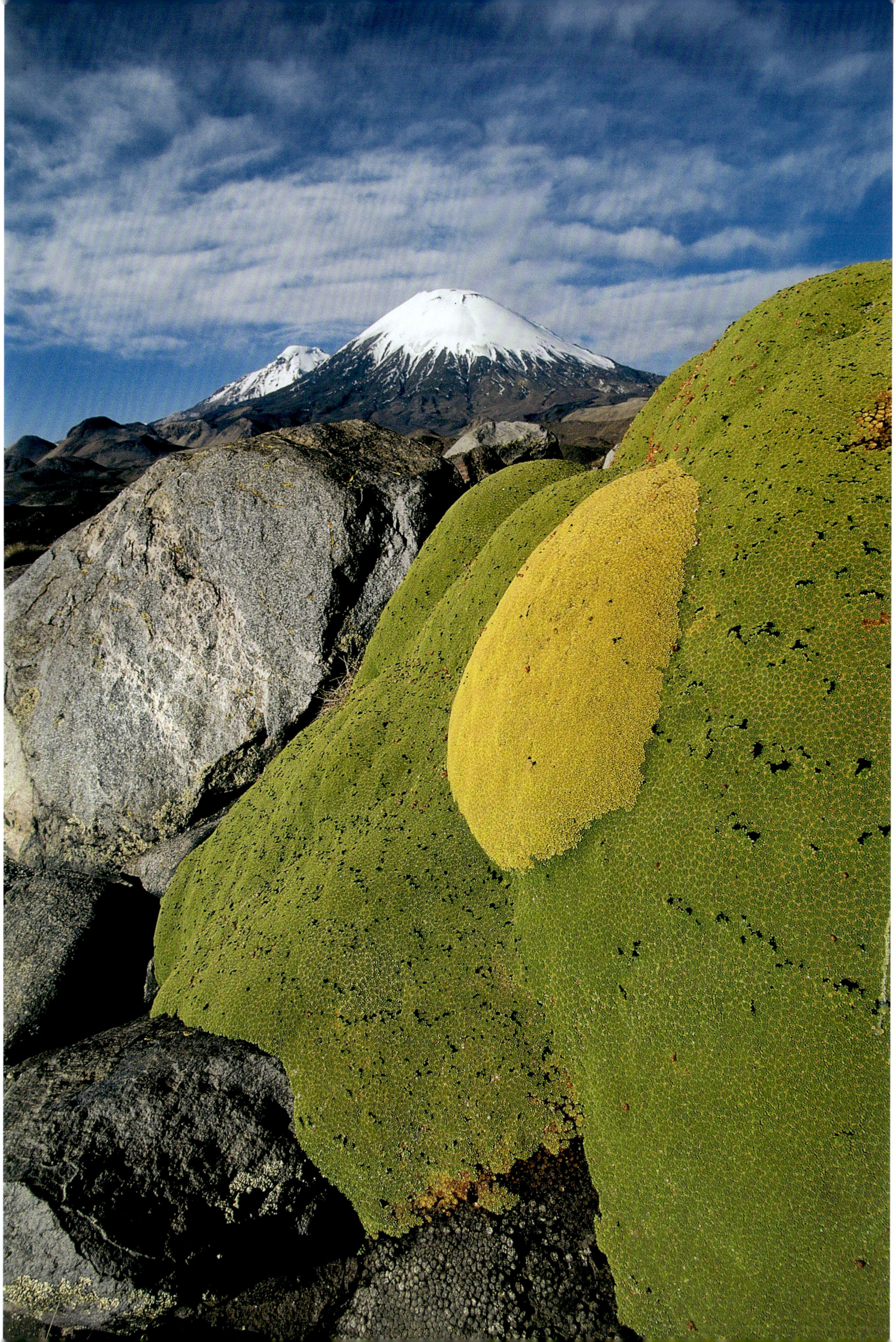

Der Mond steht über dem Tal

Gut 100 Kilometer südöstlich der größten oberirdischen Kupfermine der Welt, der Chuquicamata, liegt in einem Kranz frisch sprudelnder Wasserkanäle das archaisch anmutende San Pedro de Atacama mit seiner erstaunlichen Umgebung aus im Sonnenlicht glitzernden Salzpfannen, in denen Flamingos nach Nahrung stochern, massiven Vulkanen in Oxidationsfarben, stillen grünen Lagunen mit Salzrändern und seltsamen Mondtälern, denen die Erosion, der Wind, die Sonne und die nächtliche Kälte einen unwirklichen Formenreichtum gezaubert haben.

San Pedro de Atacama und seine Umgebung begeistern. Leider müssen sie mit einer janusköpfigen Entwicklung fertig werden: Denn so sehr die touristischen Begleiterscheinungen (Hotels, Pubs, Bars, Reiseveranstalter en masse) zu denken geben, weil sie die besondere

Zwischen hohe Gipfel und Hochebenen gestreut liegen die winzigen indianischen Siedlungen des Großen Nordens. Momentaufnahmen aus Caspana: ein Bauer mit seinen Eseln und eine Bäuerin beim Füttern der Ziegen (ganz oben und rechts). Das Wahrzeichen der Hafenstadt Antofagasta ist der im Meer stehende Kalksteinbogen La Portada (oben).

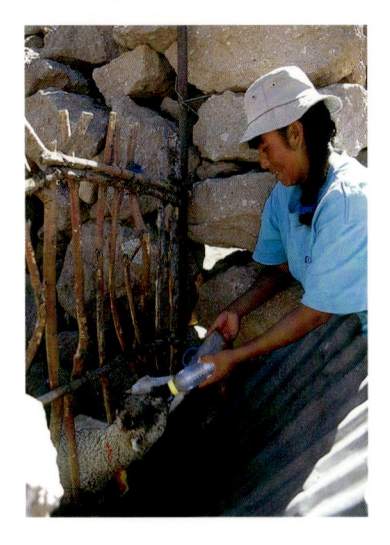

Atmosphäre des Ortes verändern, haben sie es ermöglicht, dass man hier schlafen, essen und die Schönheit der Wüste genießen kann. Sie sollen aber auch Prostitution und Drogen in ein Dörfchen gebracht haben, in dem sich noch vor 15 Jahren der Handelsverkehr im Wesentlichen darauf beschränkte, dass jeden Dienstag ein VW-Bus mit frischen Backwaren aus der nächsten größeren Stadt eintraf.

Ein Aufenthalt in San Pedro gleicht einem Ausnahmezustand: Auf 2500 Metern liegend und mit dem führenden anthropologischen Museum des Landes ausgestattet, ist es Sprungbrett für Ausflüge in ungewöhnliche Höhenzonen von über 5000 Metern mit den darin stattfindenden Naturschauspielen. Nicht nur die einsame Schönheit, auch das Gefühl, abseits der normalen Zeit zu leben, hat San Pedro völlig zu Recht zu einem der größten Anziehungspunkte des Landes gemacht.

Ein Geysir auf dem Tatio-Plateau sprudelt heißes Wasser hervor (ganz oben).
Schnappschuss auf der Plaza de Armas in Antofagasta (links).
Die historische Adobe-Kirche von San Pedro de Atacama (oben).

Der offene Himmel

Hier die Archaik, die zunächst unbeachtet von den Chilenen zum internationalen Publikumsrenner wurde und Geld in die Kassen der touristischen Unternehmen spült, dort der Nationalstolz, der ebenfalls Arbeitsplätze, Ausbildung und gute Löhne sichert: die Chuquicamata. Wie hat der »offene Himmel«, *cielo abierto*, wie der Volksmund die Kupfermine getauft hat, ausgesehen, bevor die Brüder Guggenheim 1910 deren Ausbeutung übernahmen? Eine Kuppel mehr in den scheinbar endlosen Staffeln der Andenkordillere? Fünf Prozent des Weltkupfers werden in der Mine mit dem Aymara-Namen seither abgebaut. Im Jahr 2002 waren es 1 300 000 Tonnen Kupfer, hinzu kommen weitere Erze wie Sulfide, Selen und Molybdän, die aus der Grube gefördert werden.

Die metallene Anlage der staatlichen Mine stinkt, faucht und pufft in den Himmel. Der bedankt sich mit einem grünen Schillern und rötlich umwölktem Glimmen. Seit etwa zehn Jahren ist die Gesellschaft Codelco darum bemüht, die Folgeschäden für die Umwelt zu mildern. Aber sie sind natürlich immens. Die Arbeitsverträge, die für die Chuquicamata abgeschlossen werden, sind zeitlich

Das letzte Licht der Abendsonne vergoldet die Laguna Chaxa im Salar de Atacama (ganz oben). Chilenische Flamingos picken in säurehaltigem Wasser nach Nahrung (oben).

sehr begrenzt; die medizinische Versorgung und Betreuung auch der Familien intensiver als üblich.

Die Arbeiterstadt Chuquicamata wurde aus gesundheitlichen Gründen aufgegeben, der in der Mine erzeugte Feinstaub und giftige Abgase gelten als Krebserreger. Die dort Beschäftigten leben jetzt in Calama, das als Schlafstadt konzipiert wurde, sich diesem langweiligen Schicksal aber nicht ergeben hat. Hier werden die teuersten Hotelmieten verlangt, und auch das Speisen ist nicht gerade billig. Auf der schönen schattigen Plaza vertreiben sich jeden Mittwoch die Rucksackreisenden die Zeit bis zur Abfahrt ihres Zuges in die bolivianische Hauptstadt La Paz.

Salto rückwärts in die Geschichte

Auch vom quirligen Calama aus führt eine Piste sozusagen zurück in die Geschichte. Wenn man in Richtung Bolivien reist, stöbert man zwischen zum großen Teil erloschenen Vulkanen und Geysir-Landschaften präinkaische Festungsanlagen auf, die, geschützt durch Felsen und natürliche Wälle, am Ende tiefer Canyons errichtet wurden. Die bedeutendste und am besten erhaltene (und restaurierte) ist die Pukara Lasana im Tal des Río Loa. Bevor man die hoch getürmte Anlage erreicht, die einst ein Dach aus dem Holz des Algarrobo trug, streift man an indianischen Einzelgehöften entlang. Im feuchten Talgrund bauen die Aymara Karotten, Lauch und Kartoffeln an. Die Pukara Lasana wird in das 12. Jahrhundert datiert und umfasste 110 Gebäude.

Noch größer muss einst die Pukara von Turi gewesen sein, die die Atacameños aus Vulkanstein bauten. Die Inka als Kolonisatoren der Atacameños nutzten sie ebenfalls, bevor sie ihrerseits von den spanischen Konquistadoren vertrieben wurden.

Wer sich für die Pukaras interessiert, entdeckt auf dem oft beschwerlichen Weg dorthin sehr interessante Ortschaften wie Aiquina. Unser Begleiter Gonzalo erzählt von seiner Tante, die dort ein Haus habe, und das müssten wir unbedingt sehen. Zuvor passieren wir die tiefe Schlucht des Salado, die Cuenca del Diablo, die man früher in einer Art Gondel überwand.

Das Haus von Gonzalos Tante ist klein, dunkel und leer bis auf ein paar Grasbüschel, die durch die Ritzen des Bodens gedrungen sind. Die meisten Häuser in Aiquina sehen so aus, denn sie sind nur für Gäste des Festes der Jungfrau Guadalupe von Aiquina gedacht.

Das ganze Jahr stehen sie leer, bis am 7. September die Wallfahrt beginnt. Zehntausende von Pilgern strömen aus allen Teilen des Landes in den weltvergessenen Ort, der normalerweise nur 50 Einwohner zählt, um die Fürsprache der Guadalupe zu erbitten oder sich für eine empfangene Gnade zu bedanken. Ein wunderbares Fest mit vielen gemeinsam begangenen Ritualen und dem Tanz der Derwische.

Kaum vorstellbar, dass die 400 Bewohner des noch abgeschiedeneren und noch älteren Dorfes Caspana Blumen züchten, die auf der Feria Modelo in Calama verkauft werden? Das ist eine mühselige Strecke für Handelsverkehr. Aber die Leute aus Caspana schaffen nicht nur dies, sondern auch, auf 3300 Metern Höhe und sehr weit weg vom Rest der Welt ein gutes Museum aufzubauen, das Auskunft über ihre Bräuche und Sitten erteilt, Heimatkunde zur Selbstvergewisserung.

Salpeter lockt

Berückende landschaftliche Schauspiele und viel Einsamkeit lernen wir auf den Streifzügen durch den Norden kennen. Kaum zu glauben, dass diese von Wüsten beherrschte Region, die über weite Strecken wirkt, als sei die Zeit stehen geblieben, einmal sehr rege war und den ersten Exportschlager Chiles hervorbrachte: Salpeter (siehe S. 86).

Salpeter war damals Gold wert, denn er diente als Grundsubstanz für Düngemittel. Die Nachfrage war in Chile und besonders in Mitteleuropa riesengroß. Das Salpeternitrat lagerte wie ein weißer, pelziger Belag auf den Steinen der menschenleeren Hochebene als natürliches Produkt verwesender Kakteen, die von der sonnenreichen Luft der Wüste getrocknet wurden. Die gesamte Region parallel zur Küste war voll davon.

Der Reichtum lockte Händler, Kaufleute, Spekulanten und Glücksritter an. Sie kamen aus England, Deutschland und aus Chile und verteilten das Geschäft rasch unter sich. Die Fischer, die an der mit schwarzen Steinen bestreuten Küste Tintenfische zart klopften, hatten daran keinen Anteil.

Das Exportgut Salpeter brauchte einen Hafen. Dazu wurde zunächst Iquique bestimmt, ein Aschenputtel wie die übrigen armseligen Fischersiedlungen in seiner Nachbarschaft. Doch damit war nun Schluss. Was musste damals alles in diese Pioniersiedlung geschafft werden: Baumaterialien, Stoffe, Möbel, Porzellan, Holz, Rohre, Maschinen, Draht und vor allem Wasser. Ingenieure und Arbeiter kamen. Handelshäuser wurden hochgezogen, Passagiermolen gebaut. Zusätzlich wollten all die Experten und Salpeterbarone, die sich dort ansiedelten, ein gesellschaftliches Parkett haben, auf dem sie repräsentieren konnten. Die Zerstreuungen der großen Städte – Bälle, Opern, Konzerte, Diners – sollten auch in Iquique einziehen.

Gedacht, getan. Holzvillen im Louisiana-Stil entstanden an der zur Flaniermeile bestimmten Avenida Baquedano. Die Plaza bekam Sitzbänke und einen schneeweißen Glockenturm. Eines der ersten

Ein großes Fest für eine kleine Jungfrau: Tänzer aus Nordchile und Musiker aus Bolivien feiern mit tausenden Pilgern das Marienfest von Aiquina am Rande der Atacama-Wüste (alle Bilder).

Fortsetzung Seite 100

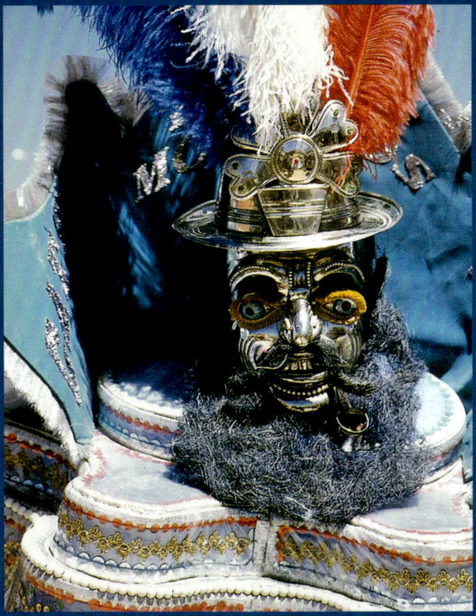

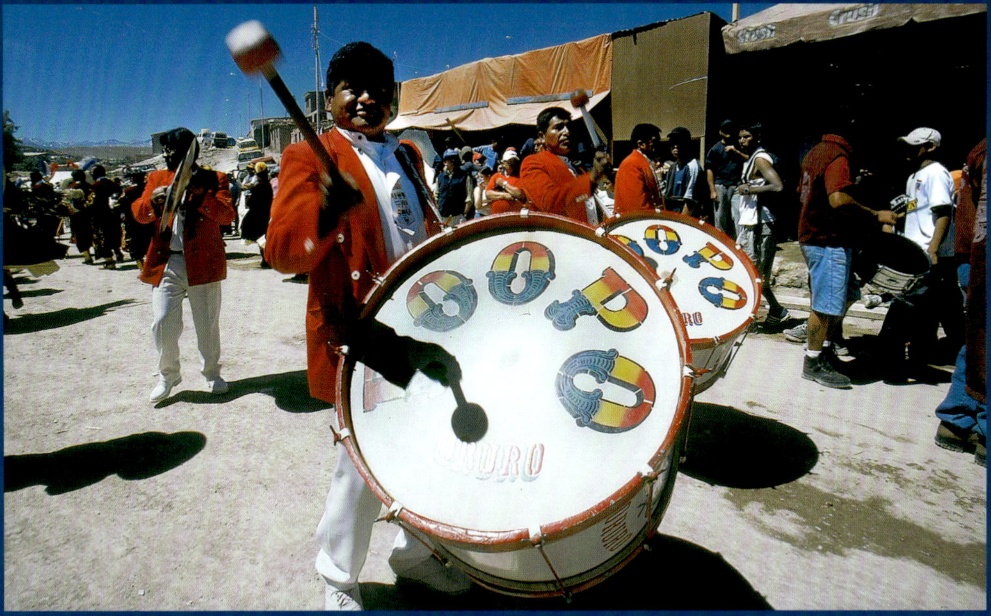

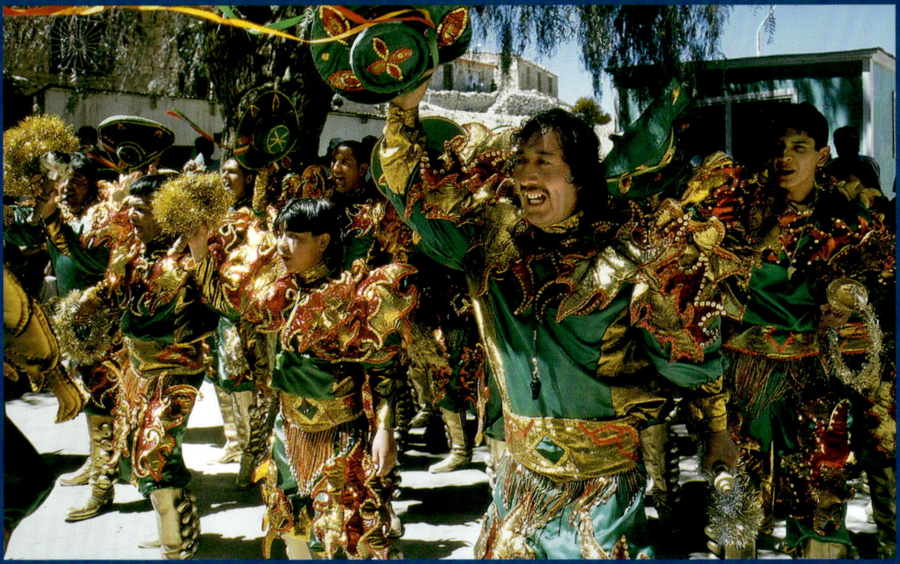

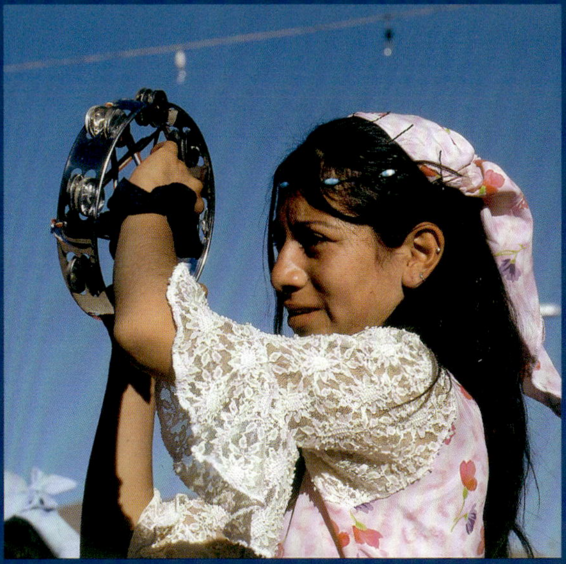

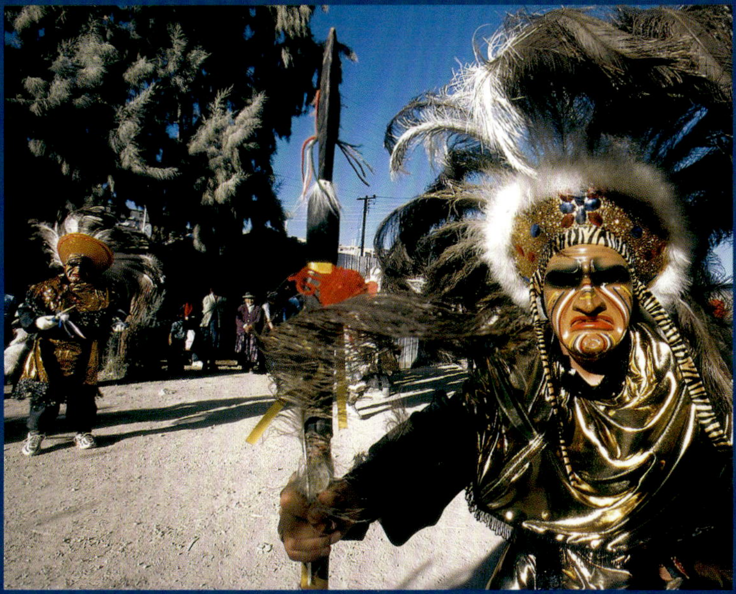

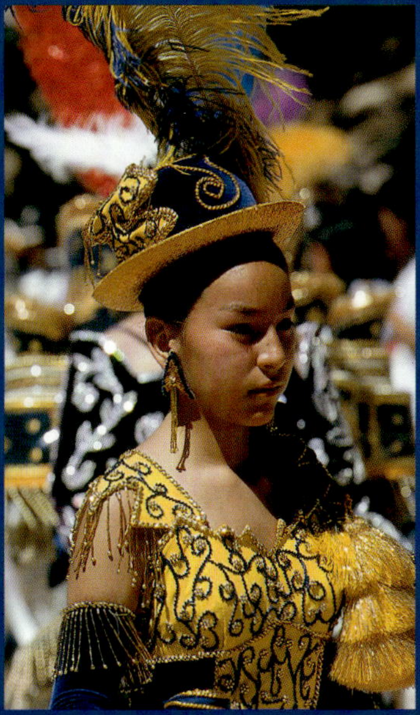

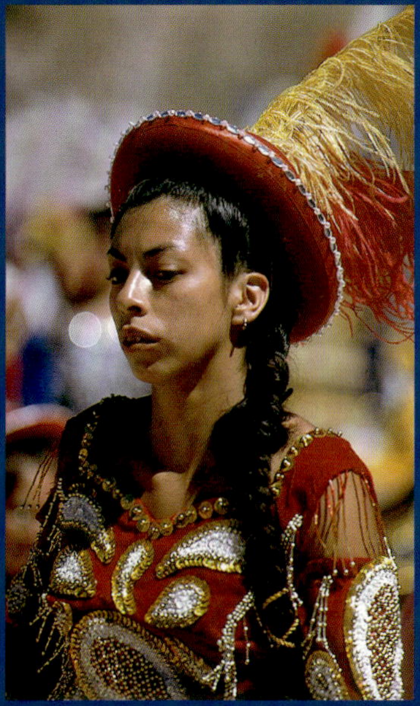

Schutzburgen gegen Eindringlinge
Die indianischen Pukaras

Die Spanier radierten auf dem südamerikanischen Subkontinent die Geschichte der Urbevölkerung aus. Die indianischen Stämme galten als zweitklassig. Man konnte sie daher zur Fronarbeit zwingen, sie von ihrer Religion, Tradition und Kultur abbringen und ihre religiösen Zentren und Wohnstätten zerstören. Doch nichts außer der Überlieferung von Geschichte begann mit der Ankunft der Spanier, auch in Chile. Nur besaßen Völker wie die Atacameños keine Schriftsprache, die der Nachwelt deren Kultur hätte übermitteln können.

Die archäologischen Fakultäten der Universitäten des Nordens in Antofagasta und Arica haben die Siedlung von Tulor südlich von San Pedro de Atacama aus dem Sand geborgen, kreisförmige, miteinander verbundene Mauerreste, die aus dem 8. Jahrhundert v. Chr. stammen. Ihr ursprüngliches Aussehen lässt sich rekonstruieren: Es waren Rundhäuser ohne Fenster mit tief gezogenen Torbögen.

Die kontinuierliche Besiedlung dieses Platzes belegt eine Pukara in der Umgebung von San Pedro, eine Schutzburg, welche von den Atacameños angelegt wurde. Die im 12. Jahrhundert erbaute Pukara von Quitor gleitet von einem Hügel hinunter ins Tal des Río Pedro. Ihre Häuser bestanden aus Stein; Lehm wurde als Mörtel eingesetzt.

Großartiger und in gutem restauriertem Zustand ist das Vorzeigeexemplar, die Pukara von Lasana. Sie lässt sich von Calama aus in einem schönen Ausflug über das malerische Dörfchen Chiu-Chiu leicht erreichen. Der Río Loa hat sich ein tiefes Bett gegraben, das von rapide ansteigenden Bergflanken eingerahmt wird. Dort, wo es fast nicht mehr weiterzugehen scheint, erhebt sich linker Hand auf 2500 Metern Höhe die zartgraue mächtige Pukara de Lasana, eine imposante Anlage, die aus 110 Gebäuden bestand. Deren Dächer, die sich nicht erhalten haben, waren aus dem Holz des Algarrobo gefertigt. Beim Herumklettern kann man den dörflichen Charakter von Lasana gut nachvollziehen. Gepflasterte Gassen führen an Häusern und Vorratslagern vorbei. Lasana stammt aus dem 12. Jahrhundert.

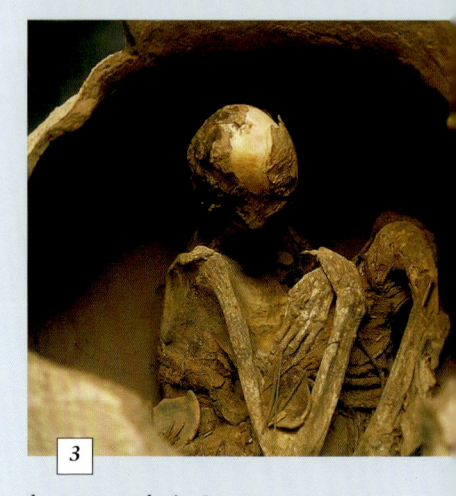

Die beeindruckendste Anlage liegt noch ein Stück weiter in Richtung Bolivien. Ebenfalls im 12. Jahrhundert errichtet und von den Inka als Festung weiter ausgebaut und benutzt, thront die Pukara de Turi auf einem

Hochplateau von 3100 Metern und zeigt denselben architektonischen Stadtentwurf wie Lasana mit Plätzen, rechtwinklig zueinander angeordneten Gassen und Häusern, die aus Vulkanstein gebaut wurden.

Wer von Arica aufbricht, um den Nationalpark Lauca zu besuchen, kommt an den Befestigungsanlagen von Copaiquilla vorbei. Die Universität Tarapacá in Arica überwacht die Rekonstruktion der etwa 400, über einem tiefen Canyon platzierten Häuser. Der Hang wurde einst terrassiert, um Anbaufläche zu gewinnen.

Ganz in der Nähe, aber über Berge und tiefe Täler verstreut und deswegen nicht leicht zugänglich, beweisen die Pukaras von Belén, Lupica und Chapiquiña, wie gut besiedelt und erschlossen dieses Gebiet bereits seit dem 12. Jahrhundert war. Auf 3200 Metern Höhe breitet sich Chapiquiña aus. Die Universität San Miguel de Azapa hat zwei dazugehörige Begräbnisfelder freigelegt.

1 Man bemüht schon mal gerne die Außerirdischen, um ein solches Phänomen zu erklären: der Gigante de Atacama, eine 86 Meter hohe Scharrzeichnung im Wüstensand.
2 Eine der imposantesten indianischen Schutzburgen ist die über einer Flussoase gelegene Pukara de Lasana.
3 Das trockene Wüstenklima konservierte perfekt indianische Mumien wie dieses Exponat aus dem Museum von San Pedro de Atacama.
4 Die alte indianische Stadt Tulor Viejo, hier die Rekonstruktionen einiger Gebäude, stammt aus dem 5. bis 8. Jahrhundert v. Chr.

Nachfolgende Doppelseite:
Unterhalb des Lascar-Vulkans bei Toconao.

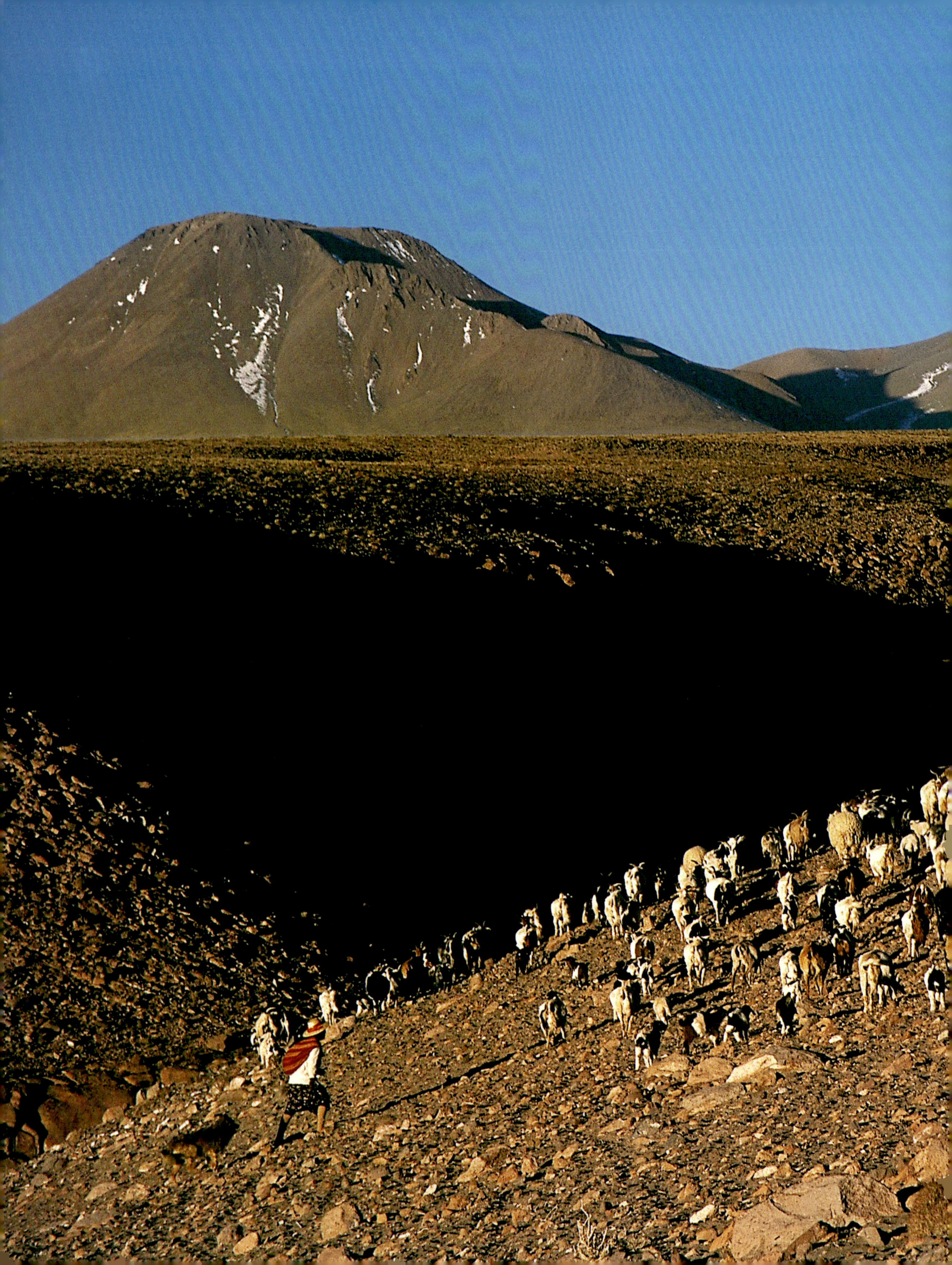

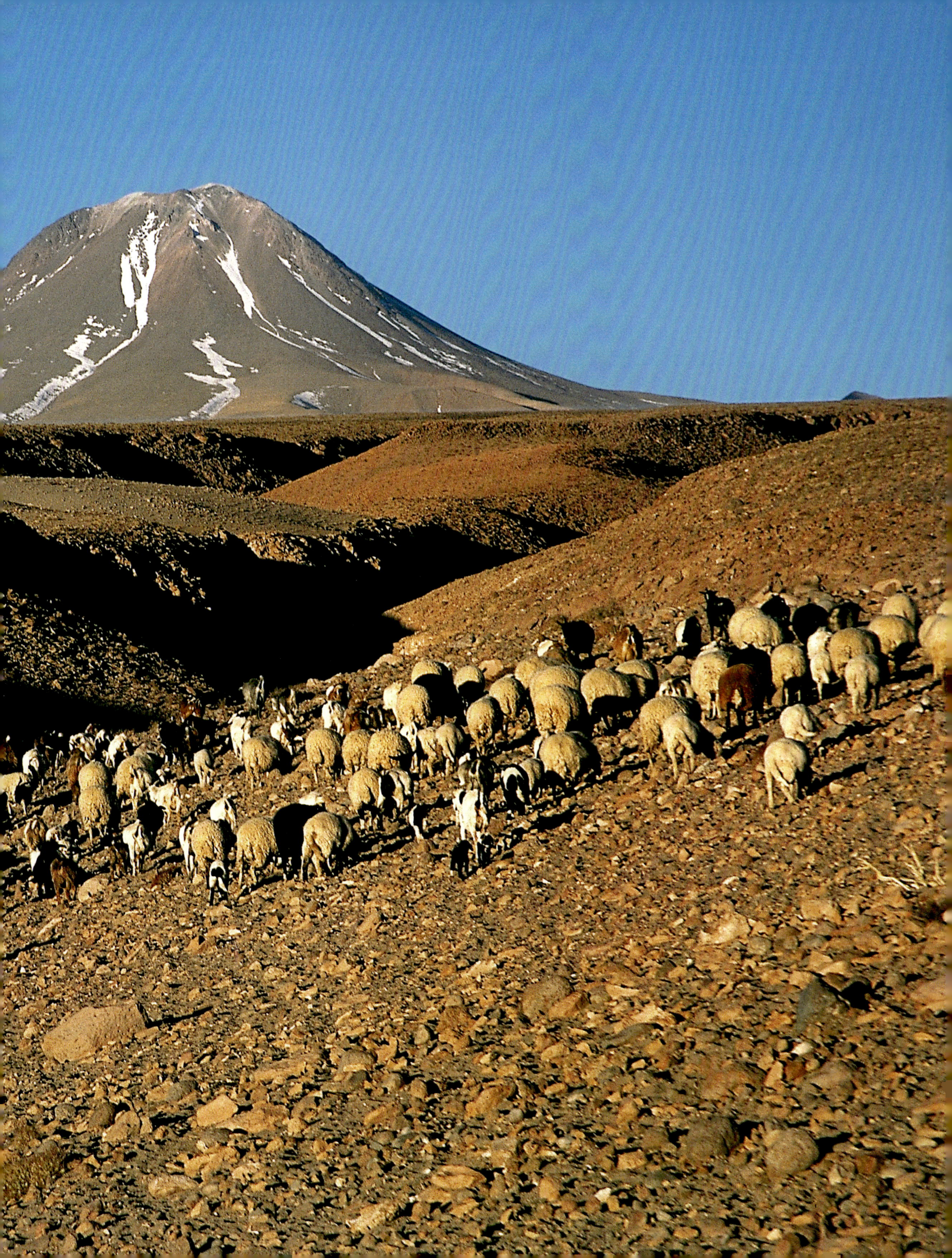

Opernhäuser des Subkontinents wurde gebaut, sieben Jahre vor dem berühmten im brasilianischen Manaus, das Werner Herzogs »Fitzcarraldo« in den Irrsinn trieb. Schräg gegenüber im »Centro Español« feierten Innenarchitekten eine maurisch-andalusische Ausstattungsorgie. Sie ist auch heute noch sehenswert, und die dort gepflegte Küche ist ganz vorzüglich.

An der zersplitterten Nordküste erblühte Boomtown – selbstverständlich nur für die, die es sich leisten konnten. Den Arbeitern, die in den Nitratlagerstätten schufteten, stand das attraktive Iquique nicht zur Verfügung. Sie lebten in Baracken neben den Lagerstätten, und ihr Lohn wurde in fabrikeigenen Blechspielmünzen entgolten. Im Kramladen konnten die Arbeiter mit ihrem Fantasiegeld einkaufen – zu überhöhten Preisen. Schnaps gab man preiswerter ab als Trinkwasser.

Salpeter machte Iquique reich: Alte Holzvillen an der Avenida Baquedano und eine Straßenbahn (linke Seite). Die Plaza de Armas zieren ein Musikpavillon und eine schöne Kirche (unten).

Doch dann verlor Iquique seinen Rang als Exporthafen an Antofagasta. Die heutige Hauptstadt der Zweiten Region kommt wie die proletarischere Variante von Iquique daher, hat aber Architektur aus der Gründerzeit zu bieten und die Ruinen der ehemaligen Silberscheideanstalt Huanchaca, die 1873 für die Minen Pulcayo und Oruro gebaut wurde. Die mächtigen Steinmauern boten das Fundament für die Prozessierungsmaschinen.

Die Panamericana zwischen Antofagasta und Iquique ist gesäumt von Überresten längst verlassener Salpeterlagerstätten. Mit der Entdeckung des deutschen Chemikers Haber, Düngemittel synthetisch zu produzieren, fand die Hausse des Salpeters in den zwanziger Jahren des vergangenen Jahrhunderts ein Ende. Zehntausende von Menschen haben hier einmal geschuftet.

Von Flamingos und kleinen Kamelen

Recht grazil und langhalsig sind sie, die kleinen Kamele der Anden und die Flamingos, die an den Rändern der Salzpfannen leben. Was für Mitteleuropäer Schwein, Pferd, Schaf und Rind bedeuten, sind für die indianischen Kulturen Lama, Alpaka, Vikunja und Guanako. Sie liefern Wolle, Fleisch und Leder und werden als Tragtiere genutzt. Ihrer kostbaren Wolle wegen wurden die Vikunjas nahezu ausgerottet, denn sie ist federleicht und hat die Qualitäten von Seide. Eine Vikunja produziert alle zwei Jahre davon lediglich 180 Gramm. Das Lama schätzen die Aymara als ausdauerndes Lasttier, das Alpaka als Fleischlieferanten. Die Salare und Lagunen der Hochebenen sind das bevorzugte Habitat der Anden-Flamingos, die leider vom Aussterben bedroht sind. Zu den beliebtesten Ausflugsprogrammen, die zum Beispiel in San Pedro de Atacama angeboten werden, gehört die Tierbeobachtung am Salar. Die Flamingos ernähren sich von Algen und Krill, die unterhalb der Salzschicht in den Seen zu finden sind.

Einige Fernfahrerrestaurants mit Plastikmobiliar und Pin-up-Kalendern leisten heute den Ruinen Gesellschaft. Und natürlich den Gräbern. Denn gegenüber den Fabriken wurden Friedhöfe angelegt, weil es größere Gemeinden in der Umgebung nicht gab. Weder steinerne Denkmäler noch Engel aus Marmor kennzeichnen die Grabplätze, sondern bunt gestrichene Holzgestelle. Blumen aus Papier oder Plastik bilden die unvergängliche Zier.

Der Norden ist rot

Im Norden fanden dann auch die ersten Erhebungen der Arbeiter statt. Früh hatte man sich gewerkschaftlich organisiert. Die europäischen Einwanderer, die in den Salpeterlagern arbeiteten, organisierten 1907 den ersten Streik der Minenarbeiter in Iquique, der vom Militär niedergeschlagen wurde. »Wer den Norden hat, hat Chile«, hieß es in der Partei von Salvador Allende, Unidad Popular, in Anspielung auf die Industriearbeiterschaft. Sie bildete ein einflussreiches politisches Potenzial, und sie stimmte traditionell links. So sind die meisten vergilbten Fotos, die Allende bei seinem Wahlkampf 1970 zeigen, aus dem Norden.

Um sein eigenes blutiges Zeichen zu setzen, ließ Augusto Pinochet aus der 1939 stillgelegten Salpeter-Oficina Chacabuco ein Gefangenenlager machen. Die »Todeskarawane des Nordens« hat den Staatsanwalt Baltasar Garzón dann ja auch veranlasst, Pinochet 1999 als Verantwortlichen festnehmen zu lassen.

Vom Meeresspiegel auf 4600 Meter Höhe

Im äußersten Norden verschmelzen die beiden Kordillerenstränge, die Chile zusammen mit dem trennenden Tal gestalten. Direkt nach dem Küstenstreifen beginnt das Hochland. Hinter der Hafenstadt Arica geht es derart rasant in die Höhe, dass der Lieblingsausflug aller Touristen der Schrecken aller Ärzte ist: in knapp acht Stunden von null auf 4600 Meter und wieder runter.

Wer will schon darauf verzichten, den rasanten Wechsel von Landschaften auszukosten, von den grünen, sanften Oasentälern Lluta und Azapa hinauf zu den Kandelaberkakteen? Spätestens in dem auf 3500 Metern gelegenen Dorf Putre schiebt man schon mal ein Kokablatt mehr in den Mund, um der Höhenkrankheit zu entgehen. Wackelknie, Kopfschmerzen und ein flaues Gefühl im Magen bekämpft man ersatzweise auch mit einem Aspirin pro Stunde, verrät uns der Aymara Gerardo Pérez. Er begleitet uns hinauf zum Parque Nacional Lauca und dem Lago Chungará. Diese Ausflüge macht er gern: Der Anblick der riesigen, stillen smaragdgrünen Wasserfläche und der bunt gestreiften Sechstausender-Vulkane, die ihn umstehen, sei so unwirklich schön.

Gerardo erarbeitet aber auch Konzepte für Kulturtourismus, um die indianische Lebenswelt in der Andenregion zu zeigen. Aymara, Atacameños, Inka, sie überlagerten sich, usurpierten sich auch. Gerardo reist durch die indianische Geschichte: vom peruanischen Cusco, dem Inka-Nabel der Welt, ausgehend über den Titicacasee und seiner Tihuanaco-Kultur, die bis nach San Pedro de Atacama ausstrahlte, zu den präinkaischen Pukaras in Chile. Das indianische Chile hört in Chile nicht auf.

Blick in die Kirche von San Pedro de Atacama mit ihrer Decke aus Kaktusholz (ganz links).
Die strahlend weißen Lehmkirchen des Altiplano mit ihrem Schmuck aus rosa Vulkanstein folgen alle demselben Dualismus: Der Glockenturm (das männliche Prinzip) wurde neben das Kirchengebäude (das weibliche Prinzip) gebaut. Schön ist das zu sehen in Parinacota (oben).
Winzig klein ist Guallatire – nicht nur – vom Glockenturm aus betrachtet (links).

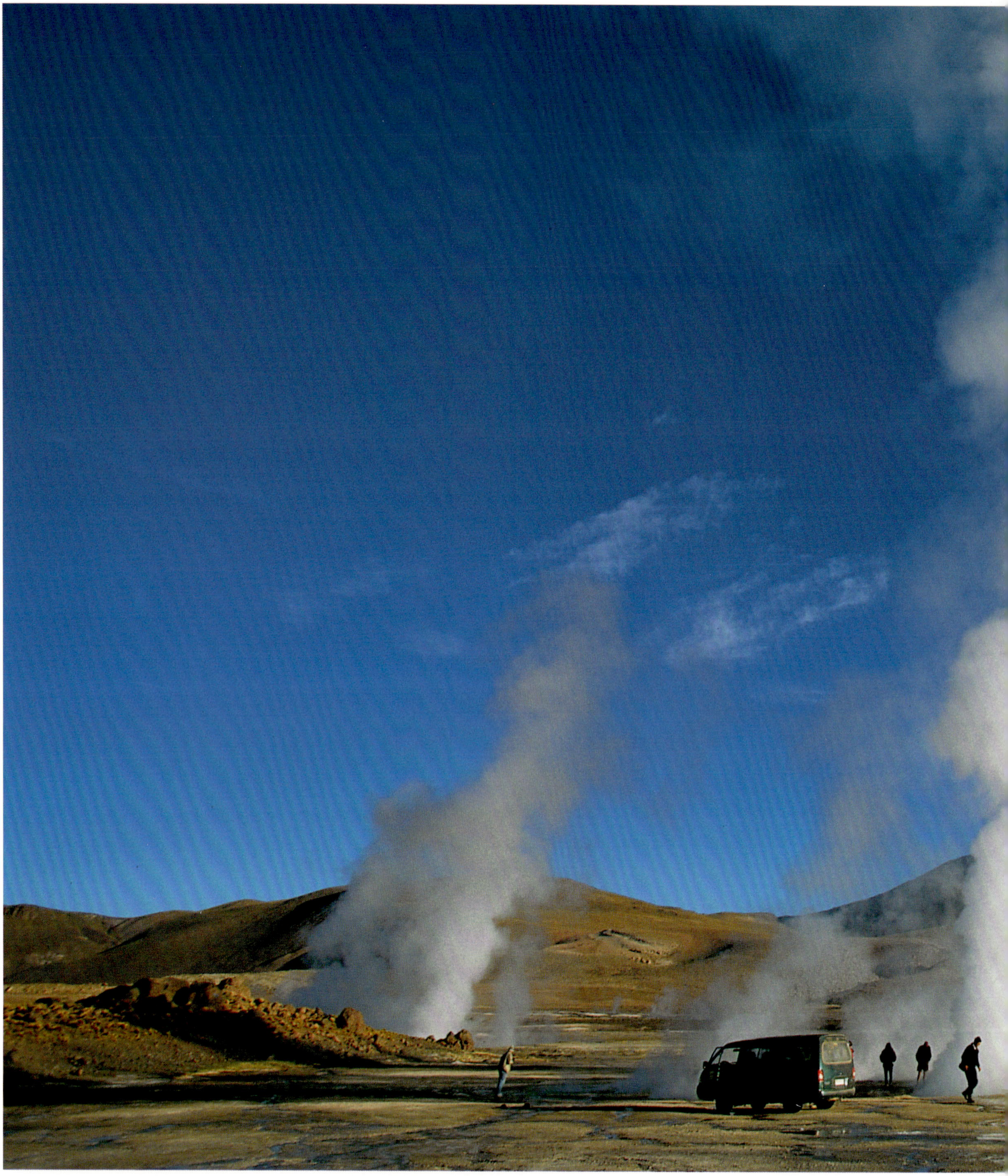

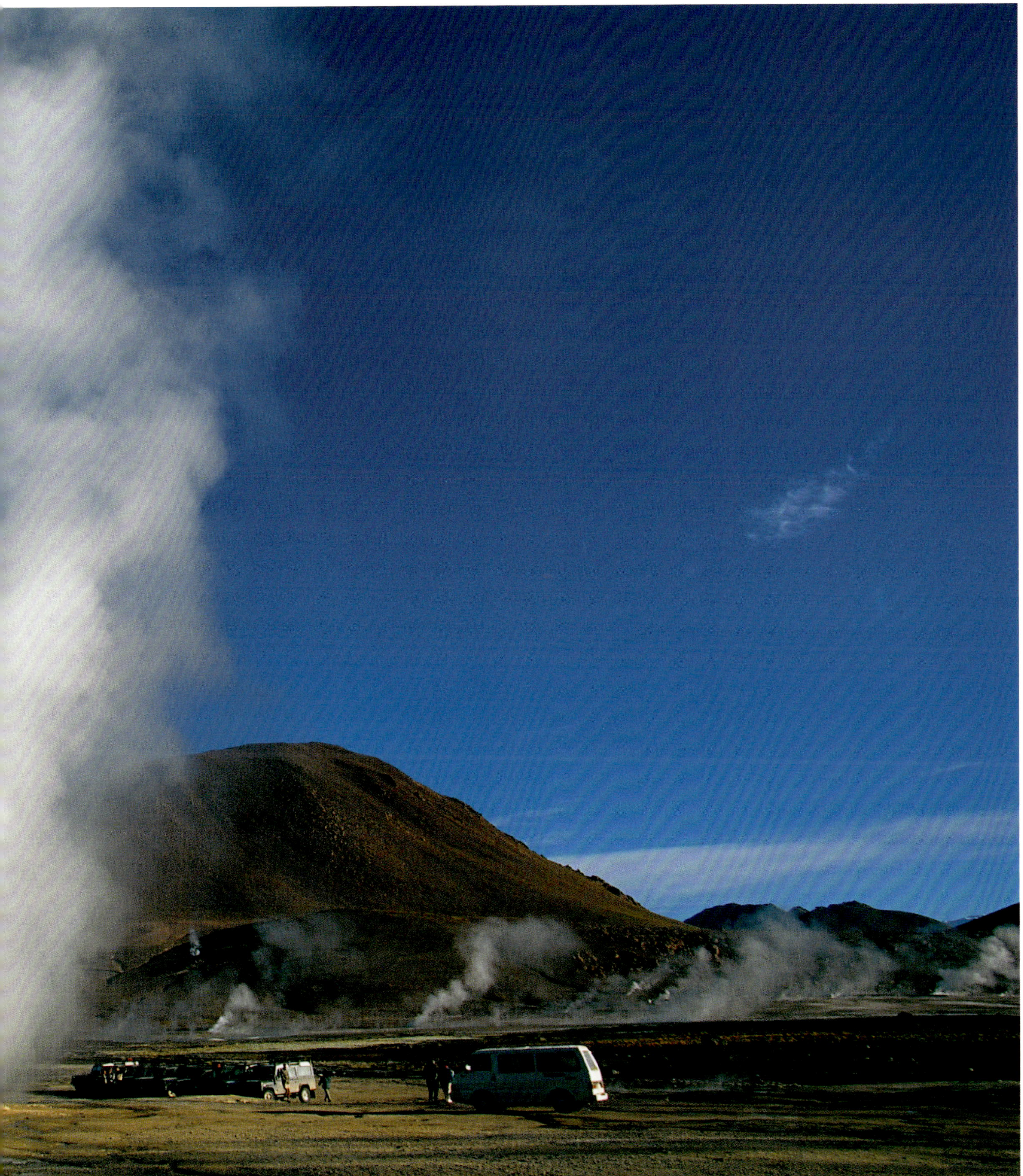

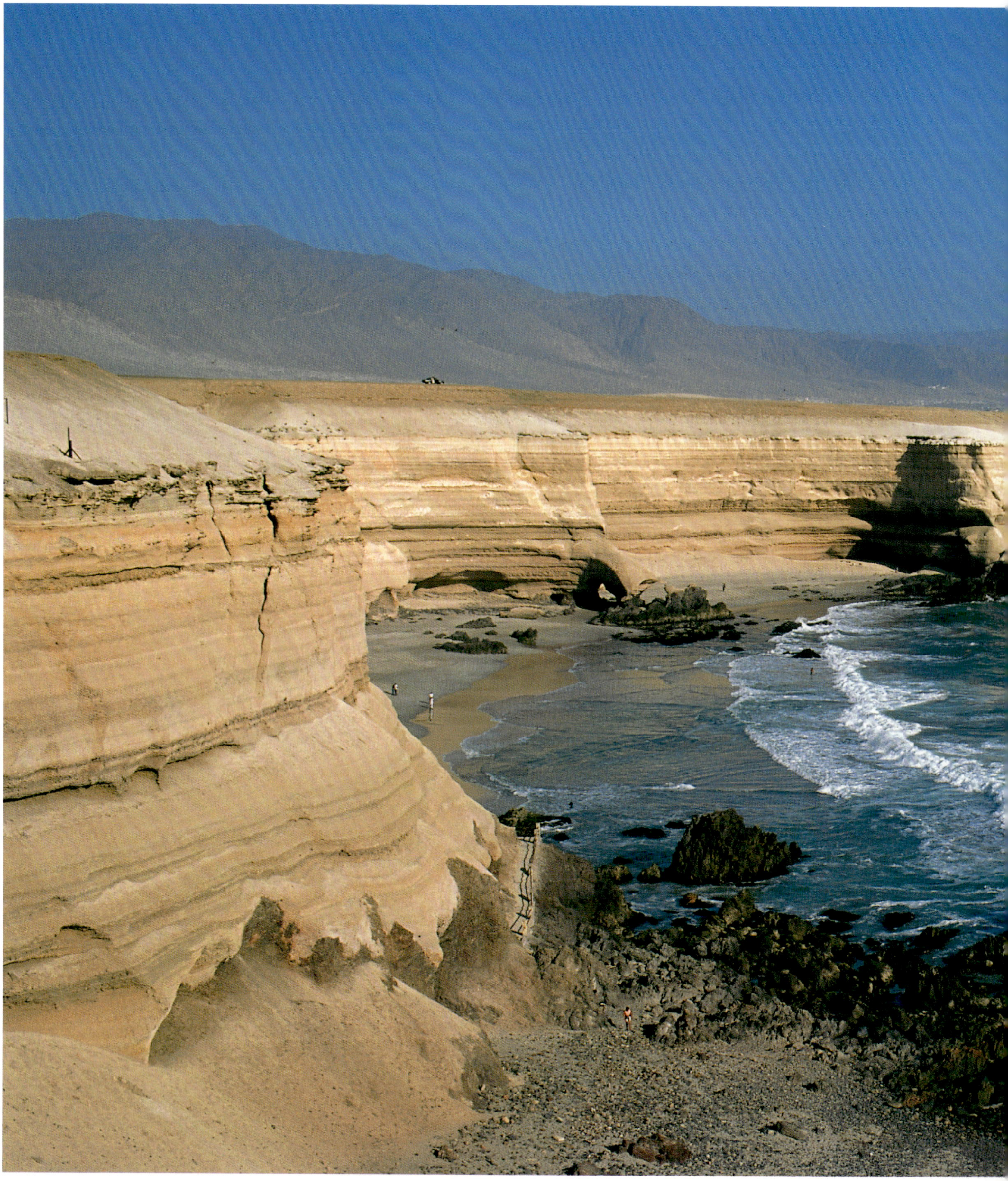

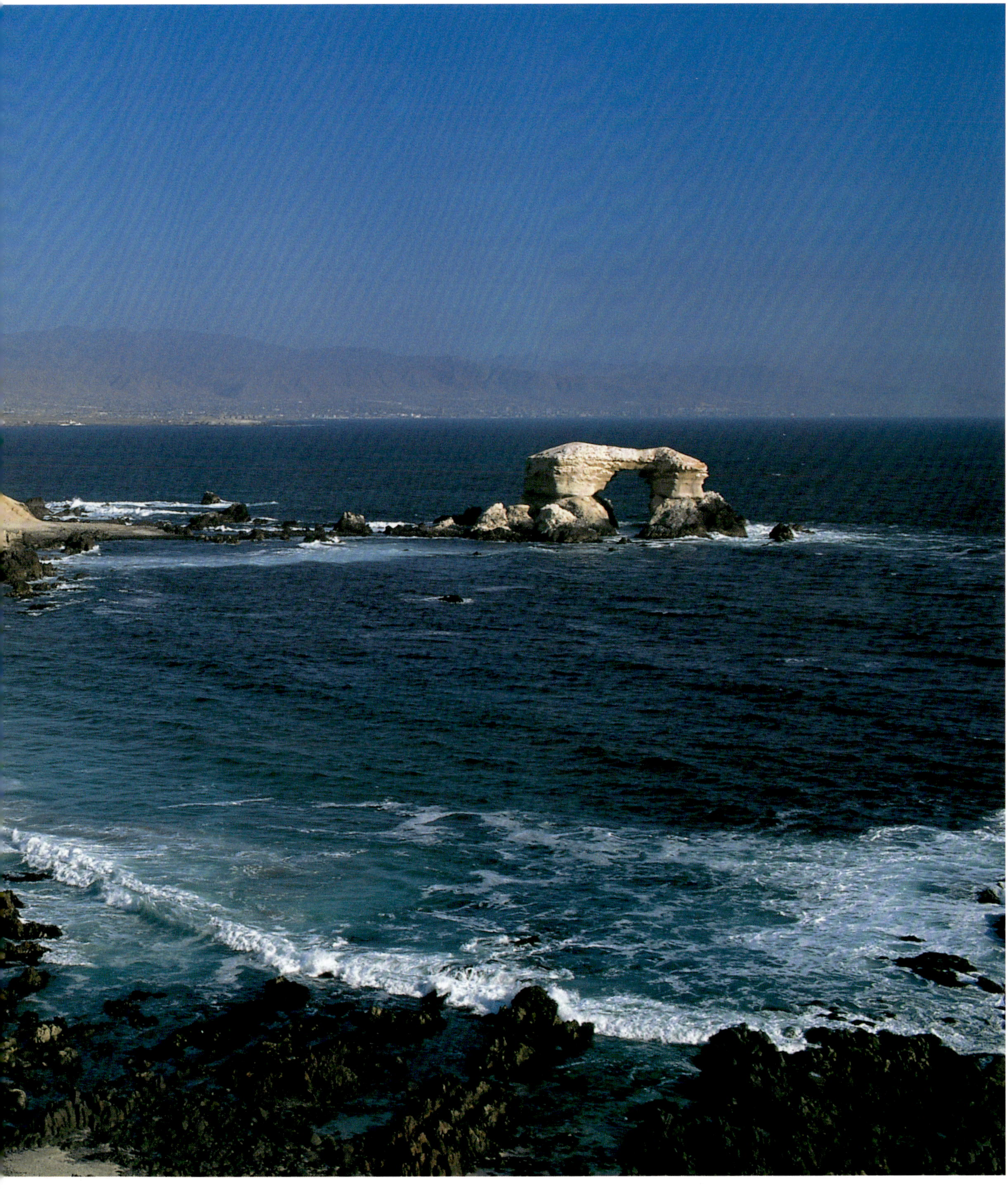

Vorhergehende Doppelseiten:
104/105:
Die Tatio-Geysire bieten besonders am frühen Morgen ein spektakuläres Schauspiel für die Touristen.
106/107:
Das Wahrzeichen der Hafenstadt Antofogasta ist der im Meer stehende Kalksteinbogen La Portada.

Man glaubt sich im Traum – surreale Landschaften: der Salar de Aguas Calientes auf dem Weg von San Pedro de Atacama nach Argentinien (rechts). Flamingos ernähren sich von Mikroorganismen, die im Brackwasser des Salar de Surire leben (oben).

Nachfolgende Doppelseite:
Im Valle de la Luna bei San Pedro de Atacama.

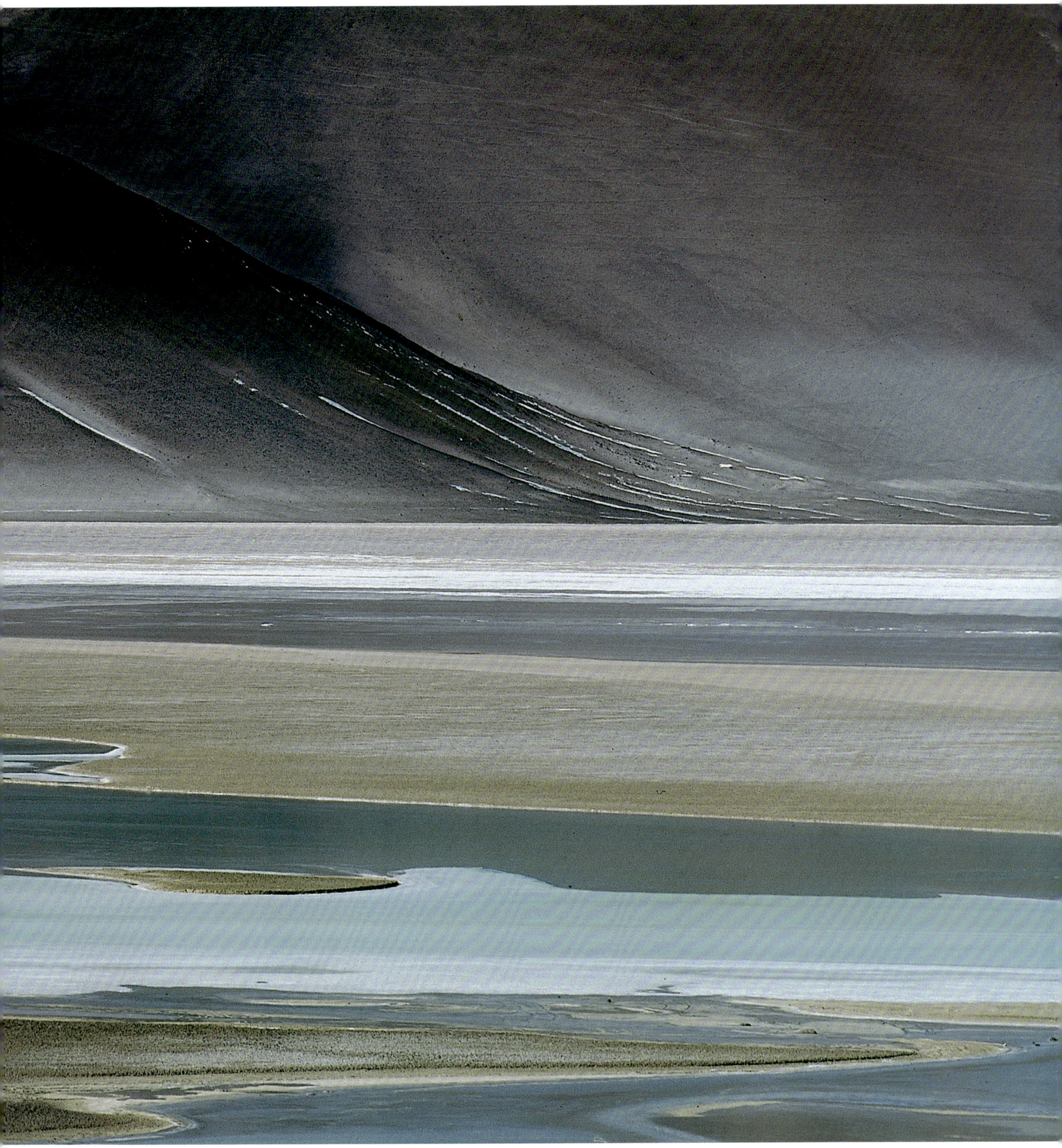

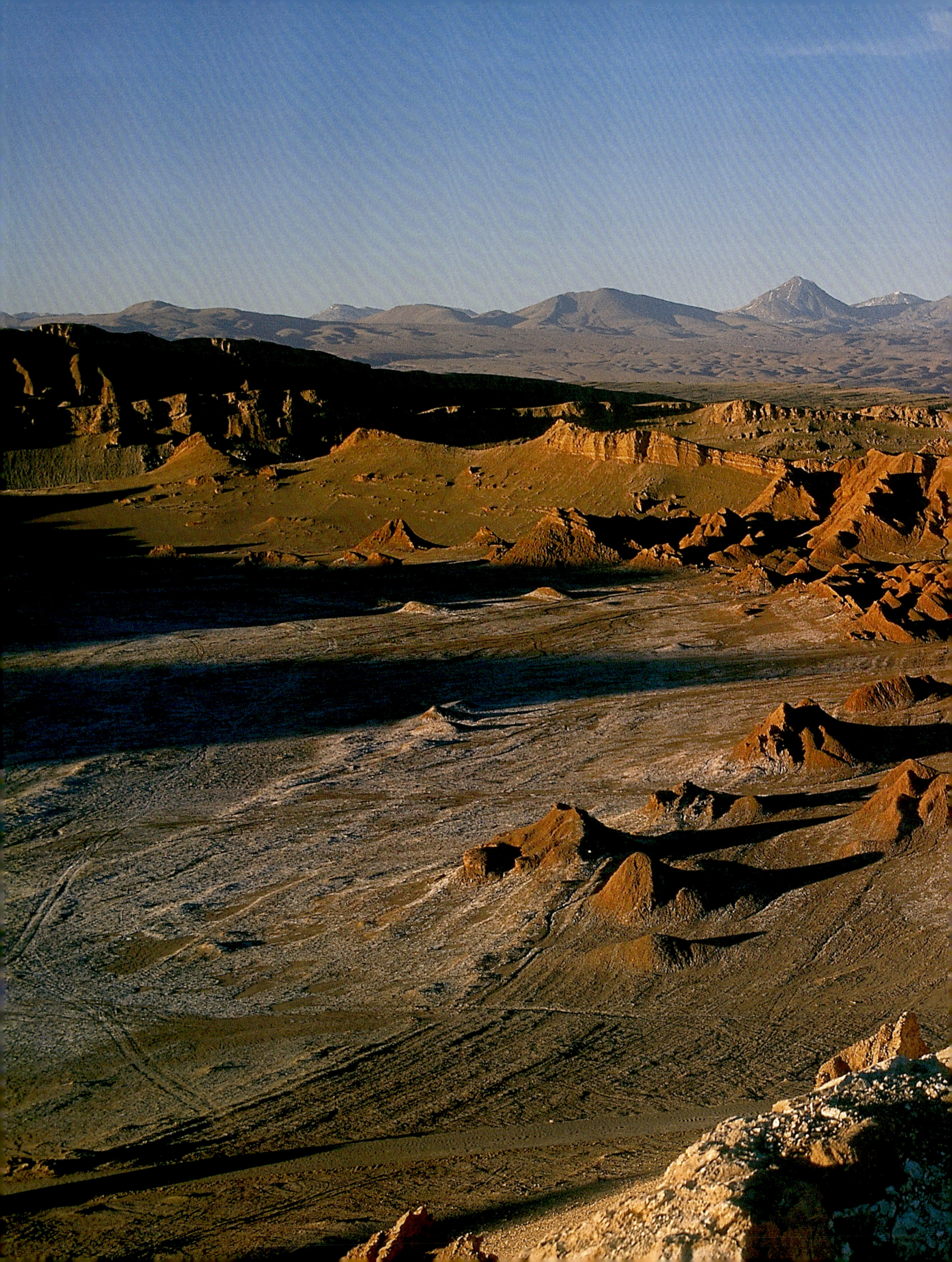

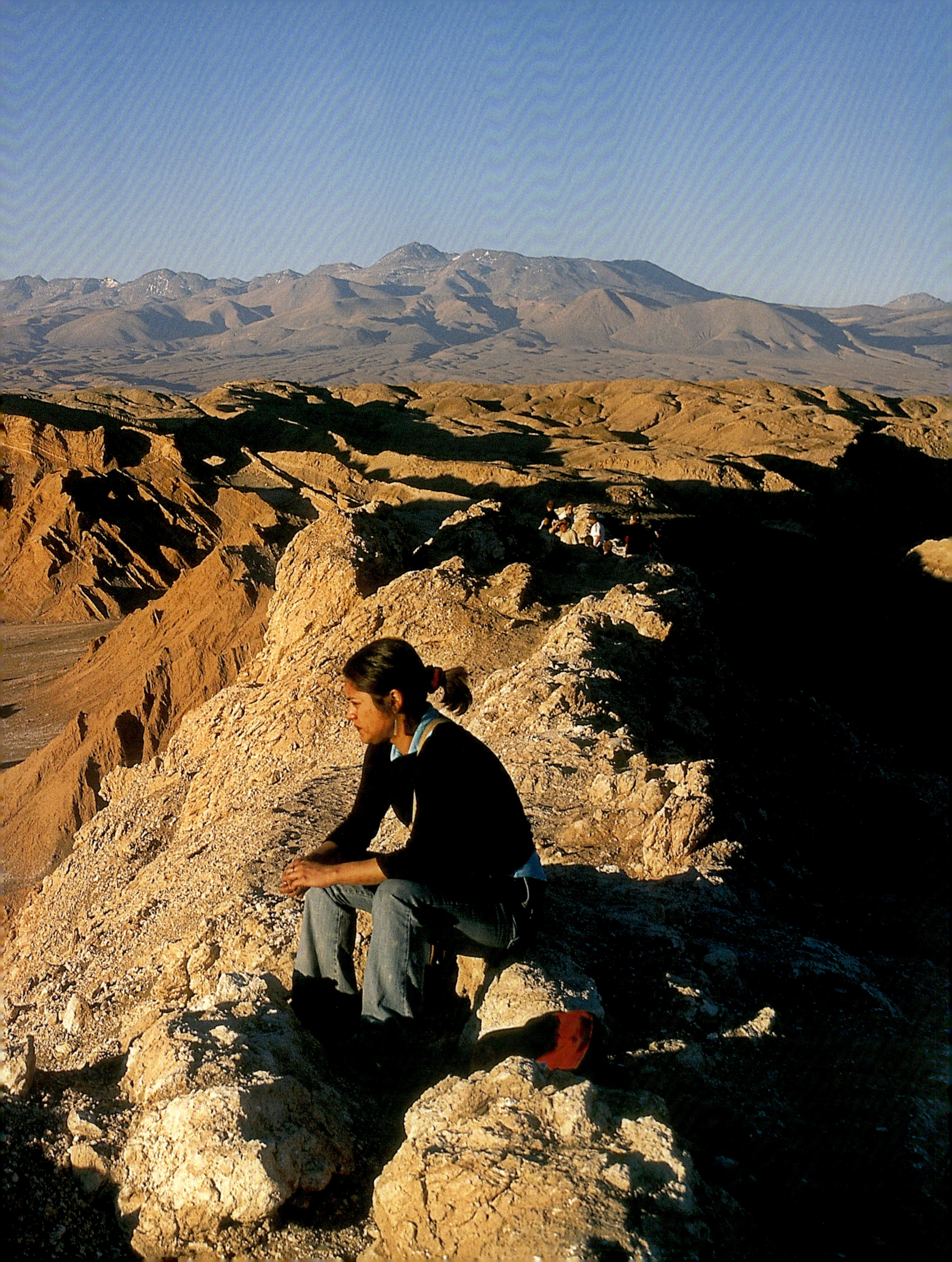

Gleise durch die Wüste

Eisenbahnen erschließen das Land

Bevor die Straßen kamen, gab es in Chile die Züge. Von Antofagasta nach Socompa, von Antofagasta zur Mina Escondida und hinauf nach Iquique, von Arica nach La Paz, von Calama nach La Paz, von Copiapó nach Caldera und nach Puquios, von Vallenar nach Huasco, von Santiago nach Puerto Montt, von Temuco nach Maule und Freire: Wie eine Schrittfolge einer Choreografie, ein Ballett aus winzigen Hahnentritten durchzogen die Gleise das Land.

Nicht überall machen sie Sinn, wenn man einmal zugrunde legt, dass Eisenbahnen dazu da sind, Menschen das Reisen zu erleichtern. Wer will schon von Copiapó in die Einöde nach Puquios, wo es nur Wüste und Berge gibt und ab und an Schneestürme.

In Chile wurde das Schienennetz im 19. Jahrhundert hauptsächlich für den Frachtverkehr gelegt. Das lässt sich aus der Streckenführung leicht ablesen. Schon sehr früh übrigens wurde gebaut und 1850 die Verbindung zwischen Copiapó und dem Hafenstädtchen Caldera eingeweiht, um das Silber aus Chañarcillo zu verschiffen. Das Schienennetz verband bald die im Altiplano gelegenen Salpeter-Abraumhalden und Lagerstätten mit den Ausfuhrhäfen Iquique und Antofagasta. Wie Perlen an einer Schnur liegen die Stationen zwischen den beiden Städten und den Oficinas aufgereiht. In Antofagasta ruckelt immer noch ein Frachtzug den Hafen entlang, an den Wohnsiedlungen vorbei, die einst die Gesellschaft Ferrocarriles Antofagasta-Bolivia (FCAB) baute und die heute unter Denkmalschutz stehen. Von den Gold- und Silberminen sowie den Schwefel- und Lithiumdepots legte man Gleise nach Tocopilla und Chañaral, die mit dem Ende der Transporte verblühten und heute tapfer gegen ihre melancholische Ausstrahlung ankämpfen. Manchmal haben die Eisenbahner hübsche Andenken hinterlassen: die Engländer zum Beispiel den Kirchturm in Caldera.

Für Touristenzwecke stehen zwei Verbindungen zur Wahl: von Santiago nach Puerto Montt und von Calama nach La Paz. Der Zug nach Puerto Montt wurde vor kurzem hergerichtet; die Eisenbahnstation in Santiago war schon von jeher eine Augenweide in Eisen und Stahl. Nostalgiker werden es nicht gern vernehmen: Die alte Dampflok der Marke Linke-Hoffmann-Busch aus Breslau von 1926, die früher den Zug mit seinen samtausgeschlagenen Schlafwaggons in zwölf Stunden nach Temuco zuckelte, wurde ausrangiert.

So bleibt den Liebhabern von ein wenig abenteuerlichen Zugfahrten die Strecke von Calama nach La Paz, die am Salar de Uyuni auf über 4000 Metern entlangführt. Sie dauert 36 Stunden und auf dem Altiplano rutschen die Temperaturen nachts weit unter den Gefrierpunkt.

Aber geblieben sind die schönen Bahnhöfe, die teilweise unter Denkmalschutz stehen, so beispielsweise in Arica, Iquique, Antofagasta, Chacabuco, Caldera und Copiapó. Einige sind als Museen ausgestattet worden, in denen ihre Geschichte nacherzählt wird. Ein Eisenbahnmuseum mit alten Loks hat in Baquedano seine Pforten geöffnet.

1 Ein Paradies (nicht nur) für Eisenbahnfans: alte Dampflokomotiven »made in Germany« im Museum von Baquedano.
2 Zahlreiche Tunnels liegen an der Strecke durch die Anden: Foto um 1950.
3 Von starken Pfeilern gestützt überquert die Eisenbahnbrücke ein Tal in der Nähe des Salto de Laja.
4 Verlassener Bahnhof in der Atacama-Wüste westlich von Antofagasta.
5 Einstmals das Ende einer der wichtigsten Eisenbahnlinien Südamerikas, heute ein wenig museal: der Bahnhof von Arica.

Unter Indianern und Deutschen
Der Kleine Süden

In Chiles Süden fließt ein Strom, der über Jahrhunderte hinweg die ideelle und reale Grenze zur sogenannten Zivilisation markierte. Der Río Biobío, der bei der Industriestadt Concepción ins Meer mündet, schloss die spanische Kolonie gen Norden ab, im Süden davon herrschten die Mapuche, das einzige indianische Volk, das die spanische Konquista nicht unterwerfen konnte.

Das südliche Chile war ein heiß umkämpfter Platz während der Kolonisation. Die Mapuche zeigten keine Angst vor den weißen bärtigen Eindringlingen und verteidigten ihr fruchtbares Land mit Guerillataktiken. Auch deren Pferde ängstigten sie kaum, obwohl sie ihnen vorher unbekannt gewesen waren. Sobald sie Waffen und Pferde besiegter Spanier erbeuten konnten, taten sie das. Und sie benutzten sie auch. Der Mapuche Fernando sagt, dass sie bei ihren Festmahlen Pferdefleisch essen – dies sei auch als Symbol ihres kulturellen Selbstbewusstseins zu verstehen.

Die Mythen der mexikanischen Maya und Azteken sowie der Inka in Peru erzählten von einem weißhäutigen Gott, der eines Tages ihr Land betreten würde und sie hätten sich ihm zu unterwerfen. Diese Weissagungen trugen wesentlich dazu bei, dass die spanischen Konquistadoren als fremde Macht akzeptiert wurden. Die Mapuche hingegen hatten solche Legenden nicht, sodass die Weißen schlicht Feinde waren, die es zu besiegen galt.

Der Gründer von Santiago, Pedro de Valdivia, urteilte: »Sie kämpfen wie die Deutschen«, und trieb immer wieder Siedlungen in den Süden des langen Landes, doch die Mapuche begehrten ebenso oft auf und legten die Hütten des Feindes in Schutt und Asche, in Angol, Concepción, Chillán, Osorno, Valdivia, Villarrica und La Imperial.

Ein Vulkan im Bilderbuchformat: der Osorno (oben).
Familienausflug am Lago de Villarrica (darunter).
Am besten entdeckt man die Wälder und Berge des Südens zu Pferd (rechte Seite).

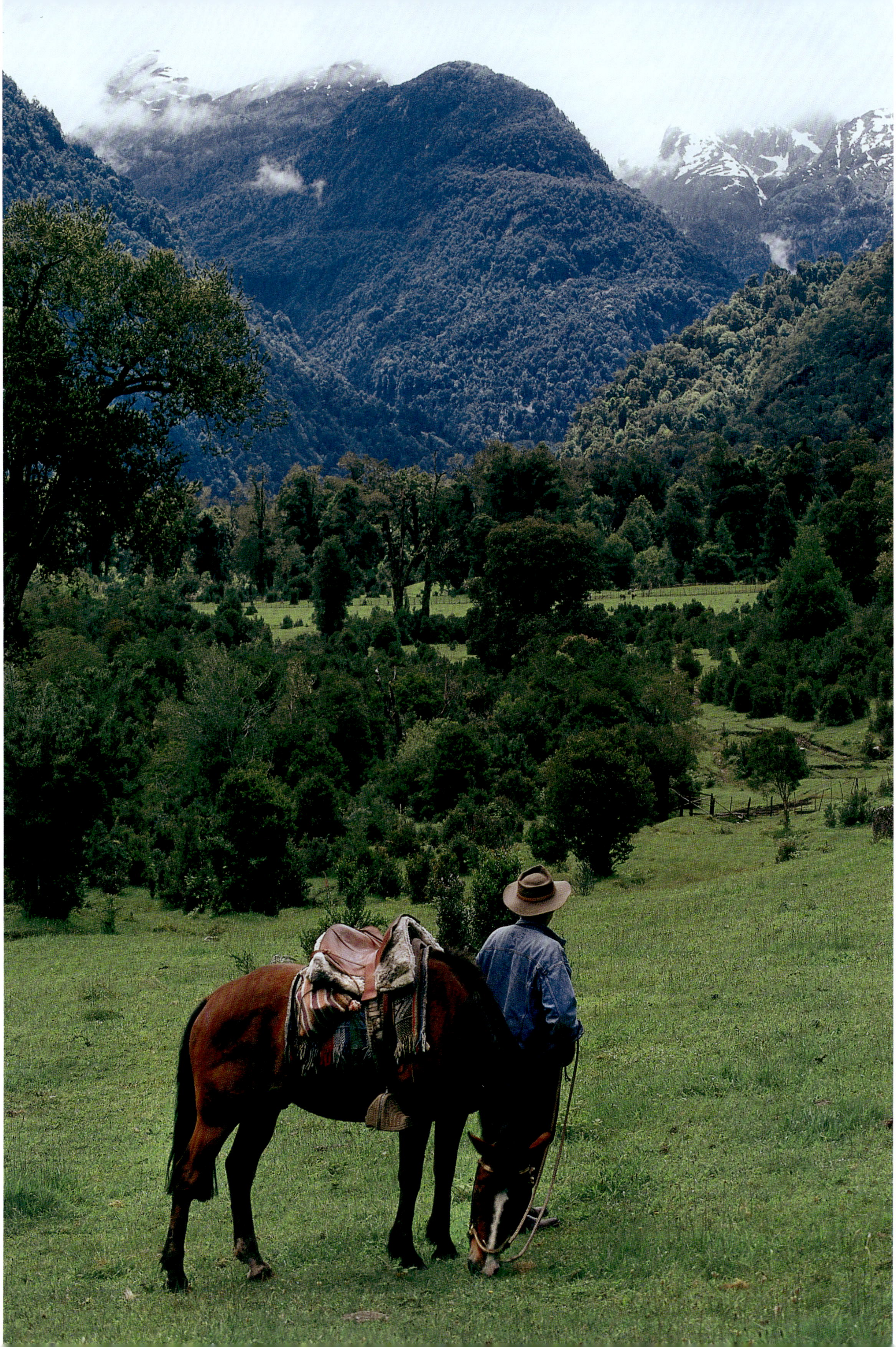

Deren Bewohner flüchteten ein ums andere Mal quer durch das Herrschaftsgebiet der Indianer, um in Santiago Zuflucht zu suchen.

Pedro de Valdivia fiel im Kampf gegen den Mapuche-Fürsten Lautaro. Der Gouverneur Pedro de Vizcarra verurteilte später alle Indianer zur Sklaverei und ließ ihre Gesichter brandmarken, worauf sich die Mapuche mit britischen Piraten verbündeten. Zwischen 1545 und 1647 fielen 42 000 spanische Soldaten.

Während der gesamten Kolonialzeit wurde der Süden nicht kolonisiert. Zunächst versuchten Missionare, ihre Kirchen südlich des Biobío zu verankern. Es folgte Krieg auf Krieg, Verhandlung auf Verhandlung. Keine Strategie vermochte die Mapuche einzuschüchtern. 1655 kam es zum letzten großen Aufstand, dann hatten die Mapuche Ruhe – für fast zwei Jahrhunderte.

Nach der Unabhängigkeit 1818 änderte sich das. Die chilenische Nation brauchte ihr Land, und das in festgelegten Grenzen. Spanische Kolonialinteressen hatten sich dagegen auf die pure Ausbeutung der Ressourcen beschränkt. Gekämpft wurde dort, wo es etwas zu holen gab, und die Kämpfe gegen die Mapuche waren verlustreich gewesen. Die Chilenen dagegen hatten Tausende von Kilometern Grenze gegen die Argentinier, Bolivianer und Peruaner zu verteidigen und das Land im Innern zu konsolidieren.

Aufrührerische indianische Stämme passten nicht ins Konzept und machten Chile verwundbar. Die Regierungen buhlten um Einwanderer aus Europa. Den Mapuche nahmen sie mit Knebelverträgen und falschen Versprechungen das Land weg, betäubten sie mit Alkohol und sperrten sie in reservatähnliche Reduktionen.

Aufnahmen aus Cochamó: Ein Böttcher bei der Arbeit (ganz oben) und der Schindelturm des »Campo Aventura«, von dem aus Ausritte in die dichten Wälder des südlichen Seengebiets starten (rechts). Ein Straßenzug voller bunt gestrichener Holzhäuser in Villarrica am gleichnamigen See (oben).

Der König von Patagonien

Von diesen Missständen erfuhr der französische Rechtsanwalt Orllie-Antoine de Tounens. Er hatte 1856 seine Liebe zu den aufrechten Mapuche entdeckt, die sich so tapfer gegen die spanische Kolonialmacht widersetzt hatten, und nun erfahren, dass die Chilenen sie keineswegs besser behandelten.

Orllie-Antoine nahm mit einem Fürsten der Mapuche Kontakt auf und ließ sich zum König von Patagonien proklamieren. Die Mapuche

Ländliche Idylle: Vor dem Vulkan Calbuco grasen die Criollo-Pferde der Mapuche (links).
Eine farbenprächtige Holzkirche in der Seenregion (oben).
Mapuchekinder am Lago Llanquihue (rechts).

117

behaupten heute, das sei alles frei erfunden. Warum hätten sie nach den Spaniern und Chilenen nun einen Franzosen als ihren Herrn akzeptieren sollen? Und auch den Chilenen trieb es der Rechtsanwalt aus dem Périgord damals zu bunt. Sie vermuteten, dass ihnen der französische Kaiser eine Art trojanisches Pferd ins Land geschickt hatte, um ihnen Chile abzujagen und es erneut zu kolonisieren. Orllie-Antoine wurde mehrfach des Landes verwiesen, sparte sich aber wiederholt Schiffspassagen zusammen und ließ eine Nationalhymne komponieren sowie Briefpapier drucken. Die Geschichte ging unglücklich aus, und nur in der Nationalbibliothek von Santiago finden sich noch Originalunterlagen über das Schicksal von Orllie-Antoine le 1er, Roi de la Patagonie.

Es muss ein Märchenland gewesen sein, in dem die Mapuche einst lebten, ein Reigen aus dichten Wäldern, tiefen Seen, wild wachsenden Fuchsienbüschen, Bambushainen und einer Kette schneebedeckter Vulkane. Ihr heiliger Baum, die Araukarie, ist ein Laub-Nadelbaum mit konischem Umriss und weit schwingenden Ästen, die von dicken braunen gezackten Schuppen bedeckt sind. Aus den

Die dichten Wälder des Südens haben oft sumpfigen Grund, sodass man Bohlen- oder Knüppeldämme bauen muss, um das Vieh treiben zu können (linke Seite).
Huasos versammeln sich zum Rodeo in Cochamó (links unten).
Eine Baskenkappe aus Wolle für die kühleren Tage (links).
Dieses Holzhaus in Cochamó könnte auch in Deutschland stehen (unten).

Zapfen der Araukarien gewinnen die Mapuche Mehl. Am schönsten kann man sie im Parque Nacional Conguillio bewundern, wo die Araukarien, hintereinander gestaffelt, aussehen wie aufgespannte Regenschirme.

Das Land ist heute vollständig kultiviert, mit Feldern bedeckt, von Straßen durchschnitten und von Dörfern und Städten besetzt. Dem ursprünglichen Zauber begegnet man jedoch noch am Fuß der Anden, denn die üppig gedeihende Natur steht hier in zahlreichen Nationalparks unter Naturschutz.

Und die Mapuche? Ihnen ist Land unter den demokratischen Regierungen nach Pinochet zurückgegeben worden. Aber längst nicht in dem Ausmaß, die erlittene Vertreibung wiedergutzumachen, und so kommt es immer wieder zu Landbesetzungen und Demonstrationen. Für ihr wachsendes Selbstvertrauen spricht auch, dass sie zur Präsidentenwahl Ende 2006 einen Mapuche als Kandidat ins Rennen schickten. Die Bemühungen gehen den Mapuche, denen auch das Eingesperrtsein nicht den Stolz und das Selbstbewusstsein nehmen konnte, nicht schnell genug. Trotzdem: Ihre Kultur können sie bewahren.

Die Kohle von Lota

Eine Tellerwäscher-Geschichte, wie man sie aus Nordamerika kennt, erzählt viel über gesellschaftliche Eliten in Chile und deren Aufstieg. Matias Cousiño begann seine berufliche Karriere 1828 als Postbeamter in Valparaíso, verlegte sich auf Viehhandel mit Argentinien und engagierte sich später, auf sein Glück als Geschäftsmann vertrauend, in den Silberminen von Chañarcillo bei Copiapó im Kleinen Norden. Dann entdeckte man das Kohlevorkommen von Lota. Die Minen im Norden und die Dampfschiffe im Hafen von Valparaíso verschlangen Unmengen von Brennmaterial. Und da es in den Wüsten des Nordens kein Holz gab, versprach der Kohlebergbau große Gewinne. Matias Cousiño sattelte um. Das Land an der Küste wurde den Mapuche abgenommen. Vermutlich hatten sie keine Ahnung, welcher Reichtum im Inneren der Küstenberge lagerte.

Die Unternehmerfamilie Cousiño-Goyenechea verdiente sich jedenfalls mit der Kohle von Lota goldene Nasen, ihre Reputation wuchs. Die Kirche in Lota heißt denn auch San Matias. Und seinem verschlungenen Monogramm begegnete man überall. Bald zierte es auch die Etiketten der Flaschen vom Weingut Cousiño Macul, das die Familie ebenfalls erstand und das heute internationalen Ruf genießt. Den erworbenen Reichtum wollte man nicht in einer Arbeitersiedlung zur Schau stellen. Und so ließ sich die Familie in Santiago von einem französischen Architekten das prunkvollste Haus entwerfen, das in der Hauptstadt zu jener Zeit zu sehen war.

Bei Lota erhebt sich über einer ehemals von Fischern bewohnten Bucht eine imposante Felslandschaft, in deren Innerem die Kohlegruben verborgen sind. Seit 2002 nun wird unter der Ägide des Staates ein Wiederbelebungsversuch von Lota unternommen, dessen Minen 1997 stillgelegt wurden. Damals verloren viele Menschen ihre Arbeit. Die kleine Stadt soll als touristisches Ziel auf der Landkarte verankert werden. Ehemalige Bergleute führen durch die Industriearchitektur und die Minen. Für den, der des Spanischen mächtig ist, ein lohnendes Ziel.

Die Europäer kommen

Die Reise führt weiter in den Süden, vorbei an den Kornkammern Chiles um Angol und Chillán herum. Bereits in den vierziger Jahren des 19. Jahrhunderts wurde auf Regierungsebene beschlossen, Europäer in das Land zu holen, um das Land der Mapuche zu besiedeln. Agenten für die Anwerbung europäischer Einwanderer begannen mit ihrer Arbeit. Vor allem in den deutschen Kleinstaaten, die von der gescheiterten bürgerlichen Revolution von 1848 gezeichnet waren, hatten sie großen Erfolg. Es kamen auch politische Flüchtlinge – in ein demokratisches Land.

Zwei Brüder aus Kassel erwarben sich damals hohe Meriten. Der eine, Bernardo, kundschaftete den Süden aus, Rudolph Amandus nahm die nördlichen Steinwüsten in Augenschein. Bernardo reiste als Agent für die deutsche Kolonisierung dorthin, wo sich heute Puerto Montt befindet, und schlug sich zum Llanquihue-See durch, der heute das bedeutsamste chilenisch-deutsche Vorzeigeprojekt für die Kolonisation ist. Damals säumte dichter Dschungel den drittgrößten See Südamerikas und seine sumpfigen Ufer. Im Zuge des ehrgeizigen Vorhabens hatte die Regierung bald sämtliche zu vergebenden Parzellen an deutsche Einwanderer verpachtet.

In Osorno, einer 80 Kilometer weiter nördlich gelegenen Stadt, befand sich deren Stütz- und Handelsknotenpunkt. Über den See verkehrten sie mit Booten, und bald ragten an die 40 Molen in den Lago Llanquihue. Einige davon sind heute noch zu sehen, und besonders die hübschen aus Holz errichteten Villen der zu Wohlstand gekommenen Familien gelten den Chilenen als typisch deutsches Erbe.

Reist man von Osorno ein wenig nördlich, stößt man auf den schönen Flusshafen von Valdivia, das zum zweiten Zentrum der deutschen Einwanderung heranwuchs. Hier genießt noch heute der Apotheker Karl Anwandter (siehe S. 132) einen guten Ruf, weil er erstens das Bier einführte und zweitens als Pionier auf dem Gebiet der Kleinindustrien Valdivia zu großem Ansehen verhalf. Es war am Ende des 19. Jahrhunderts eine der am weitesten entwickelten Städte des Landes.

Der Llanquihue-See gehörte zu den Gebieten, die von deutschen Einwanderern besiedelt wurden (ganz oben). In Puerto Octay und bei den Holzhäusern von Ensenada spiegelt sich deutlich der deutsche Einfluss im Ganzen wider (oben) und im Detail: Schild der Brauerei Kunstmann in Valdivia (rechte Seite unten).
Rechte Seite: Temuco ist die Stadt der Märkte: Besonders bunt die Fería Pinto, bei der sich allmorgendlich Mapuche der umliegenden Dörfer zum Handel treffen (oben und Mitte). Außerdem: eine Kräuterfrau in Puerto Varas und ein Fischhändler in Angelmó (unten).

Fortsetzung Seite 130

$150
$150

MARANATA
PEDRO MANSILLA

BANDEJON
N° 1
5 x $1000
5 x $1000

SCHOP
VALDIVIA
kunstmann

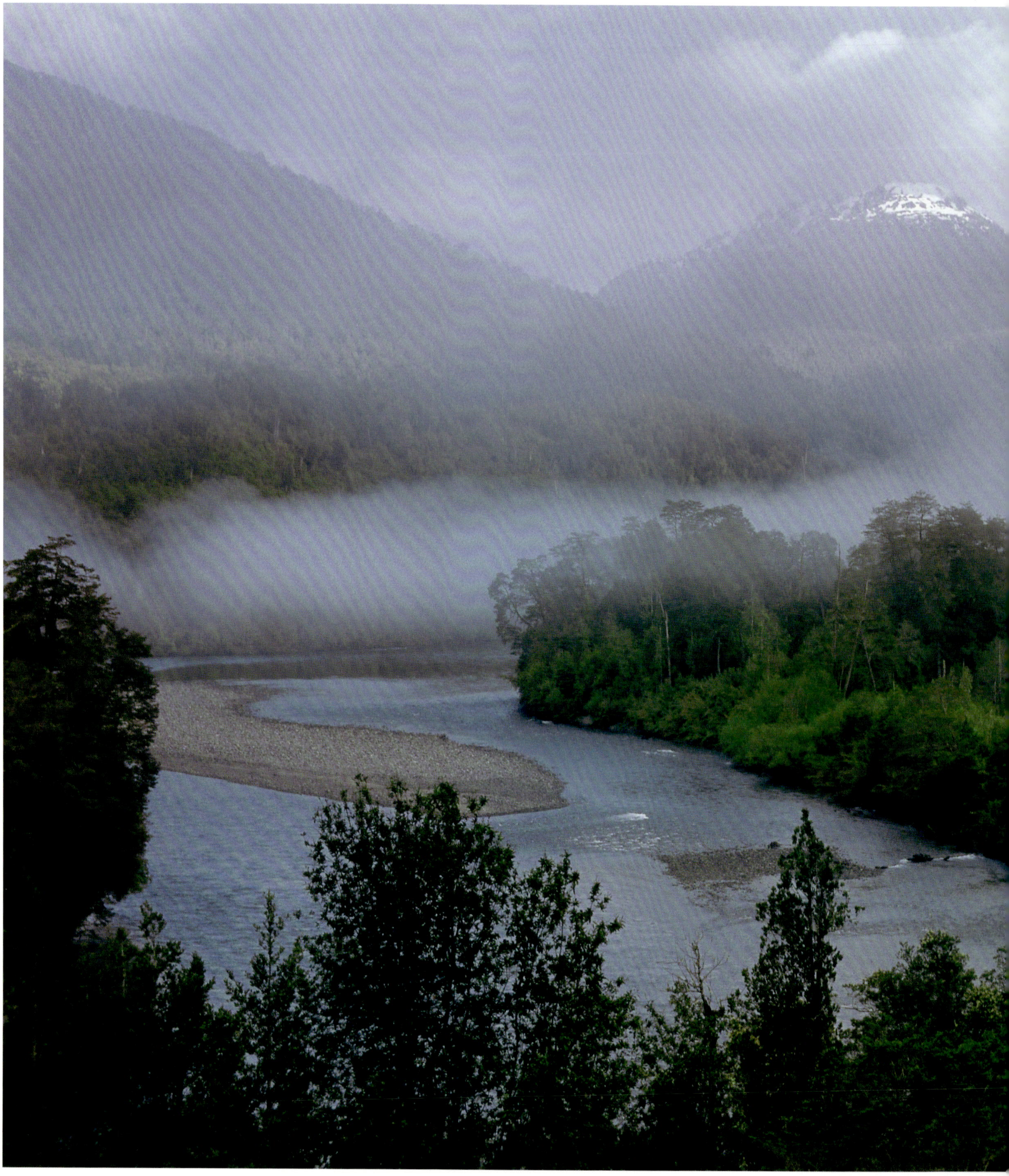

Die dschungelartige Region um Puyuguapi, die von reißenden Flüssen und tiefen Fjorden durchschnitten wird, ist bis heute nur spärlich besiedelt (links). Gegen das feuchtkalte Klima weiß auch der Viehhirte nur ein Mittel: wetterfeste Kleidung (oben).

*Nachfolgende Doppelseiten:
124/125 Sommerfrische zu Füßen des Vulkans Villarrica.
126/127 Idyll in Valdivia am Rio Calle Calle.*

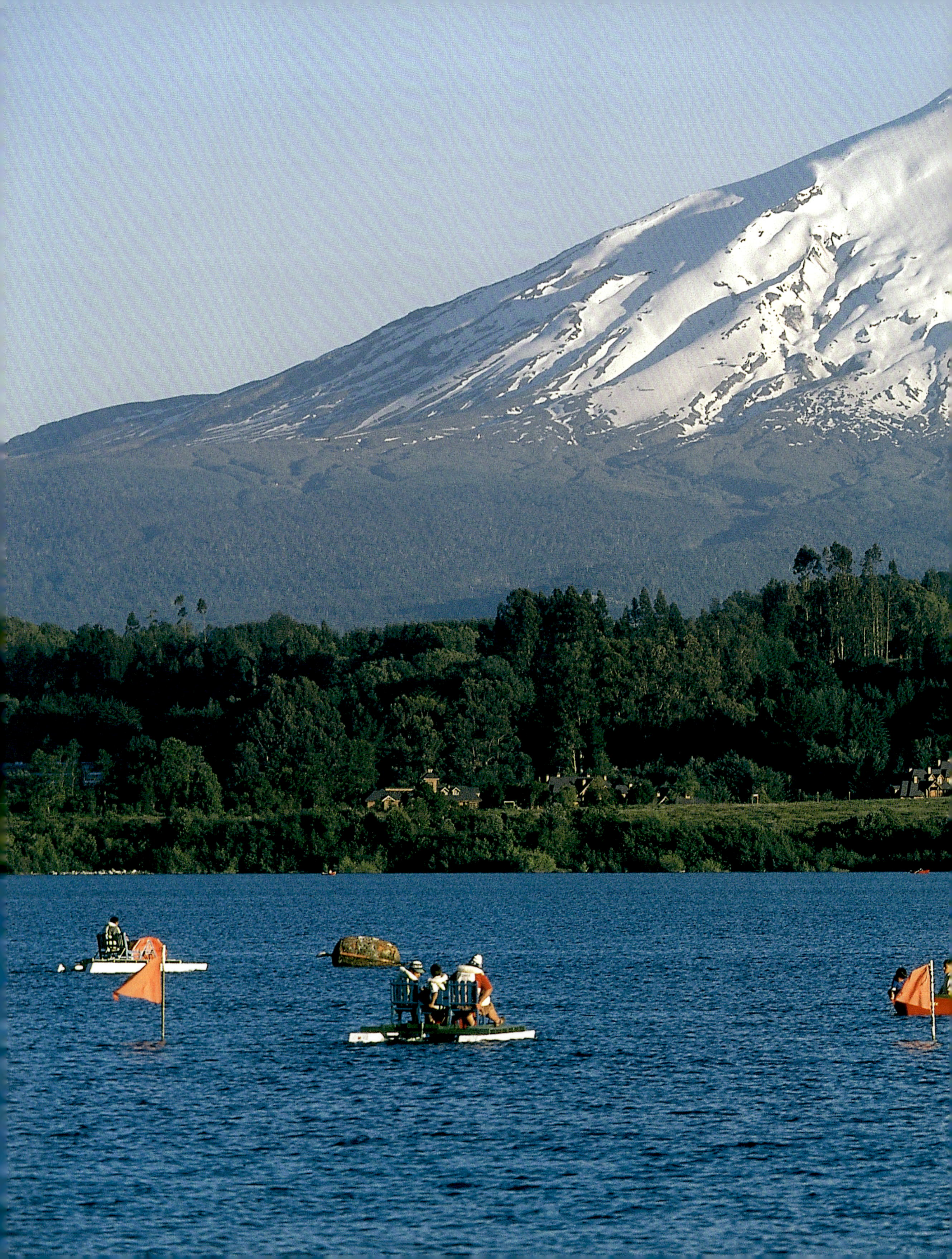

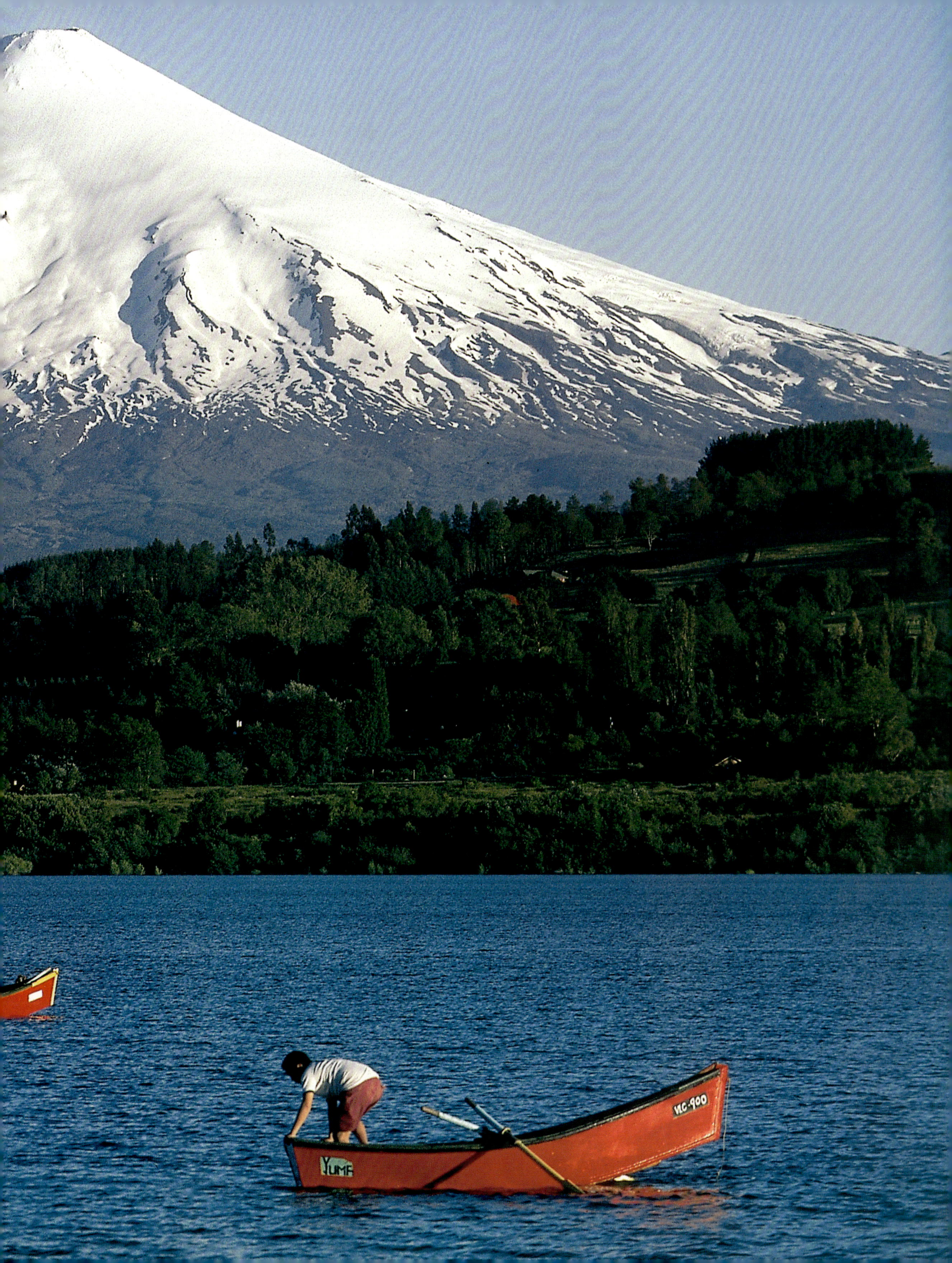
YUMA
VLC-900

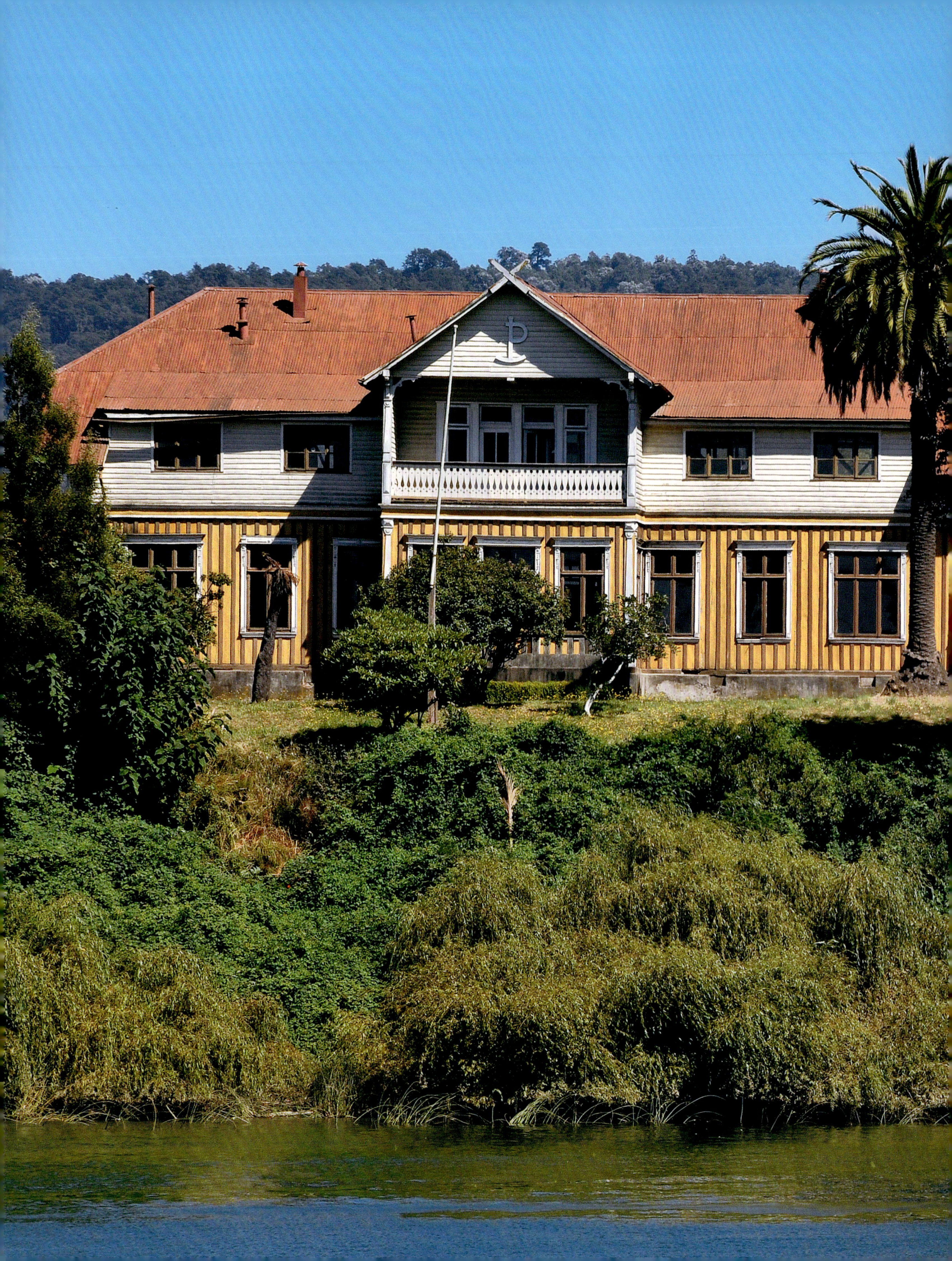

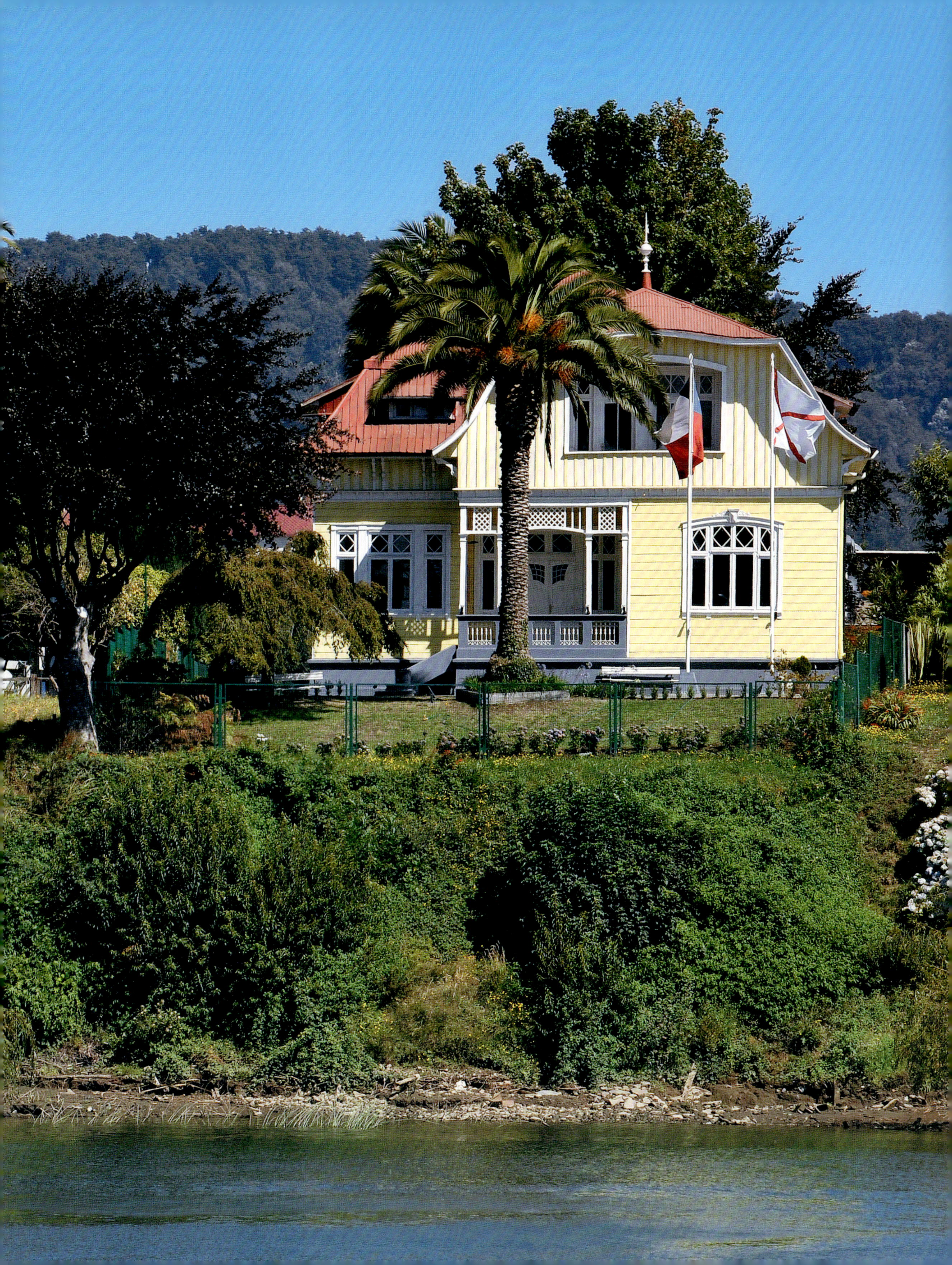

Wandern, Reiten, Wassersport
Freizeitaktivitäten in Chile

Die Anden, die Salare der Hochebenen und die Gletscher liefern schwieriges und herausragendes Gelände für Wanderer und Trekker. Dazu zählen der höchste Vulkan der Welt, der Ojos del Salado, der höchste Andengipfel in ganz Südamerika, der Aconcagua, und die Granittürme im Nationalpark Torres del Paine.

Wer sich gern extrem fordert, kann den Vulkan Licancabur hinaufradeln, der knapp 6000 Meter hoch ist, oder eine mehrtägige Wandertour über die Gletscherfelder im Süden unternehmen. Ein bisschen sanfter, aber ebenfalls anstrengend ist das Mountainbiking auf der 1200 Kilometer langen Carretera Austral, die Radler als Traumstrecke bezeichnen. Tageswanderungen entlang der Salare auf knapp 3000 Metern Höhe unter gleißender Sonne werden Spezialisten gefallen. Und wer dorthin möchte, wo laut Darwin selbst dem Teufel die Hölle einfriert, dem Kap Hoorn nämlich, kann an mehrtägigen Segeltörns teilnehmen. Interessantes und bewegtes Meer finden Kajaker in den Fjorden des Großen Südens vor. Fröstelnde wärmen sich nach der Tour in den Thermalquellen auf, die einige Fjorde säumen.

Die indianische Vokabel »futaleu-fú« bedeutet »großer Fluss«, *río grande*. Südlich des Lago Yelcho erstreckt er sich bis zur argentinischen Grenze. Er hat sich inzwischen auf der Weltkarte der Rafter und Kajaker verankert, denn sie finden hier alle Schwierigkeitsgrade. Der Große Süden gilt unter amerikanischen und kanadischen Fliegenfischern als Geheimtipp, besonders der Río Baker südlich des Lago General Carrera und der Lago Cisnes bei Villa O'Higgins.

Touristisches Zentrum für sportliche Aktivitäten ist Puerto Varas am Llanquihue-See, ein weiteres liegt am Lago de Villarrica in Pucón. In der Region bieten viele alternative Pensionen Sprach- und Sportkurse an. Außerdem kann man hier Vulkane besteigen, raften, kajaken und reiten.

4

5

Wer den Norden bevorzugt und reiten möchte, besucht die Hacienda los Andes im Valle Hurtado. Conaf, die staatliche Forstbehörde, legt Wanderwege in Natur- und Nationalparks an. In den touristisch stark frequentierten Zonen ist das Wegenetz dicht geknüpft. Etwas Außergewöhnlicheres haben sich die Macher von »Sendas de Chile« vorgenommen, nämlich über die gesamte Länge des Landes Wanderwege einzurichten. Einige Regionen haben dieses Projekt gut vorangetrieben, und die einzelnen Strecken haben viel Pionierflair, wie um den Lago O'Higgins am Endpunkt der Carretera Austral. Im Parque Nacional Puyehue, von Osorno leicht zu erreichen, gibt es einen 25 Kilometer langen *sendero* (Pfad) zum Vulkan Casablanca. Im Großen Norden kreuzt ein einsames Wegstück vom Salar de Huasco 68 Kilometer über den Altiplano.

Für Wassersportler ist die Küste bei Iquique interessant, denn dort herrschen gute Bedingungen fürs Windsurfen. Einfach nur schwimmen geht auch! Ebenso wie in den zahlreichen Seen im sommerfrischlerischen Kleinen Süden.

Infos gibt es unter:
www.azimut.cl (Sport, Extremsport), www. simltd.com (Kap Hoorn, Feuerland), www.villaohiggins.cl (wandern am Ende der Carretera Austral), www.haciendalosandes.com (reiten und wandern), www.aquamotion.com (Sport im Süden), www.sendasdechile.cl (Senderos de Chile), www.monatanamarchi-le.com (Sport- und Weinreisen).

Für Sportliebhaber bietet Chile eine Menge an Möglichkeiten.
1 Feucht wird es beim Riverrafting auf dem Río Petrohue unterhalb des Vulkans Osorno. 2 Radfahren im Nationalpark Conguillio.
3 Canyoning gewinnt immer mehr Anhänger. Wer es sich zutraut, kann es am See Todos Los Santos ausprobieren. 4 Eine Touristengruppe erklimmt die Sanddünen im Valle de la Luna, um den Sonnenuntergang zu betrachten. 5 Ausreiten macht Spaß im Großen Süden.

Eine einzige Idylle

Reizvoll ist die Gegend von Temuco bis nach Puerto Montt, eine einzige Idylle aus Seen, Wäldern und Vulkanen. Kein Wunder, dass neben der Landwirtschaft die Industrie ohne Schornsteine vermehrt für Furore im Kleinen Süden sorgt. Für Touristen hat er viel zu bieten: Wandern, Trekking, Kajaking, Vulkanbesteigung, Schwimmen in den Vulkanseen, Reiten, Rad fahren, in heißen Quellen baden, die Kultur der Mapuche kennenlernen, ihren Restaurants, Kulturzentren und Häusern einen Besuch abstatten, Geschichtsmuseen besuchen. Das sanfte Klima gleicht in etwa demjenigen von Mitteleuropa und dem mediterranen Raum.

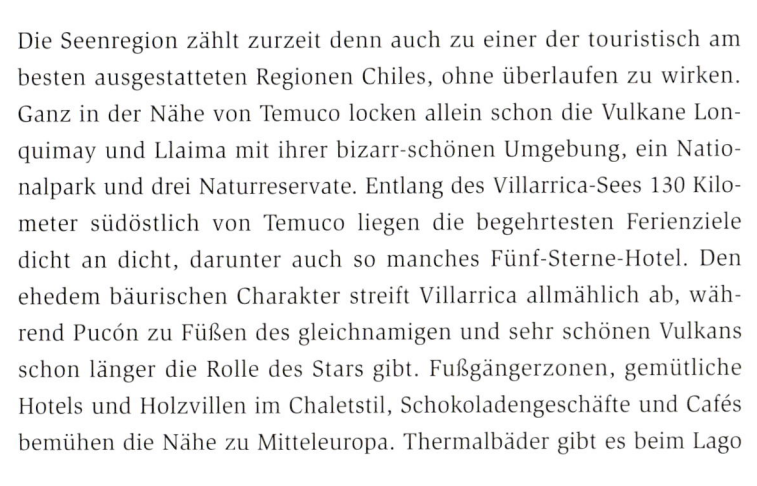

Die Araukarie ist die Kulturpflanze der Mapuche-Indianer; im Herbst gewinnen sie aus den Zapfen der Bäume Mehl. Im Parque Nacional Conguillio (alle Fotos) steht die Araukarie unter besonderem Schutz. Die lustigen Konturen des Baums haben ihm den Spitznamen »Regenschirm«, paragua, eingebracht.

de Villarrica, exklusiv bei Coñaripe und Malacahuello, rustikaler in Liquiñe, groß und bekannt bei Chillán und Puyehue.

Auf den Spuren von Banditen

Ähnlich international und jung wie Pucón ist Puerto Varas am Lago Llanquihue. Von dort aus schicken Mathias Holzmann und Lex Fautsch ihre Gäste in die Anden. Sie bekommen ein Pferd und Proviant, und dann geht es auf die Route von Butch Cassidy und Sundance Kid, den berühmtesten Bankräubern aller Zeiten. Die beiden hatten sich im argentinischen Cholila als Viehzüchter niedergelassen. Unter falschem Namen erwarben sie Land in den patagonischen Anden. Sie seien liebenswerte und hilfsbereite Nachbarn gewesen, bestätigen Leute in Cholila, deren Großeltern mit den beiden Banditen verkehrten. Cassidy und Kid finanzierten die Anlage eines Knüppeldamms hinüber nach Chile.

Die Seenregion zählt zurzeit denn auch zu einer der touristisch am besten ausgestatteten Regionen Chiles, ohne überlaufen zu wirken. Ganz in der Nähe von Temuco locken allein schon die Vulkane Lonquimay und Llaima mit ihrer bizarr-schönen Umgebung, ein Nationalpark und drei Naturreservate. Entlang des Villarrica-Sees 130 Kilometer südöstlich von Temuco liegen die begehrtesten Ferienziele dicht an dicht, darunter auch so manches Fünf-Sterne-Hotel. Den ehedem bäurischen Charakter streift Villarrica allmählich ab, während Pucón zu Füßen des gleichnamigen und sehr schönen Vulkans schon länger die Rolle des Stars gibt. Fußgängerzonen, gemütliche Hotels und Holzvillen im Chaletstil, Schokoladengeschäfte und Cafés bemühen die Nähe zu Mitteleuropa. Thermalbäder gibt es beim Lago

Deutsches Bier und deutsche Bratwurst

Man schrieb das Jahr 1852. Karl Anwandter hatte ein Problem. Es war heiß in Valdivia und seine Frau plagte der Durst. Zwei Jahre zuvor war er an Bord der »Hermann« aus Preußen kommend hier eingetroffen und hatte eine Apotheke eröffnet. Als Pharmazeut brachte er genügend Grundwissen für seine Brauerkarriere mit. Bereits im Jahr 1870 wurden 1 400 000 Liter Bier gebraut, und 1891 kannte man sein Bier von der Magellanstraße bis nach Panama.

Wer in Temuco eine *longaniza* bestellt, bekommt eine deutsche Bratwurst. Dazu gibt's *puré de papas*, Kartoffelbrei. *Pernil* ist ein Eisbein, *Once* ein Kaffeeklatsch, hinter diesem harmlosen Namen versteckt sich allerdings ein Besäufnis. Once übersetzt man mit elf, und elf Buchstaben hat *aguardiente*. Und Kuchen heißt einfach *kuchen*, Plural *kuchenes*. Die Ansiedlung deutscher Kolonisten von 1850 an hat im Süden des Landes prägende Spuren hinterlassen. In Valdivia expandierte die Industrie, im Umland lebte die Landwirtschaft auf.

Und auf dem reiten wir heute. Es ist eine alte Viehtreiberroute. Die Strecke fädelt sich durch üppigen kühlen Wald mit einem ganz besonderen Pflanzenkleid, dem Valdivianischen Nebelwald. Hier reihen sich *arrayanes*, *pitra*, *roble*, *lenga* und *coihue* so dicht aneinander, dass ihr Geäst und die Kronen schattige Kuppeln bilden. Der Weg ist wegen der häufigen Regenfälle schlammig, sodass er mit Holzknüppeln befestigt wurde. Außerdem ist er so schmal, dass wohl kaum zwei Rinder nebeneinander Platz finden dürften. Der Río Cochamo begleitet die Strecke hinauf nach La Junta, das wie eine kleine malerische Alm inklusive Blumenwiese aussieht. Über die schneebekränzten Berge führt ein Pass hinüber nach Argentinien: Es ist ein schönes Land, das Land der Mapuche.

Werden und Vergehen: Zahlreiche Ausbrüche des Vulkans Llaima prägten das Erscheinungsbild des Nationalparks Conguillio *(oben)*. Der letzte hinterließ tote Wälder an der Laguna Verde *(links)*.

Nachfolgende Doppelseiten:
134/135:
Der Naturpark Malalcahuello.
136/137:
Beeindruckender Araukarienwald.
138/139: Einsame Welt aus Wasser und Land: bei Cochamó.

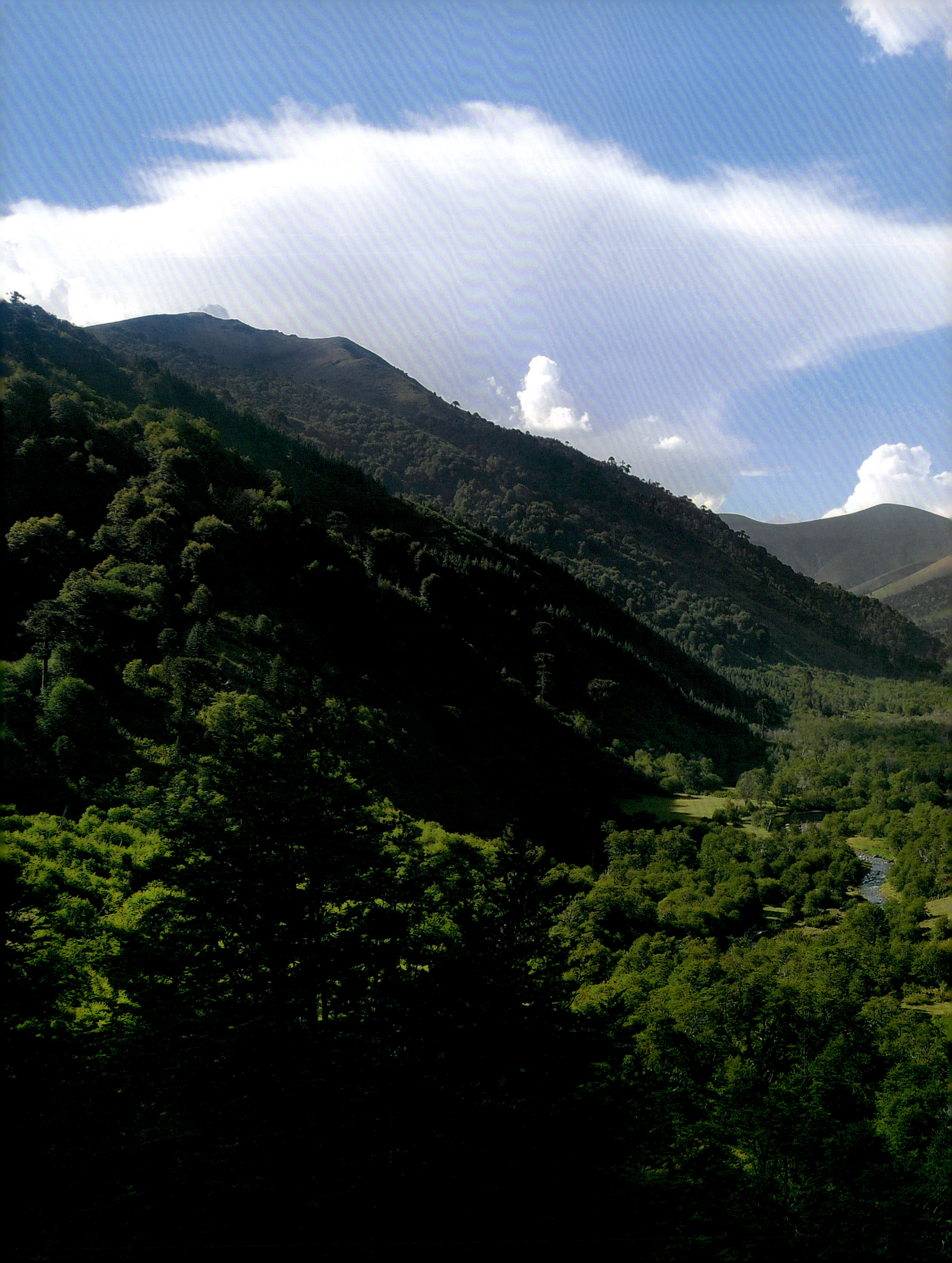

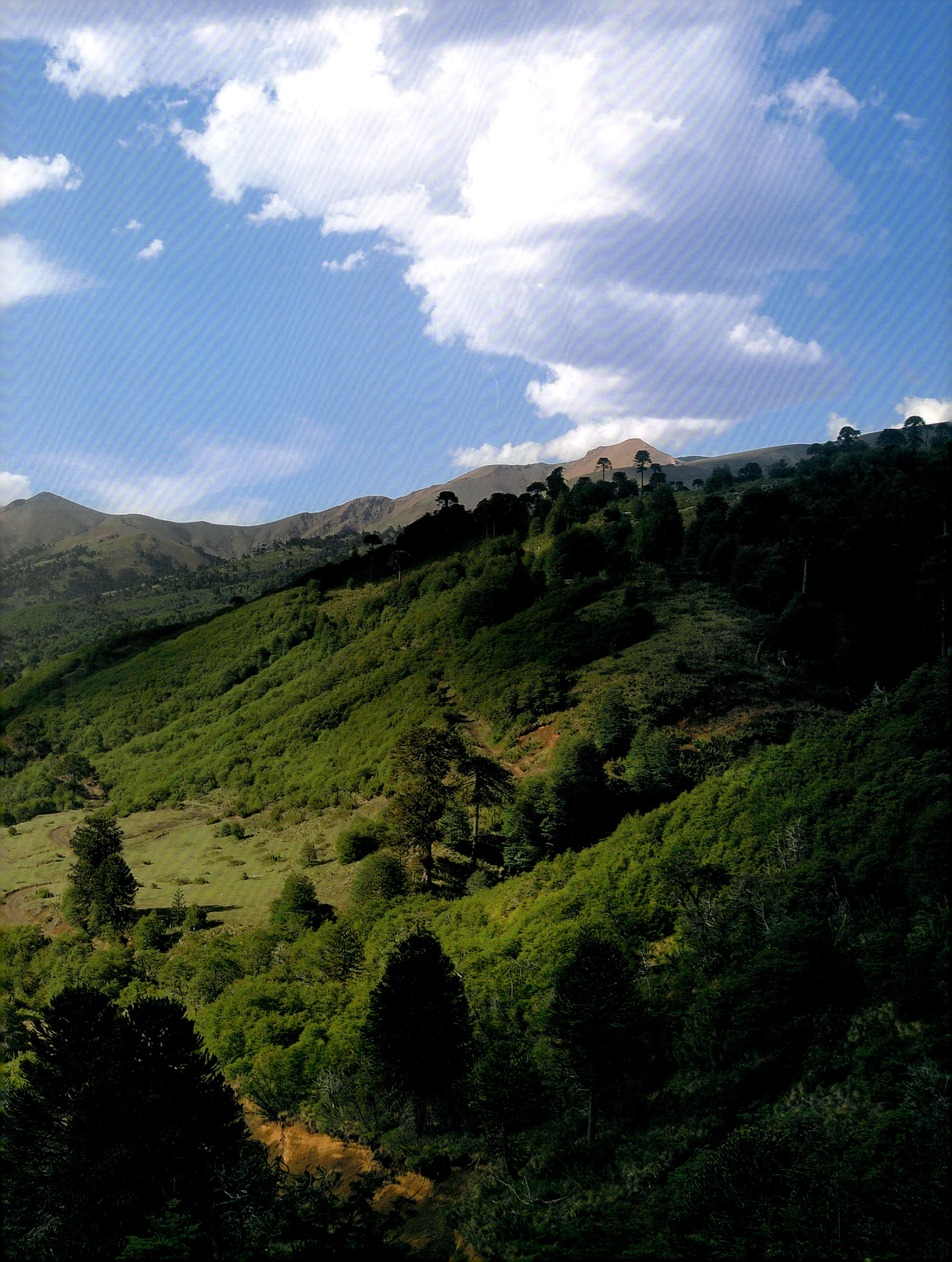

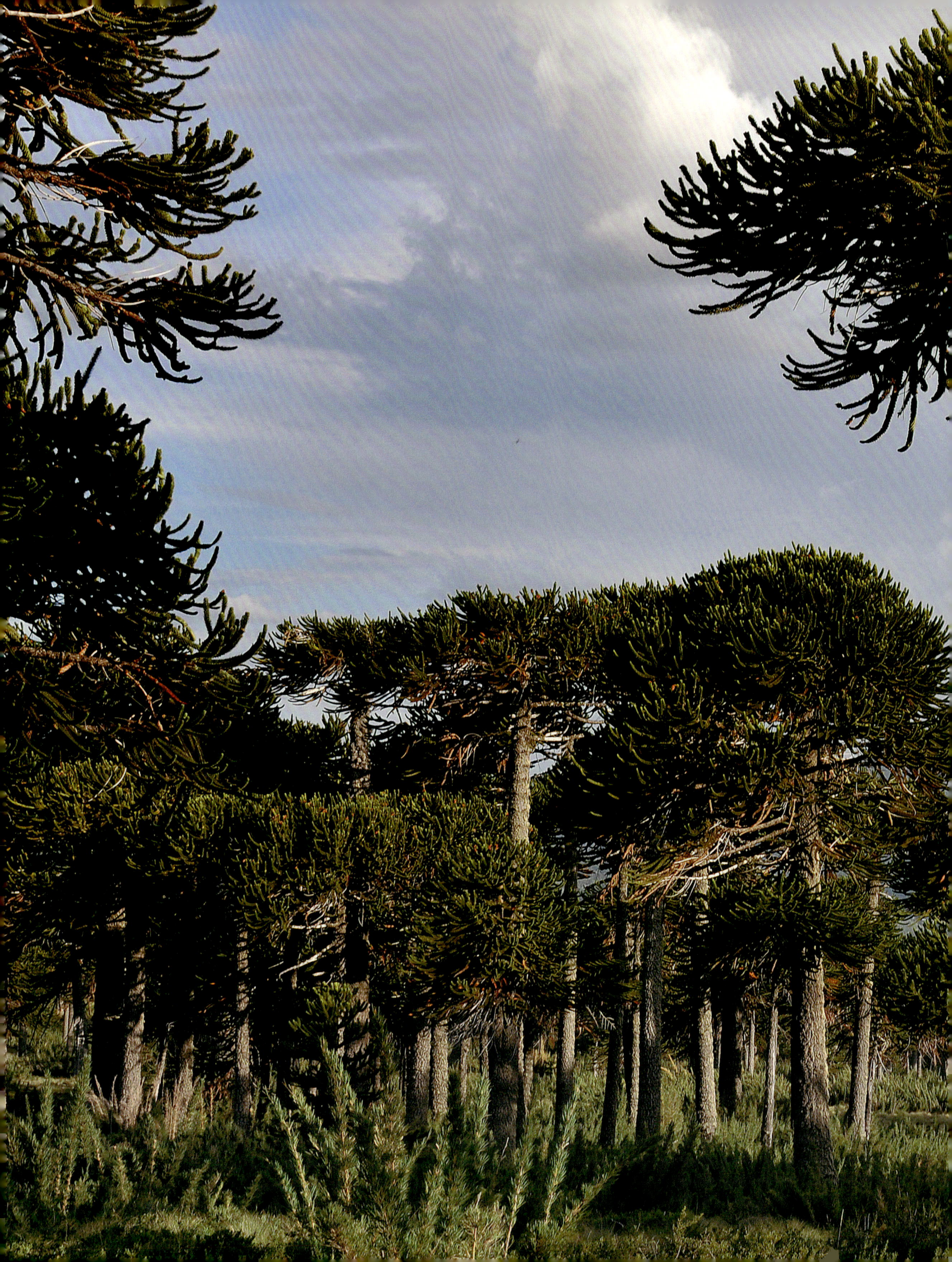

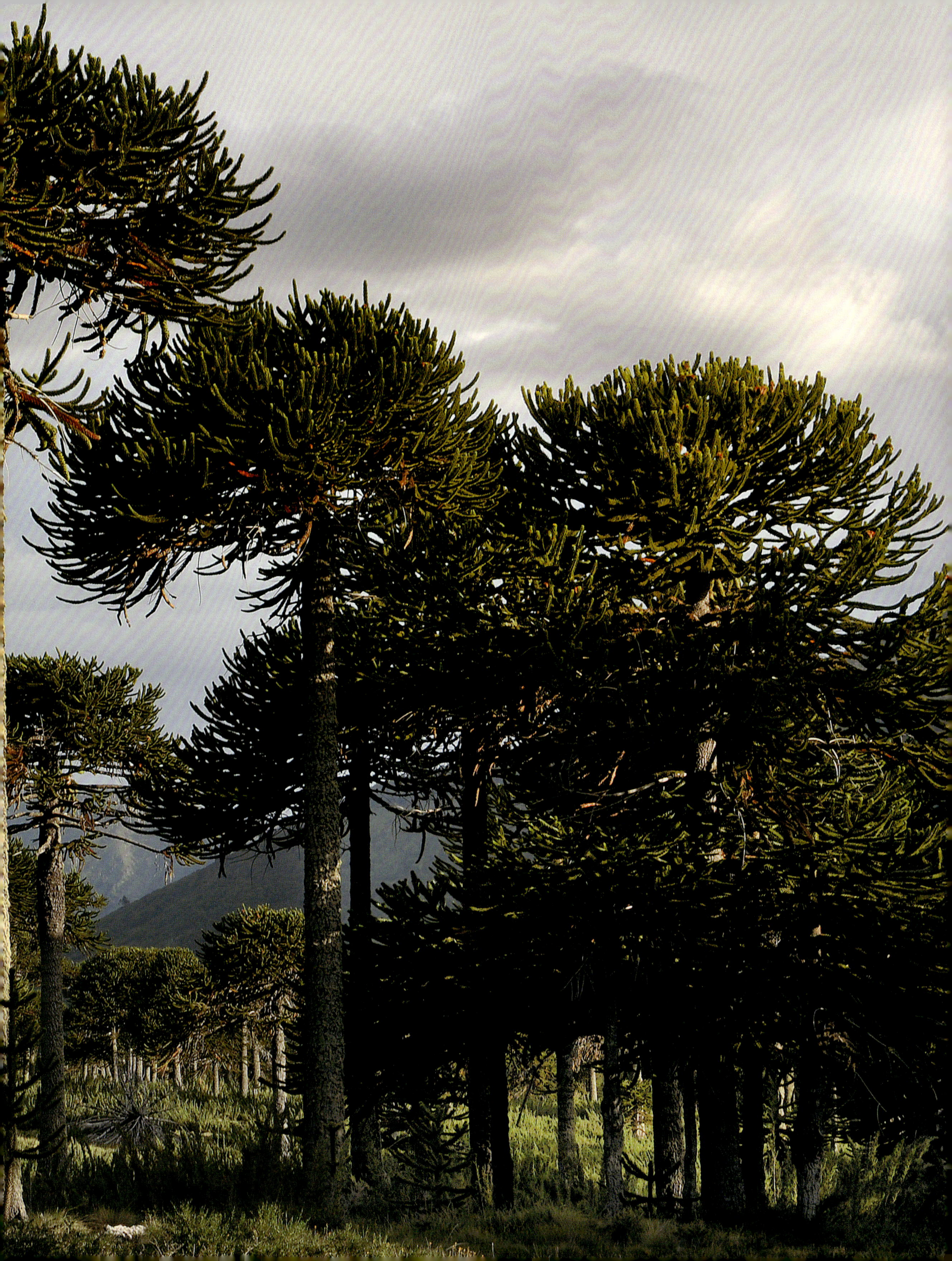

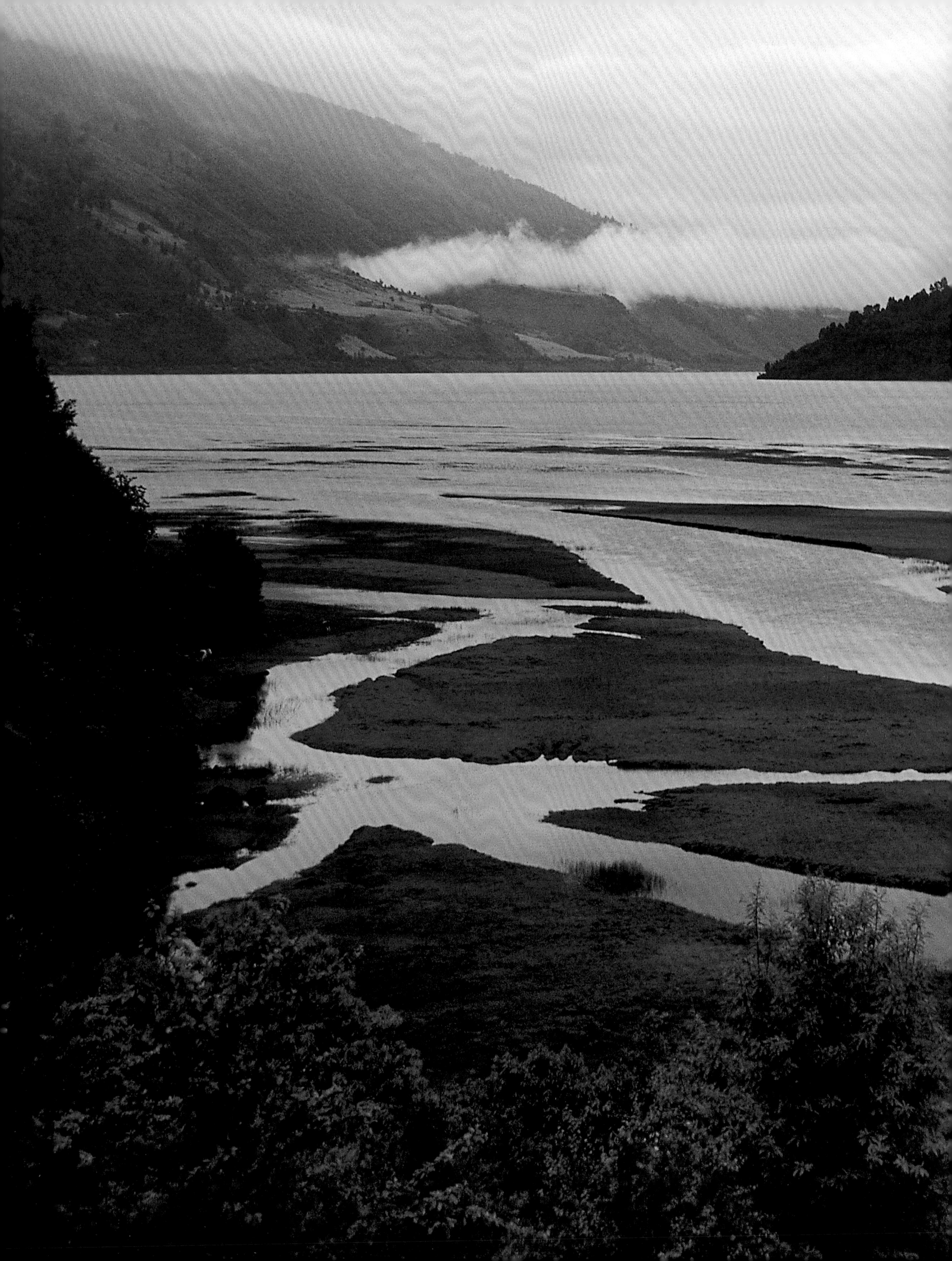

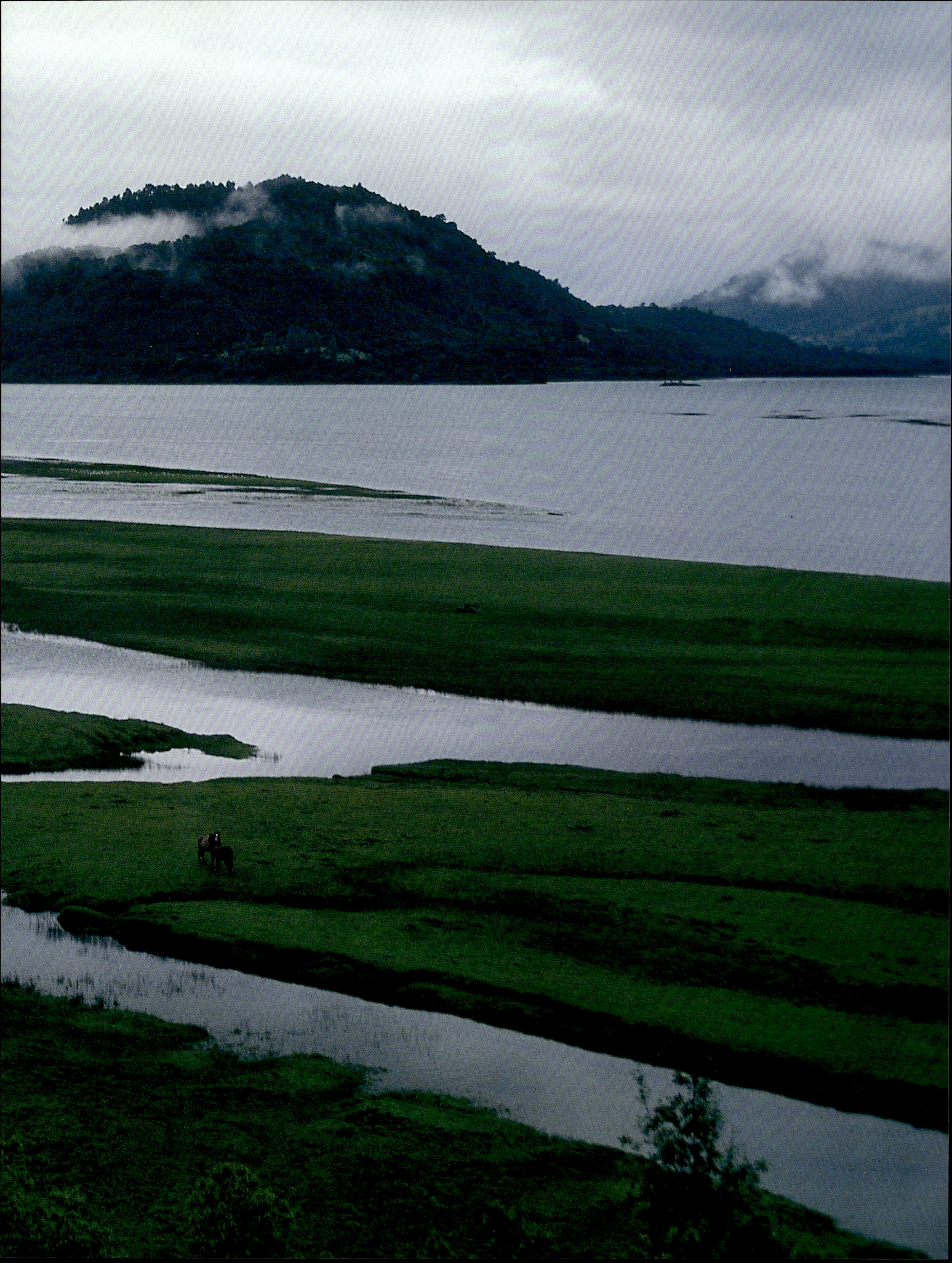

»Ein morscher Stamm, welch ein Schatz …«

Wild, fremd, geheimnisvoll: der chilenische Wald

1

4

Niemand hat ihn schöner beschrieben als der Dichter Pablo Neruda: »Unter den Vulkanen, vor den Schneebergen, zwischen den großen Seen – der wohlriechende, der wilde chilenische Wald. ... Weiter laufe ich in einen Wald aus Farnen, die viel höher sind als ich: sechzig Tränen fallen aus ihren grünen kalten Augen auf mein Gesicht, und noch lange zittern ihre Fächer unter mir ... Ein morscher Stamm, welch ein Schatz, schwarze und blaue Pilze haben ihm Ohren angehängt, rote Schmarotzerpflanzen haben ihn mit Rubinen besät ...«

Die Arten sprießen in der Tat üppig. Allein im Nationalpark Puyehue bei Osorno sind es rund 700 klassifizierte Pflanzensorten, die dem immergrünen Feuchtwald zugeschlagen werden. Die *arrayanes* mit ihrer auffälligen zimtfarbenen und hell gefleckten Rinde stehen in dem Ruf, Temperaturen abzusenken. Die Araukarie ist die Nutzpflanze und der heilige Baum der Mapuche. Bis hinunter in den Nationalpark Torres del Paine im Süden von Chile findet man verschiedene Südbuchenarten, Magnolien, Zypressenarten, Haselnussbäume, Ulmen und Lorbeerbäume. Zu dem Valdivianischen Nebelwald, der auch den Seno de Reloncaví umkränzt und wegen der Küstennebelbildung im Nationalpark Fray Jorge bei dem ansonsten sehr trockenen La Serena auftritt, werden auch Baumfarne, Bambushaine, Fuchsienbüsche (auch die Nationalblume Copihue ist eine Fuchsienart), Zimtbäume und Eichen gerechnet. Außerdem blühen viele endemische Arten, für die es keine deutschen Übersetzungen gibt. Kurzum, es ist ein Reichtum, der seinesgleichen sucht.

2

3

Überfluss verleitete zum Raubbau. Holz bildete über Jahrzehnte hinweg eines der wichtigsten Exportgüter und wurde bedenkenlos geschlagen, bis ganze Landstriche erodierten.

Sehen kann man das auf der Osterinsel, die mit Eukalyptus aufgeforstet wurde, und auf der Isla de Chiloé, wo Kiefernwälder über den ursprünglichen Bestand aus wertvollen Hölzern oberflächlich hinwegtäuschen. Doch die schnell wachsenden Kiefern und Eukalyptusbäume eignen sich bestenfalls dazu, bereits ausgewaschenen Boden vor weiterer Erosion zu schützen und ihn zu festigen. Die importierten Holzsorten vermindern die Qualität des Bodens und verhindern Humusbildung. Außerdem hat ihr Holz nicht den Nutzwert des chilenischen. Mittlerweile hat die Regierung aus ihren Verfehlungen gelernt und forstet plan- und sinnvoll wieder auf, zum Beispiel um Coyhaique herum. Früher allerdings als alle Regierungen nach Pinochet kümmerte sich ein Ausländer um den Waldbestand. Der Nordamerikaner Douglas Tompkins kaufte vor gut einem Jahrzehnt die ersten Alercenwälder am Fjordo Reñihue, um sie vor dem Abholzen zu schützen. Die langsam wachsende Alerce ist hier über 1000 Jahre alt. Mittlerweile hat er seinen Besitz weit in den Süden ausgedehnt. Tompkins und sein Parque Pumalín polarisieren ganz Chile. Wie der Streit auch entschieden werden mag: Verirren wir uns in ihm, dem chilenischen Wald! Möglich ist das an vielen Orten: bei Cochamó, Pucón, bei Puerto Fuy, Llanquihue oder Choshuenco. Denn wer ihn nicht kennt, der »kennt den Planeten nicht«, behauptet Pablo Neruda.

1 Lichte Südbuchenwälder am Lago Grey im Nationalpark Torres del Paine.
2 Flechten tropfen von Araukarien.
3 Spuren verunglückter Brandrodungen entlang der Carretera Austral.
4 Im Herbst leuchten die Farben des feuerländischen Waldes am schönsten.
5 Auf etwa 4000 Metern Meereshöhe wachsen im Isluga Nationalpark uralte Quínoa-Wälder.
6 Waldblüten des Südens in Queulat.
7 Schmarotzerpflanze in Büschen um den Lago Pehoe.

Nachfolgende Doppelseite:
Notro-Blüte (chilenischer Feuerbusch) im Alerce-Nationalpark.

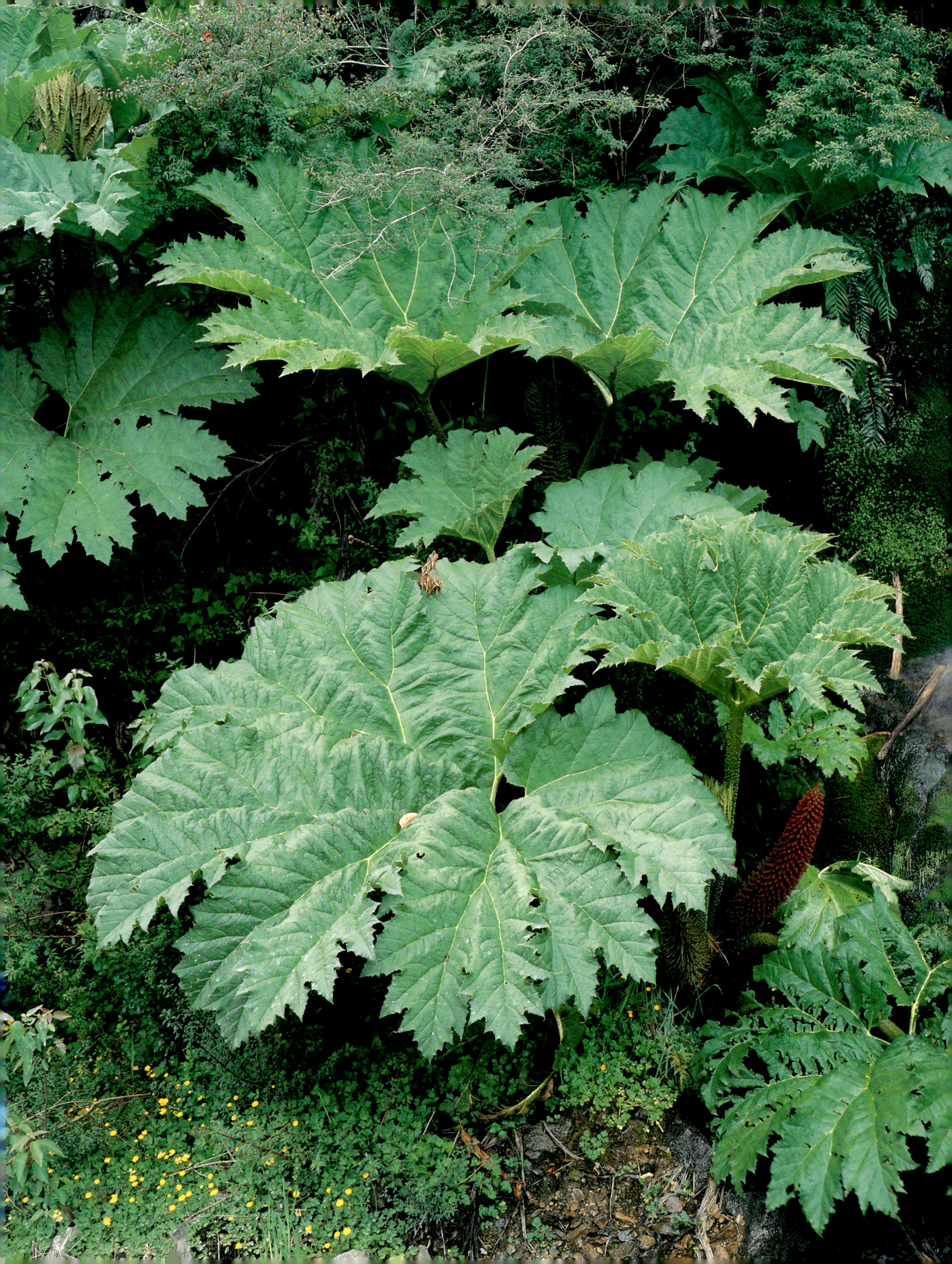

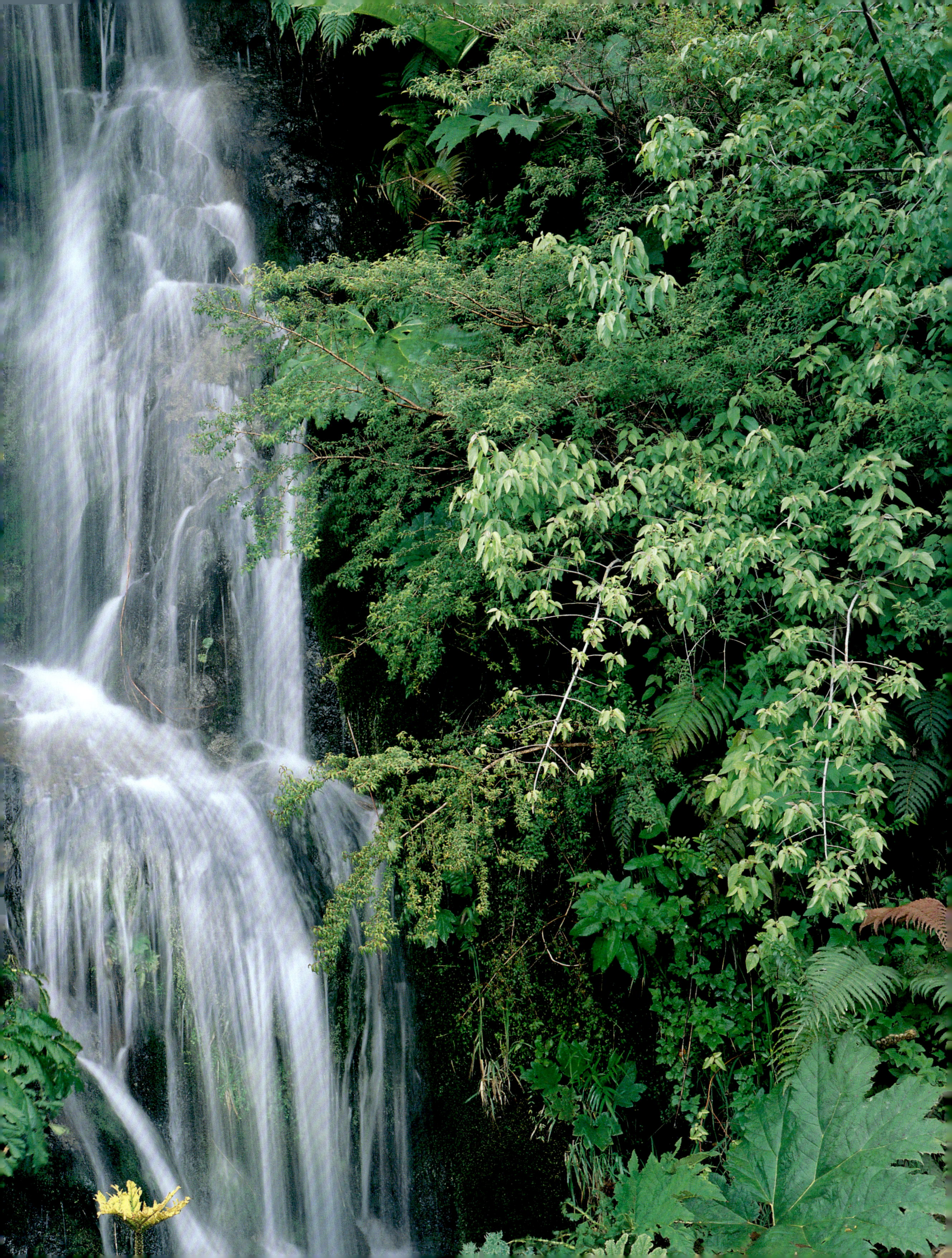

Gold, Schafe und Eis

Die Herausforderungen des Südens

Die Isla de Chiloé, nach Kuba die zweitgrößte Insel Südamerikas, liegt nur 20 Schiffsminuten vom Festland entfernt. Trotzdem eröffnet sie eine ganz neue Facette des an landschaftlichen Wechselspielen ohnehin nicht gerade armen Landes. Ist die auf dem Festland auf dem gleichen Längengrad beginnende Carretera Austral expressive Oper, liefert die Insel eher ein sanftes Schauspiel. Geografisch zählt die Insel zum Großen Süden, aber sie beharrt auf ihrer Eigenständigkeit.

Der bestimmende Duft der Isla de Chiloé ist der Rauch. Sein Aroma entströmt auf den Märkten den zahllosen Paketen mit getrockneten Algen und den Ketten aus gedörrten roten Muscheln, die von den Marktständen wie Schmuckketten herabbaumeln. Es dringt aus den Packen geräucherten Fleisches bei den Metzgern und aus den Lokalen der Markthallen, in denen das Nationalgericht der Insel aus geräuchertem Schweinefleisch, *curanto*, in riesigen Kesseln schmurgelt. Im Rauch konserviert man die Lebensmittel seit Generationen.

Schönheiten im Großen Süden: der riesige tiefblaue Lago General Carrera, ein verwunschener Südbuchenwald am Rio Grey (oben) und ein Wasserfall in der grünen Hölle des Parque Nacional Queulat (rechte Seite).

Lachs kontra Meeresfrüchte

Traditionell haben sich die Chiloten von Meeresfrüchten ernährt. Hier gibt es nicht den Unterschied zwischen einer Mies- und Venusmuschel, hier wachsen so viele Varianten von Muscheln, dass Hector, der Besitzer des Marktlokals »El Sacho de Ancud« aus Dalcahue sie im Einzelnen alle gar nicht aufzählen kann: *cholgas, choros, machas, locos, choros zapato, picarocas, piure, almejas, navajas, percebes* … Man verspeist sie roh oder doch zumindest sofort nach der Ernte, und alles, was nicht mehr in die Mägen passt, wird geräuchert, um sich im Winter davon eine Suppe kochen zu können.

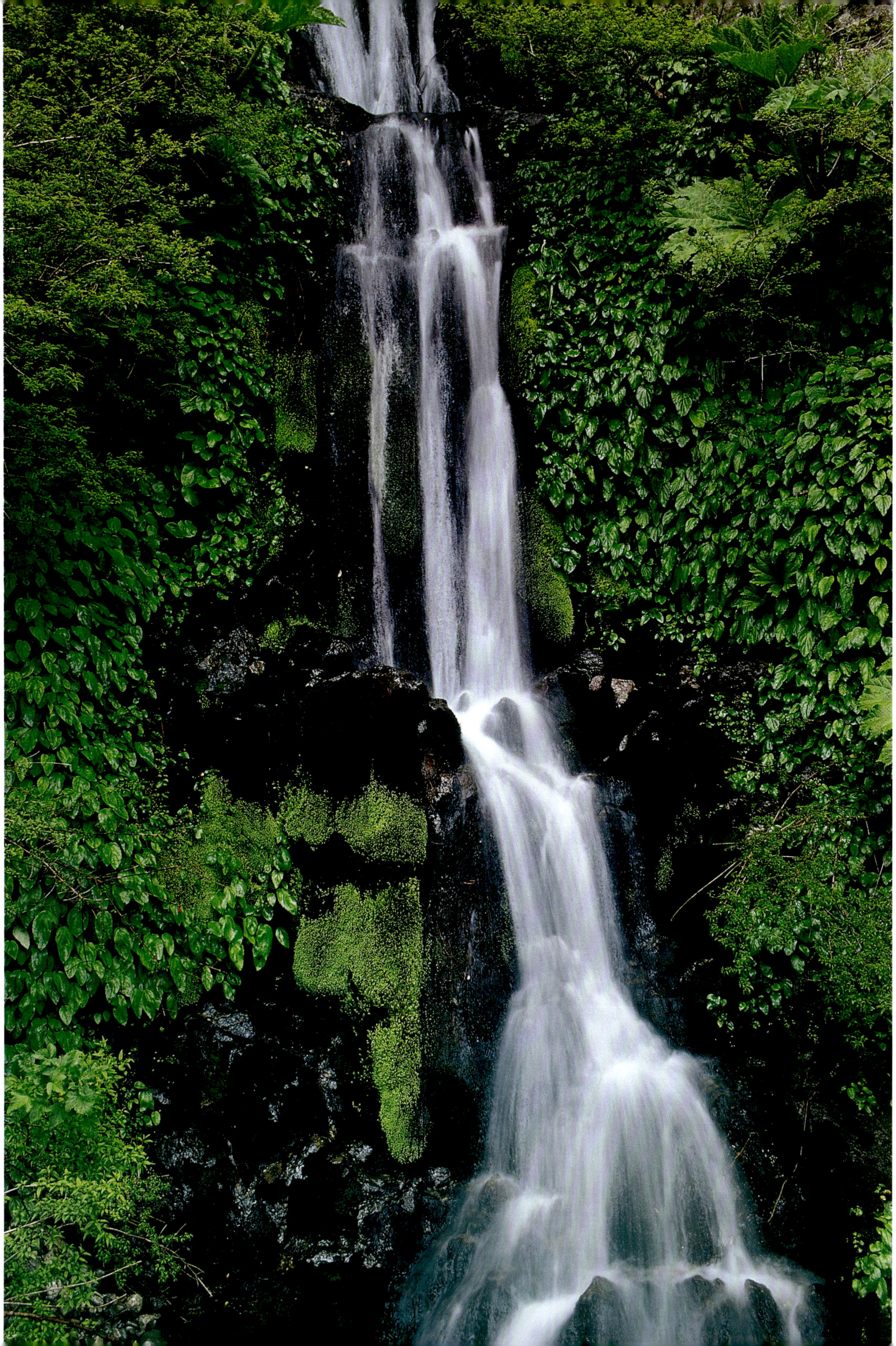

Entlang der Carretera Austral findet man Plätze voller Zauber, das »Hotel Termas de Puyuhuapi« ist einer davon (ganz oben), ein anderer sind die azurblauen Eisberge im Grey-See (oben). Das Mädchen ist die Tochter deutscher Auswanderer (rechts). Unendlich spannt sich der Himmel über die Steppe Südpatagoniens (rechte Seite oben). Holz bestimmt das Leben von Caleta Tortel (rechte Seite unten).

Wer die Insel überfliegt, kann erkennen, wie die Küsten vor dem sanft gewellten grünen Land, seine unzähligen Buchten und Landvorsprünge vollgestopft sind mit Zuchtbecken für Lachse. Doch Lachse gibt es ursprünglich nicht in Chile, sie wurden importiert und im gigantischen Maße aufgezogen. Mittlerweile ist Chile Lachsexporteur Nummer zwei in der Welt. Der Lachs beeinträchtigt allerdings die natürliche Lebensgrundlage der Muscheln, und deren Zahl und auch die Qualität nehmen kontinuierlich ab. Der Lachs verdrängt die Muschel, und das ist für die Chiloten so ähnlich, als würden die Chilenen sie, die Chiloten, verdrängen. Beider Verhältnis zueinander war nie das beste.

Chiloé wurde von den Chilenen lange Zeit abgestempelt als rückständig, arm und von Analphabeten bevölkert. Es lässt sich kaum ausschließen, dass dieses Verdikt auf der Tatsache beruht, dass Chiloé Spanien treu blieb, nachdem sich der Rest des Landes seiner Kolonialmacht entledigt hatte. Hier konnten die Royalisten bis 1826 Unterschlupf finden, nachdem die Unabhängigkeit bereits 1818 deklariert worden war. Außer der Fischindustrie siedelte man keinen weiteren Industriezweig an. Stattdessen entwaldete man die Insel im Prinzip. Was heute nicht durch Nationalparks oder Naturmonumente geschützt wird, ist zum überwiegenden Teil Plantagenwald mit geringem Nutzwert.

Exportiert hat Chiloé auch Arbeitskraft. Die Chiloten genießen den Ruf, besonders zuverlässig und ausdauernd zu sein. In der Teppichmanufaktur in Puerto Puyuhuapi wurden sie angestellt, und in Caleta Tortel arbeiteten sie als Holzfäller.

Chiloé hat seine eigene Schöpfungsgeschichte, seine eigenen Mythen und Sagen, sein Repertoire an Feen, langmähnigen Zauberinnen, virilen Gnomen und bösen Geisterschiffen. Und Chile kommt in ihren Geschichten nicht einmal vor.

Map of Southern Chile and Argentina (Patagonia)

Compass: N, O, S, W

Place names (north to south)

- Ancud, Ouemchi
- Golfo de Ancud
- Caleta Gonzalo
- Dalcahue, Tenaún
- Castro, Caleta Santa Barbara
- Cucao, Chonch, Chaitén, Amarillo
- Queilén, Puerto Cárdenas, Vn. Minchimávida 2404
- ISLA GRANDE DE CHILOÉ
- Quéllon, Co. Nevado 2042
- Lago Yelcho, Futaleufú
- Golfo Corcovado
- Villa Santa Lucía, Palena
- Pto. Raúl Marín Balmaceda
- La Junta
- Lago Verde
- ARCHIPIELAGO DE LAS GUAITECAS
- Canal Moraleda
- Puerto Puyuhuapi, *Ventisquero Colgante*
- PARQUE NACIONAL ISLA MAGDALENA
- Can. Puyuhuapi
- Pto. Cisnes
- ARCHIPELAGO DE LOS CHONOS
- Lago Pres. Roosevelt
- Mañihuales
- Puerto Aisén
- Vn. Cóndor 1830
- Coihaique
- Balmaceda
- Puerto Aguirre
- Villa Cerro Castillo
- Vn. Hudson 2500
- Puerto Cristal
- Lago Buenos Aires
- Chile Chico
- Puerto Grosse
- Lago General Carrera
- Puerto Murta
- Co. Jelnemeni 2600
- Laguna San Rafael
- Puerto Bertrand
- Cochrane
- Lago Cochrane
- PARQUE NACIONAL LAGUNA SAN RAFAEL
- Campo de Hielo Norte
- Co. Truneo 2164
- Golfo de Peñas
- Steffens Glacier
- Mte. San Lorenzo 3706
- Río Baker
- Coleta Tortel
- Puerto Yungay
- PARQUE NACIONAL BERNARDO O'HIGGINS
- Villa O'Higgins
- Co. Melize Sur 3050
- Co. O'Higgins 2910
- Campo de Hielo Sur
- Golfo Ladrillero
- Puerto Eden
- PARQUE NACIONAL BERNARDO O'HIGGINS
- Co. Murallón 2831
- Co. Bertrand 3200
- Golfo Trinidad
- ARGENTINIEN
- RESERVA NACIONAL ALACALUFES
- PARQUE NACIONAL BERNARDO O'HIGGINS
- PARQUE NACIONAL TORRES DEL PAINE
- Cerro Castillo
- RESERVA NACIONAL ALACALUFES
- Bahía Salvación
- Cueva del Milodón
- Puerto Natales
- Río Gallegos
- PEN. ANTONIO VARAS
- RESERVA NACIONAL ALACALUFES
- Punta Delgado
- Villa Tehuelches
- Seno de Skyring
- Estrecho de Magallanes
- Cerro Sombrero
- Seno Otway
- PARQUE NACIONAL ALBERTO DE AGOSTINI
- Porvenir
- Onaisín
- Río Grande
- Punta Arenas
- Bahía Inútil
- Camerón
- Punta San Juan
- Cabo San Isidro
- ISLA GRANDE DE TIERRA DEL FUEGO
- Estrecho de Magallanes
- Mte. Hurt 1087
- Lago Blanco
- Mte. Sarmiento 2235
- Mte. Darwin 2488
- PARQUE NACIONAL ALBERTO DE AGOSTINI
- Ushuaia
- Puerto Navarino
- Puerto Williams
- ISLA NAVARIN
- ISLA NUEVA
- Bahía Nassau
- ISLA LENNOX
- ISLAS WOLLASTON
- PARQUE NACIONAL CABO DE HORNOS

PAZIFISCHER OZEAN

Scale: 0 — 100 km

147

Das Bauernleben entlang der Carretera Austral ist nicht immer einfach, und einsam ist es sicherlich. Die Orte liegen weit auseinander. Der von dichten Wäldern bedeckte Boden wurde an vielen Stellen brandgerodet, um Platz für Weiden und Ackerbau zu gewinnen. Bauernhäuser aus Puyuhuapi (oben), Viehtrieb auf einer Hazienda östlich von Cochrane (rechts) und Huaso mit Ochsenjoch bei Futaleufú (rechte Seite oben).

Dieser eigenwillige Mix aus Unabhängigkeit, einer Sagenwelt und einer schönen Natur übte eine große Anziehungskraft auf chilenische Hippies aus. Plötzlich machte sich eine samtgewandete Gemeinde mit Schlafsäcken auf der Insel breit. Argwohn ist unter Chiloten wenig verbreitet, und man nahm die meist sehr jungen nationalen Touristen gern auf. Ihre Art, Ferien zu verbringen, hat das kulturelle Leben auf der Insel ein wenig inspiriert. Auf der Plaza in Ancud finden jetzt Freiluftkonzerte und Open-Air-Kino statt. Dieses Leben zieht die internationale Jugend an.

Abenteuer Carretera Austral

Auf dem Festland dagegen herrscht ein dramatisches Zusammenspiel von Gletschern, Gletscherseen und -flüssen, Hänge- und Holzbrücken, Wasserfällen, dichten Wäldern, tiefen Taleinschnitten und windiger *meseta*. Die Region ist nahezu unbesiedelt, und die wenigen Städtchen haben sich erst in den vergangenen Jahrzehnten etabliert oder vergrößert. Einsame Gehöfte und Rinderfarmen verstecken sich

Museum der Salesianer in Punta Arenas

Über den Köpfen der Besucher schwebt das Knochengerüst einer vorsintflutlichen Flugechse. Das Museo Regional Salesiano in Punta Arenas ist eine Schatzkammer erstaunlicher Exponate und ein Heimatmuseum der besonderen Art. Denn hier wird nicht nur aufbewahrt, was Wissenschaftler gefunden haben, sondern auch Fundstücke von Matrosen und Goldsuchern. Im Erdgeschoss sind ausgestopfte Tiere aufgereiht, die im Süden des Landes heimisch sind, darunter viele Vögel, Robben, Guanakos und Nagetiere. Pfeilspitzen, Wurfkugeln und Faustkeile lagern in Vitrinen, und eine nachgebaute Höhle heischt um Aufmerksamkeit. Den Klosterbrüdern gebührt auch das Verdienst, sich um die indianische Bevölkerung bemüht und sie vor der Verfolgung der Schafbarone beschützt zu haben. Das haben sie auch dokumentiert. Im ersten Stockwerk sieht man Fotos der Todeskommandos der Gutsbesitzer und der zahlreichen Hilfseinrichtungen der Salesianer: Schulen, Küchen und Nähstuben.

*Die Isla de Chiloé bildet ihren eigenen Kosmos.
Zur Touristenattraktion wurden die Pfahlbauten (großes Bild) und das
Innere der Holzkirche von Castro (rechts).
Bei der Prozession in Achao treffen sich die Insulaner (oben).
Nachfolgende Doppelseite: Herbstliche Flechtenwälder bei Puerto Natales.*

hinter Pappelalleen und Arrayanes-Wäldern. Man begegnet ab und an einem *pilchero*, Viehtreiber, hoch zu Pferd mit seinem Hund, dem chilenischen Gaucho, einigen Mountainbikern und Bussen, ansonsten herrscht Einsamkeit pur.

Die Carretera Austral führt seit 1986 von Chaitén an diesen Naturwundern vorbei. Mit dem Bau wurde unter der Militärdiktatur von Augusto Pinochet begonnen. In den Süden reicht sie seit 2000 bis nach Villa O'Higgins. Der jüngste Seitenabstecher führt seit 2004 nach Caleta Tortel. Viele weitere Abzweigungen sind geplant beziehungsweise in Arbeit. Zurzeit ist sie 1200 Kilometer lang.

Wie viele Schwierigkeiten bei diesem Mammutprojekt zu meistern waren, kann nur beurteilen, wer es sieht. Südlich von Chaitén schneiden Fjorde kilometerweit in das Land, das von Gletschern überthront und von Flüssen durchschnitten ist. Am Straßenrand erinnern Holzschilder an die verunglückten Straßenbauarbeiter. Die Carretera Austral ist bis nach Puerto Natales projektiert. Dann werden die wesentlichen Brücken geschlagen sein in einer Region, die zu Beginn des 20. Jahrhunderts fast unbewohnt gewesen ist.

Auch im Süden wurden Ende des 19. Jahrhunderts Expeditionen in die Peripherien geschickt. Unter den Leitern befand sich der Deutsche Hans Steffen, der ein Tal in der Nähe der heutigen Provinzhauptstadt Coyhaique »Kaiser Wilhelm«, Valle Emperador Guillermo, taufte. Einige wenige Pioniere zogen ebenfalls in den tiefen Süden. Es folgten Siedlungsgesellschaften meist argentinischer Provenienz, denn von dort aus ließ sich das Gelände leichter erschließen. Man schlug Holz, so viel man konnte. Einer überdimensionalen Mahnung gleich durchfurchen riesige Rodungs- und Brandspuren den gesamten Großen Süden. Für die Erschließungsgesellschaften bedeutete das Abholzen des wertvollen Baumbestandes – harte Alercen, Zypressen, Lorbeerbäume, Eichen und Südbuchen – hohe Gewinne, denn das Holz wurde für Eisenbahnschwellen gebraucht, und danach bestand überall auf der Welt eine außerordentlich hohe Nachfrage.

Auch die ersten Siedler brannten Wald ab, um Weideland und Anbaufläche zu erzielen, denn mit Äxten war den Baumriesen nicht beizukommen. Die Feuer wüteten unkontrolliert und ungehindert, am Lago General Carrera drei ganze Jahre lang.

Fortsetzung Seite 158

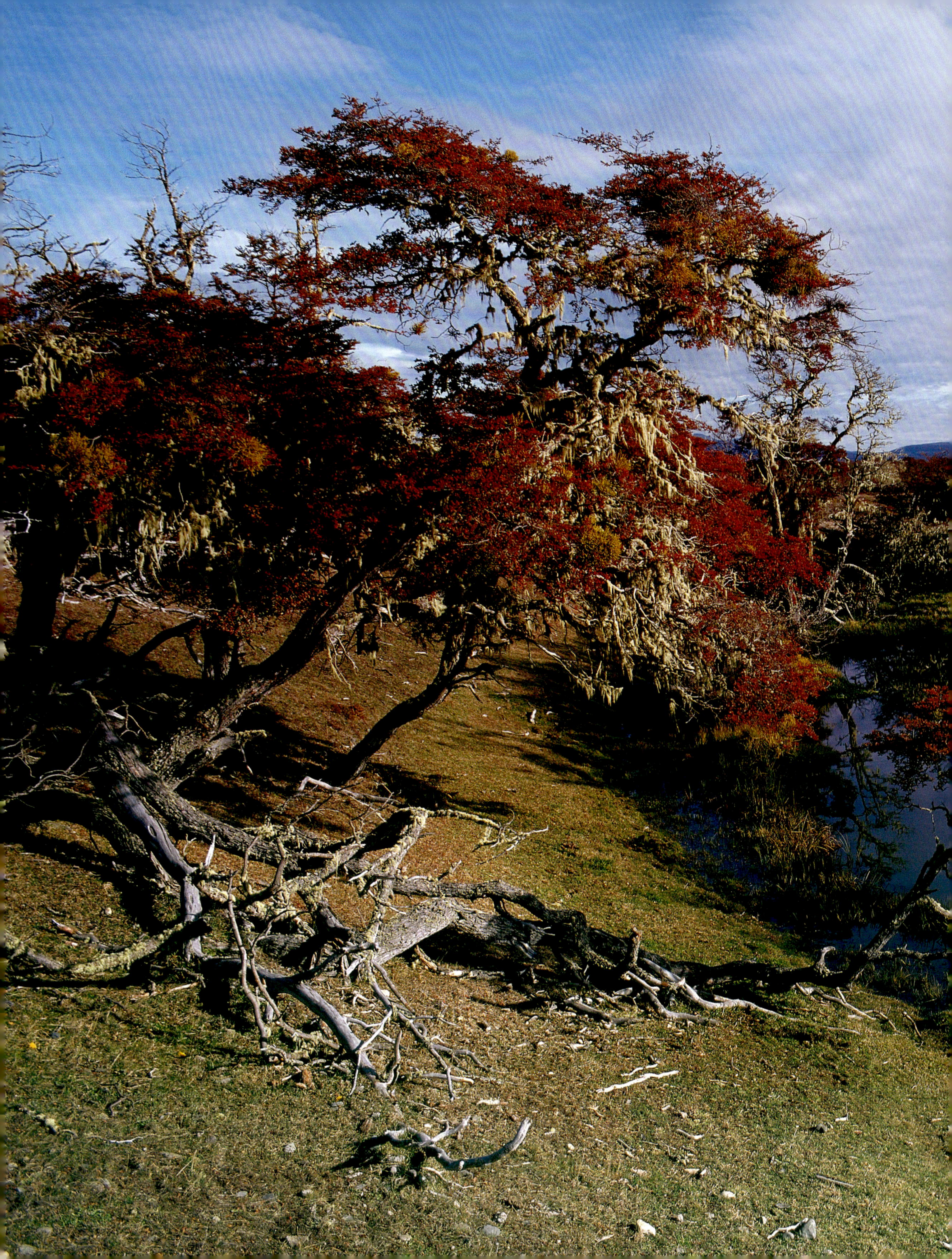

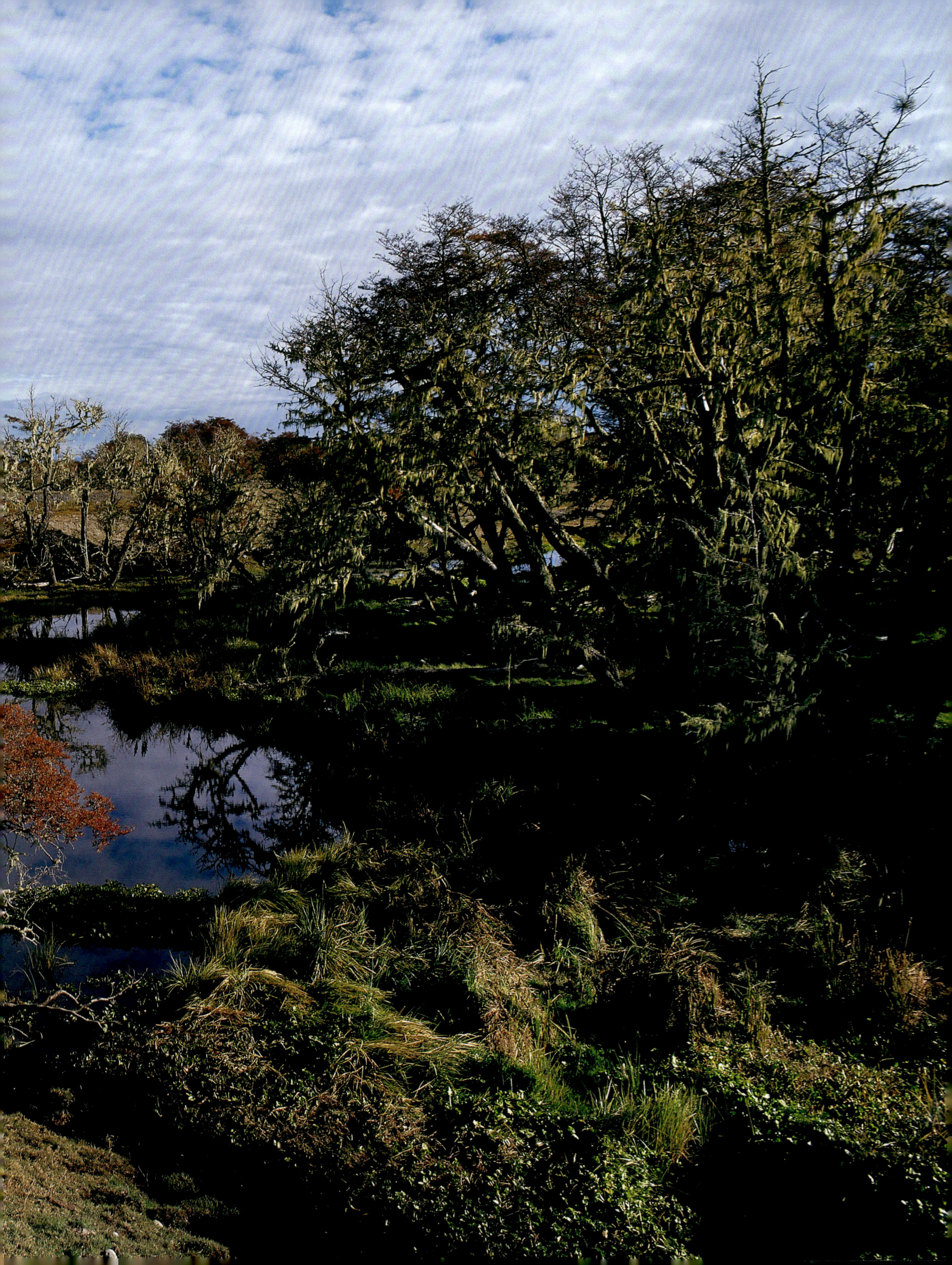

»Schreie aus Stein«

Im Nationalpark Torres del Paine

Wer auch immer die Granitzacken des Gebirgsmassivs Torres del Paine erblickt, fühlt sich zu besonderen Vergleichen herausgefordert. Die Tehuelches waren die Ersten, die sie mit einem poetischen Begriff beschrieben; sie nannten sie »Schreie aus Stein«. Wie in die Erde gefahrene Blitze sähen sie aus, auf halbem Weg versteinert, hören wir heute, wie ein Märchenschloss, weit ausgebreitet und verlassen. Das aufregendste Gebirgspanorama der Welt, konzentriert auf kleinstem Raum, loben erfahrene Bergsteiger, die schon andernorts schöne Landschaften gesehen haben.
Wir sitzen im Bus, der uns von Puerto Natales frühmorgens abgeholt hat und nun in den etwa 120 Kilometer entfernten Nationalpark bringt – mittlerweile eine der größten Attraktionen für Chile-Reisende. Die Umgebung ist tellerflach und windig, also alles andere als spektakulär. Eben schien noch strahlend die Sonne, jetzt donnern Hagelstürme über die Straße, die ein riesengroßes Schafzuchtgebiet durchschneidet. Abrupte Wetterwechsel bestimmen das örtliche Klima.
Die Spannung wächst. Ausblicke sind uns versprochen worden, lange bevor man das Gelände des Nationalparks erreicht. Und dann sieht man sie auch, in ganz weiter Ferne, die Blitze aus Granit, die Cuernos del Paine, mit Schneefeldern zwischen den Zacken, winzig. Die Vorfreude ist berechtigt.
Die drei charakteristischen Massive bestehen aus Granit, Kalk und vulkanischen Schichten. Urweltliche Gletscher haben die *cuernos* (Hörner) und *torres* (Türme) herausgesägt und gefräst, mit Zacken gekrönt, tief gemuldet, mit Drachenrücken versehen. Eisglitzernde Gletscherzungen lagern zwischen den mit Schutt gefüllten Felsspalten. Das Massiv spiegelt sich in dem je nach Sonneneinstrahlung grün oder blau aufblitzenden Lago Pehoe. Jemand hat diese Berge als Geschenk be-

zeichnet. So könnte man es durchaus sehen.

Der Parque Nacional Torres del Paine erfreut sich seit Jahren wachsender Popularität, jeder Besucher will zumindest einmal hindurchgefahren sein. Im 242 000 Hektar großen Park spielt sich auch einiges ab: wilde Guanakos durchstürmen die Steppen, und in den Seen picken *bandurrias, gaganchos* und viele Wildentenarten nach Nahrung. Margariten, Veilchen, Klee, Porzellan-Orchideen und Teufelserdbeeren breiten sich wie Teppiche über die Steppen. Wälder aus *ñire* verströmen einen intensiven Duft nach Honig. Auch diese ursprünglich von Tehuelches besiedelte Region diente Einwanderern als Weideland. Eine Rinderfarm hat sich auf dem Gelände erhalten, nachdem sie in eine *Hostería* für Gäste umgewandelt wurde. Durch das vielfältige Auf und Ab der Seen, Lagunen, Wasserfälle, Matten, Berge und Gletscher legen sich Wege, Pfade, Steige. Können, Geschick, Kondition und die Witterungsverhältnisse – es kann sehr windig sein und nahezu horizontal regnen – bestimmen die individuelle Ausbeute an Ausflügen. Besonders schön fingert sich der Grey-Gletscher in den Park hinein.

Nicht umsonst ist der Parque Nacional Torres del Paine eine der größten Attraktionen Chiles:
1 Wasserfall Gran Salto del Río Paine. 2 Dramatischer Sonnenaufgang am Lago Pehoe zu Füßen der berühmten Cuernos del Paine. 3 Die Cuernos von Norden her gesehen. 4 Herden von wilden Guanakos grasen an den Ufern des Lago Sarmiento. 5 Vis-à-vis mit ewigem Eis: an der Abbruchkante des Grey-Gletschers.

Einsames und wildes Viehzüchterland: die Andenkulisse bei Puerto Bertrand an der Carretera Austral (oben). Das urige Cochrane bildet einen kleinen Handelsknotenpunkt für die Bauern der Region (rechts oben). Im Krämerladen von Cochrane ist man aus diesem Grund auch gut sortiert (rechts unten).

Gekaufte Wildnis: Parque Pumalín

Die Wälder zu schützen und damit die grüne Lunge des Landes zu erhalten, hat sich nicht etwa ein Chilene, sondern ein Nordamerikaner vorgenommen. Douglas Tompkins aus San Francisco, Mitbegründer der Textilfirmen Esprit und The North Face, kauft seit 1992 chilenisches Land. Mittlerweile umfasst sein Projekt Pumalín Alercenwälder von Hornopirén, dem Reñihue-Fjord bis zum Vulkan Michinmáhuida. Viele Jahre kämpfte er um die Anerkennung seines Projektes als Nationalpark. Er galt als umstritten: Ökoterrorist sagen die einen, der wichtigste Umweltschützer von Chile, sagen die anderen, und: Man müsste sich schämen, dass keine Chilenen Ähnliches leisten würden. Mittlerweile hat er den Parque Pumalín in eine chilenische Stiftung mit der Auflage überführt, ihn als Naturpark zu kategorisieren. Die Gemüter haben sich beruhigt.

1936 gründeten die Deutschen Hopperdietzel und Grosse mit zwei weiteren Einwanderern Puerto Puyuhuapi. Der Weiler liegt im Niemandsland aus Fjorden, Baumfarnen und Gletschern. Die Textilingenieure bauten eine Teppichmanufaktur auf, die heute noch in Betrieb ist – 13 Chilotinnen arbeiten an den Webstühlen. Señor Hopperdietzel junior zieht aus der Westentasche die Internetadresse: Die Teppiche können also auch von fernen Kontinenten aus bestellt werden. Das ist kaum zu glauben, wenn man durch den Ort spaziert, in dem die Zeit stehen geblieben zu sein scheint. Gemütlich wirkt er, aber auch arm.

Fast schon könnte man es ein Wildwest-Gefühl nennen. Die wenigen Ortschaften, die in der grandiosen Landschaft unter Vulkanen und Seen aufblitzen, haben etwas Trotziges, Pionierhaftes. Sie liegen geduckt unter scharfen Winden wie Puerto Ibáñez am tuschkastenblauen Lago General Carrera, dem zweitgrößten See Südamerikas – der größte ist der Lago de Titicaca –, sind eine stolze Wellblechansammlung wie Villa Cerro Castillo, ein wenig vernachlässigt wie Puerto Guadal. Aber überall, wie im bezaubernden Caleta Tortel oder in Villa O'Higgins, strahlen sie große Gastfreundschaft aus. Vermutlich, weil es die Bewohner lieben, hier zu sein und Fremde zu empfangen. Und so sprengen die Bauarbeitertrupps weiter fleißig den Fels zur Seite, um die Carretera Austral bis nach Puerto Natales voranzubringen. Dort, wo man vor ein paar Jahrzehnten noch ausgestorbene Urzeittiere am Leben vermutete, liegt heute einer der attraktivsten Nationalparks von Chile, der berühmte Nationalpark Torres del Paine. Und Puerto Natales bildet den perfekten Ausgangspunkt, ihn zu erkunden.

Großes weites Land der Schafe

An der südlichsten Landspitze Chiles, gegenüber von Feuerland, wohin die straffällig gewordenen Geisteskranken des Landes weggesperrt worden waren und wo ein einsames Fort den Anspruch der Chilenen auf die magellanische Küste vertrat, kauften in den achtziger Jahren des 19. Jahrhunderts drei Familien enorme Landmengen auf, um Schaffarmen zu betreiben.

José Nogueira, Maria Behety, Sara und Mauricio Braun-Menéndez errichteten ein Imperium auf mehreren Millionen Hektar Land. Von den immensen Gewinnen ließen sie sich allen erdenklichen

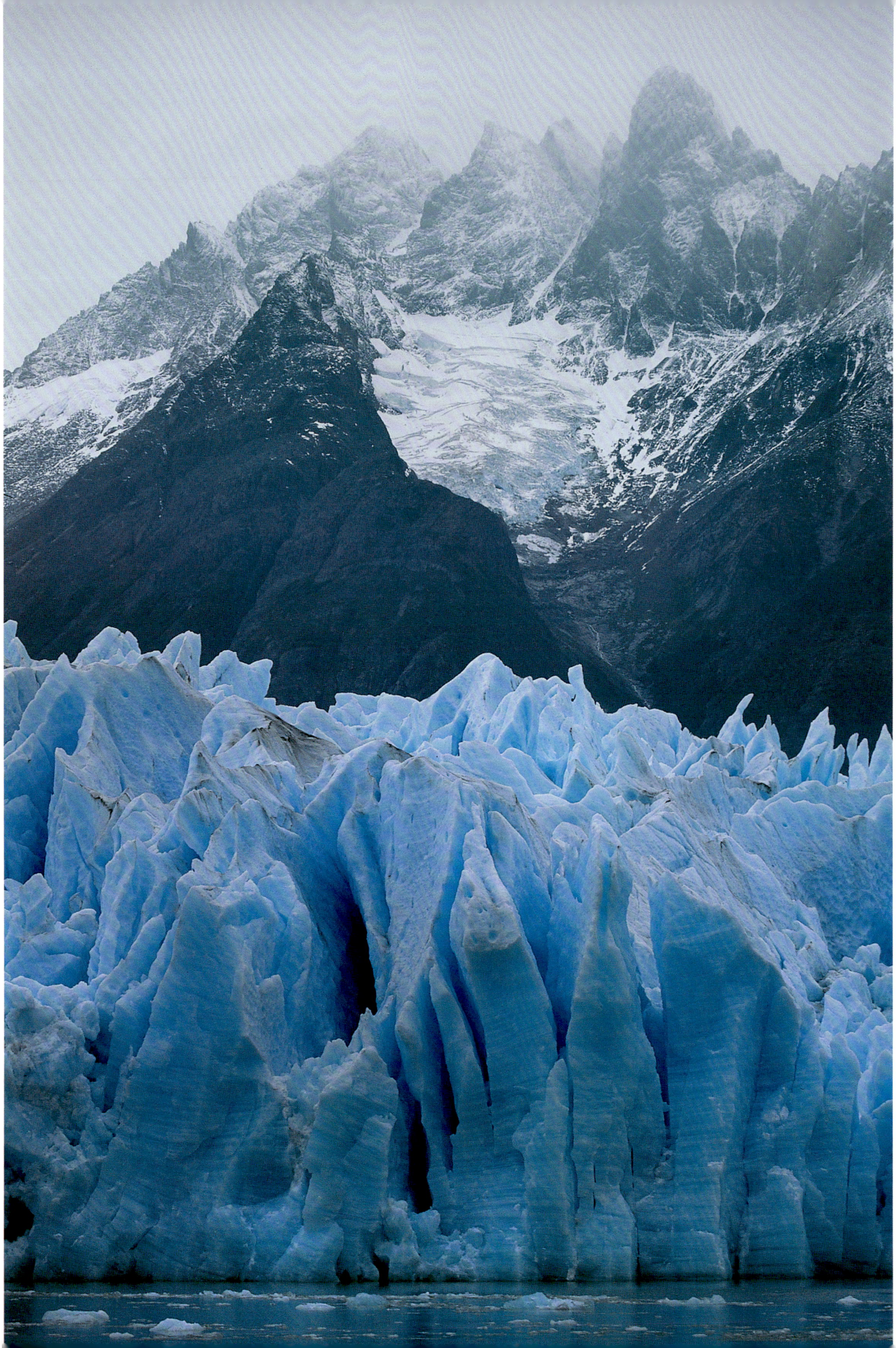

Luxus nach Punta Arenas bringen: Samtportieren, englische Stiche, Antiquitäten, kostbares Kristallglas. Man residierte in Villen mit Wintergärten, ging zum Ball und in die Oper. Wer von Norden kommt, reibt sich die Augen: Hatte man sich schon an den Anblick windschiefer, anspruchsloser Holzhäuser gewöhnt, so sieht man plötzlich elegante Steinhäuser.

Ihr Land hingegen verwandelten die Viehbarone in ein großes Gefängnis für die nomadisierenden Tehuelches und Selk'nam. Angeblich raubten ihnen die Indianer die Herden. Die chilenische Regierung intervenierte nicht, und so machte man sich ungehindert und ungestraft auf Menschenjagd: Dafür heuerte man heruntergekommene ehemalige Goldsucher an, die die Indianer vertreiben und nötigenfalls auch töten sollten. Die einzigen Zufluchtsorte für die Indianer waren die Klöster der Salesianer.

Eine Welt aus Eis und Wasser bestimmt den Großen Süden: der Grey-Gletscher (linke Seite), Eisberge im Beagle-Kanal (unten Mitte) und die Marmorkathedralen bei Puerto Tranquilo im Lago General Carrera (links) lassen sich per Boot erkunden (ganz unten).

Nachfolgende Doppelseite: Gletscher in der Laguna San Rafael, einer der größten Naturschönheiten Chiles.

Feuerland, Ende der Welt

Wie ein Fels in der Brandung ragt die Mole vor Porvenir ins Meer. Schwarzhalsschwäne empfangen die Fähren aus Punta Arenas, ein sicherer Hafen auf dem sagenhaften Feuerland. Nichts gemahnt an Wildwest und Goldrausch: Kirche, ein Museum und Blumenkübel auf der Plaza. Das kleine Museum erinnert an die ersten Siedler kroatischer Herkunft, an die Selk'nam und zeigt Fotos von Goldbaggern im Einsatz. Wer nach Feuerland kam, suchte Gold oder verdingte sich auf den Schaffarmen, die sich in dieser Ecke des Landes häufig im Besitz von Schotten befanden. Auch Robbenschlächter und Walfänger hatten seit Mitte des 19. Jahrhunderts das Südmeer gekreuzt, und man stößt noch heute an vielen Orten auf Tranpötte und die Überreste gejagter Tiere. In Puerto Williams, der südlichsten Stadt der Welt, einer blitzblanken Siedlung inmitten schöner Wälder unter den Granitzacken des Gebirgsmassivs Dientes de Navarino, bewahrt und pflegt man die Erinnerungen. In einem Museum sind die berühmten Fotos des Breslauer Missionars Martin Gusinde ausgestellt, der als einziger Weißer den Riten der Selk'nam beiwohnen und sie fotografieren durfte, sowie ein paar Exponate zur Flora und Fauna Feuerlands. Die größte Attraktion von Puerto Williams liegt allerdings über hundert Kilometer weiter südlich: das Kap Hoorn, wo laut Darwin selbst dem Teufel die Hölle einfriert. Das Ende der Welt, *fin del mundo*, ist erreicht.

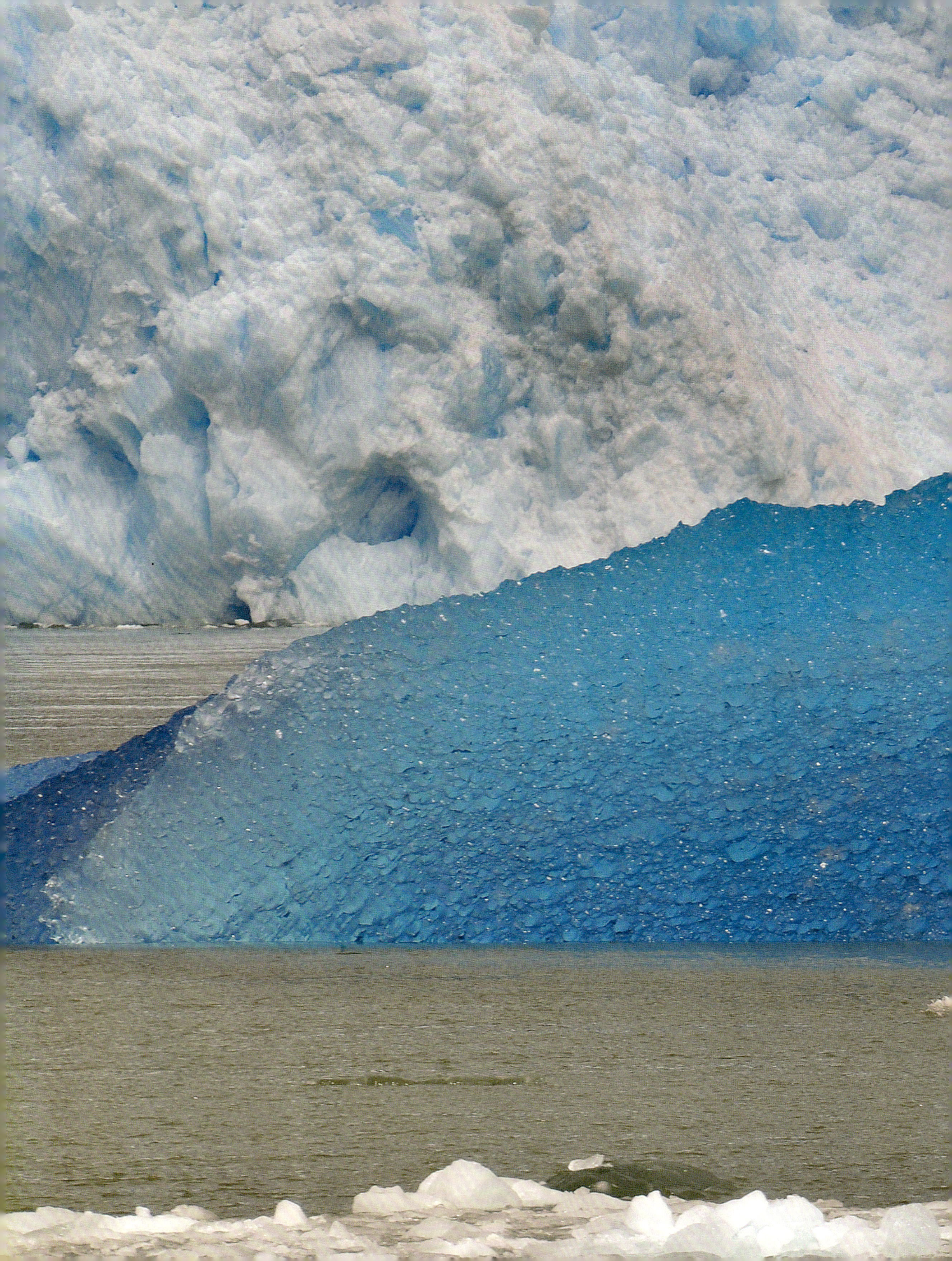

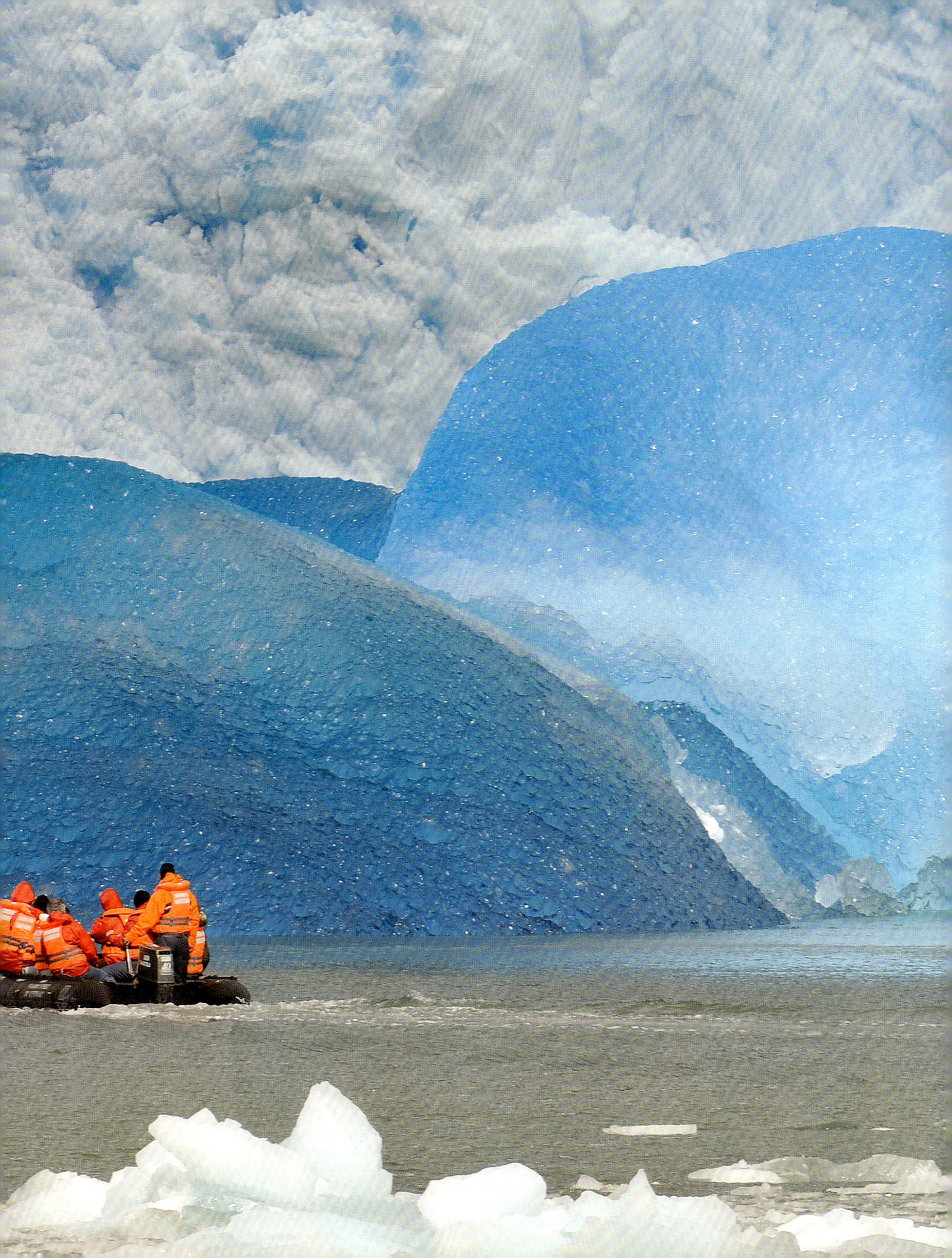

Unbekannte Wege: Es gibt nur Stege und Treppen in Caleta Tortel (oben). Magellanpinguine bevölkern die Küsten des Seno Otway (Mitte). Weiß und glänzend erhebt sich die noch weitgehend unerforschte Darwinkordillere über dem Beagle-Kanal (rechts).

Nachfolgende Doppelseite: Land am Ende der Welt: der Río Baker bei Cochrane.

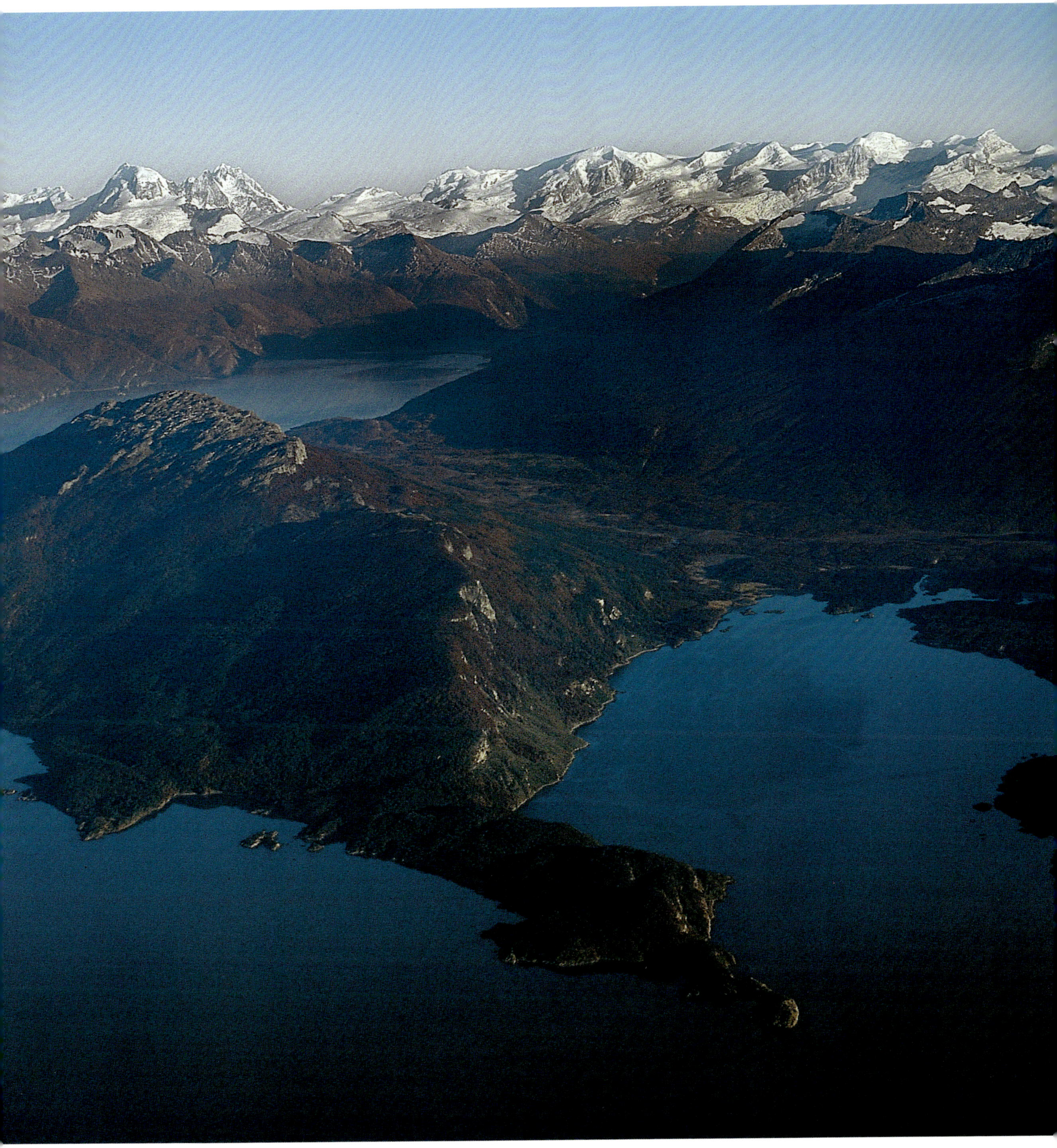

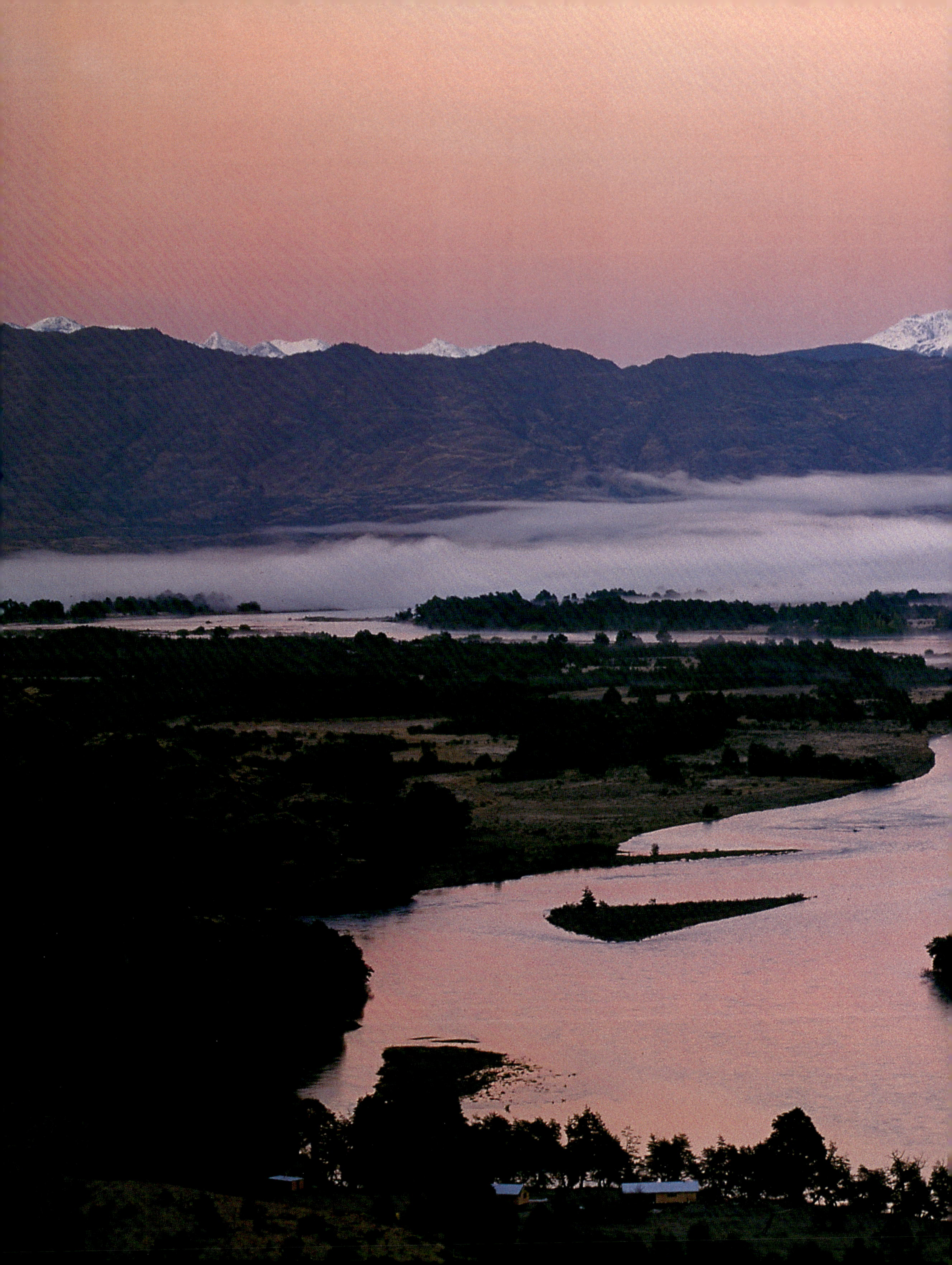

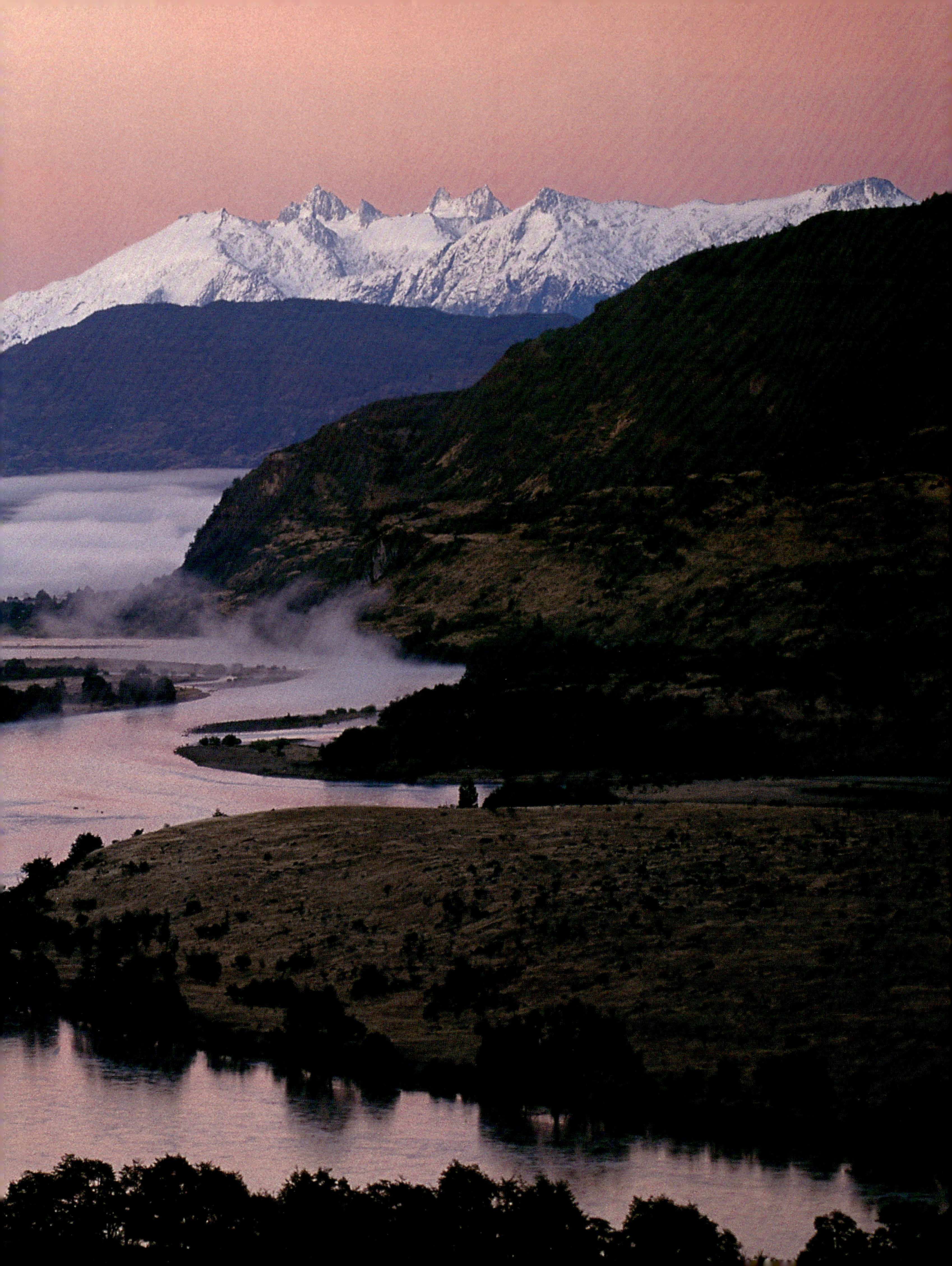

Willkommen in der Natur

Nächtigen in außergewöhnlichen Hotels

Die ungewöhnlichsten Hotels verstecken sich in einem Land mit solch grandioser Natur abseits großer Städte und Straßen.
Ein schönes Beispiel dafür liefert das Hotel »Termas de Puyuhuapi« am gleichnamigen Fjord, zu dem man nur per Fähre übersetzen kann. Man ist überrascht, südlich des gottverlassenen Fleckens Puerto Puyuhuapi an der Carretera Austral ein so behagliches Thermalhotel mit ausgezeichneter Küche zu finden.
Der stilvoll gegliederte Holz- und Glasbau des Hotels breitet sich am schwarzkieseligen Strand aus. Man sitzt draußen unter Nalcablättern, Farnen und Copihuebüschen im dampfenden Thermalbad und genießt die Aussicht auf den Fjord. Ein glänzendes Angebot ist der Törn zum kalbenden Gletscher der Laguna San Rafael.
Am Ufer des Risopatrón-Sees vor Puerto Puyuhuapi liegen die Holzvillas der »Hostería El Pangue«, die gleichfalls sehr schöne Ausflugsprogramme anbietet.
Richtig sportlich geht es in der »Terra Luna Lodge« am Lago General Carrera bei Puerto Guadal zu. Der Besitzer Philippe Reuter ist selbst schon tagelang über Gletscher gewandert oder Vulkane hinaufgeradelt, also kann man das in seiner Lodge

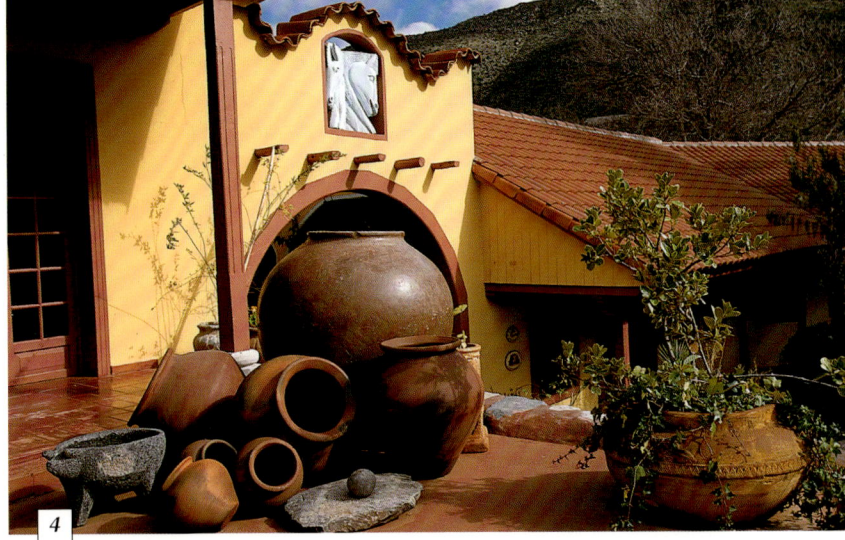

ebenfalls buchen. Man kann seine Tage aber auch faul am See verbringen. Steckenpferd des Señor Christensen vom »Mallín Colorado« ist die Vogelbeobachtung. Die aus Dänemark stammende Familie bietet ebenfalls am Lago General Carrera in einem großen Gartenareal hochkomfortable Holzhäuser an.

Auch die »Hacienda de los Andes« muss man erst einmal aufstöbern. Herrenhaus und Anbau am Ufer des Río Hurtado pflegen den gediegenen Gutsherrenstil. Lieblingsbeschäftigung von Manuela Paradeiser und Clark Stede ist die Pferdezucht, Ausritte gehören folglich zum Standardprogramm. Wer hier wandert, wird nicht in die Wüste geschickt: Das Wanderprogramm hat man selbst erstellt.

1 und 4 Eine Oase im Kleinen Norden: die »Hacienda de los Andes« im Valle Hurtado. Sie stellt eine schöne Mischung aus Spanien und Toskana dar: Terrakotta, Fliesen, Blumen und Strandmuscheln als Kiesersatz.
2 Sehr beliebt: eine Osteria in Pisco Elqui.
3 Puristisch und kühl wirkt das Adobe-Hotel »Terrantai« in San Pedro de Atacama, bei dem ausschließlich Materialien der Region verbaut wurden.
5 Thermaloasen zwischen Baumfarnen und Fuchsienbüschen bietet das Hotel »Termas de Puyuhuapi«.

Planen, Reisen, Genießen

Größe/Lage/Naturraum

Chile grenzt im Norden an Peru, im Nordosten an Bolivien, hat eine 6435 Kilometer lange Pazifikküste und teilt sich im Osten die Andenkette mit Argentinien. Es umfasst 756 096 Quadratkilometer mit Osterinsel sowie dem aus vier Inseln bestehenden Archipel Juan Fernández und den unbewohnten Inseln Seca und Gómez.

Ein Kaktus bewacht den Pass im Elqui-Tal (oben).
Die Caleta Portales zwischen Valparaíso und Viña del Mar (oben Mitte).
Im Nationalpark Fray Jorge, einem Biosphärenreservat der UNESCO (rechts).

Die Kontraste sind groß: Im Norden liegt die Atacama, die trockenste Wüste der Welt, und an der zerborstenen Südspitze das größte zusammenhängende Eisfeld zwischen Karibik und Antarktis, der Campo de Hielo Sur. Zwei parallel verlaufende Gebirgszüge gliedern Chile auf (fast) seiner gesamten Länge: die vulkanischen Anden und das Küstenbergland, das der Pazifik südlich von Puerto Montt zu einem Insel- und Kanallabyrinth aufsplittert. Das dazwischen liegende Valle Longitudinal, Längstal, ist besonders in der Zentralregion zu fruchtbaren Becken und Mulden geformt. Das Land gliedert sich in den Großen Norden, den Kleinen Norden, die Zentralzone, den Kleinen Süden, den Großen Süden.

Flora und Fauna

Die zwischen den Andengipfeln des Großen Nordens siedelnden Aymara bauen in großen Höhen Mais, Oregano, Oliven, Quínoa, Zwiebeln, Karotten, Knoblauch und Kartoffeln an. Abseits ihrer schmalen Kulturflächen sieht man Kandelaber- und Säulenkakteen, niedrig wachsende Flechten und Dornengewächse. In den Hochmooren stolzieren Flamingos, schwimmen viele heimische Enten- und seltene Blesshuhnarten. Sie bilden das natürliche Habitat für Lamas, Alpakas und Vikunjas. Nach Süden hin wird das Pflanzenkleid dichter und höher. Winterliche Regenschauer bescheren dem Kleinen Norden blühende Kräuterwiesen.

Interessant sind die kleinen Inseln vor der Küste von La Serena: In der Reserva Humboldt werden Robben, Pinguine und viele Seevögel geschützt. Hier befindet sich eine der drei Delfinkolonien der Welt.
Zentral- und Südchile sind das Reich des Kondor. Tief im Süden stößt man auf Pinguinkolonien (Isla de Magdalena bei Punta Arenas), auf Robben, den Pampastrauß Ñandú, Schwarzhalsschwäne und Guanakos. Dichte Wälder bedeckten einst die gesamte Zone südlich von Concepción, doch Holz ist Chiles Exportschlager. Ulmen, Eichen, Lärchen, Arrayane und Süd-

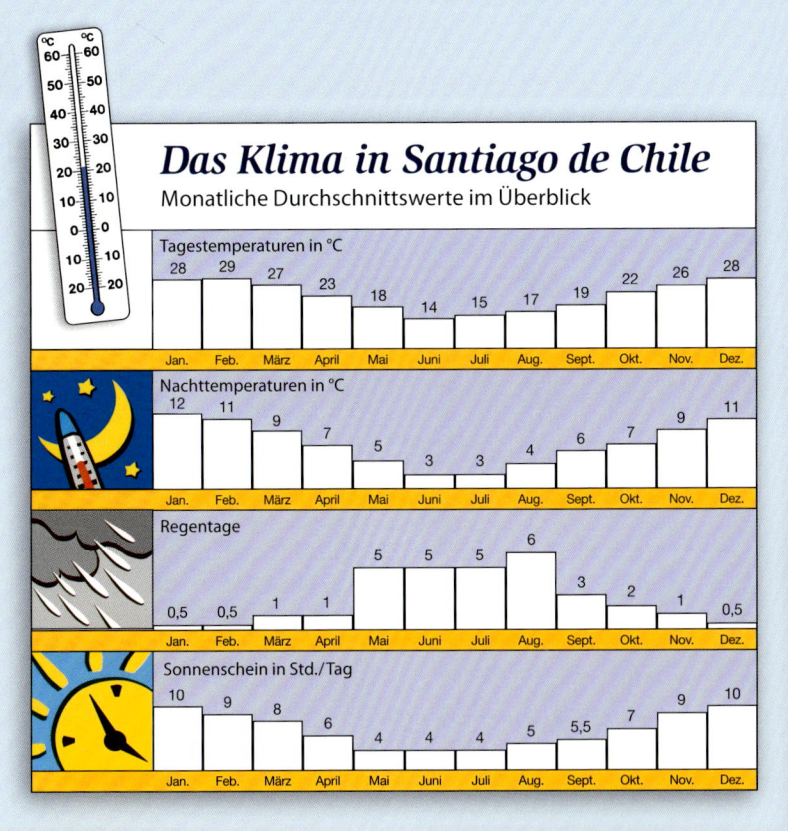

Das Klima in Santiago de Chile
Monatliche Durchschnittswerte im Überblick

Tagestemperaturen in °C
Jan.	Feb.	März	April	Mai	Juni	Juli	Aug.	Sept.	Okt.	Nov.	Dez.
28	29	27	23	18	14	15	17	19	22	26	28

Nachttemperaturen in °C
Jan.	Feb.	März	April	Mai	Juni	Juli	Aug.	Sept.	Okt.	Nov.	Dez.
12	11	9	7	5	3	3	4	6	7	9	11

Regentage
Jan.	Feb.	März	April	Mai	Juni	Juli	Aug.	Sept.	Okt.	Nov.	Dez.
0,5	0,5	1	1	5	5	5	6	3	2	1	0,5

Sonnenschein in Std./Tag
Jan.	Feb.	März	April	Mai	Juni	Juli	Aug.	Sept.	Okt.	Nov.	Dez.
10	9	8	6	4	4	4	5	5,5	7	9	10

buchen landen zu Holzchips geschreddert auf Frachtschiffen nach Japan und Kanada. Mittlerweile steht die Alerce (Lärche) unter Naturschutz, und Umweltthemen werden angepackt, nicht zuletzt weil die Waldgebiete des Südens ein wichtiges touristisches Potenzial sind.

Am Mondsichelstrand von Zapallar brechen sich sanft die Wellen des Pazifik (oben).
Skifahren in den Anden in Portillo (oben Mitte).
Beim Marienfest in Aiquina spielen auch archaische Figuren eine Rolle (rechts).

Klima/Reisezeit

Chile erstreckt sich über 4329 Kilometer und 39 Breitengrade, was etwa der Entfernung von Norwegen bis zur Sahara entspricht. Die zahlreichen unterschiedlichen Klimazonen und Landschaften machen das Reisen das ganze Jahr über möglich. Die Chilenen reisen am liebsten zwischen Mitte Dezember und Mitte März und sorgen dann für gut gefüllte Hotels in den Touristenzielen. Wer in dieser Jahreszeit zum Beispiel den Nationalpark Torres del Paine besuchen möchte, sollte frühzeitig buchen.

Nordchile kann das ganze Jahr über bereist werden, für Südchile sind die Monate Oktober bis März ideal, sofern man keinen Skiurlaub plant.

Die Temperaturen variieren je nach Höhe und Nähe zum Meer.

Während im Norden trockenes und heißes Klima herrscht, fällt der äußerste Süden kühl und windig aus. Mittelchile hat ein angenehmes, fast mediterranes Klima. Generell können die Temperaturunterschiede zwischen Tag und Nacht sehr groß sein, in der Atacama-Wüste betragen sie mitunter 30 Grad. Von Juni bis Oktober ist es in Santiago und weiter südlich relativ kühl, in den Anden liegt zu dieser Zeit Schnee. Die Osterinsel liegt etwa 3800 Kilometer vom Festland entfernt und verfügt daher über ein völlig anderes Klima. Die Temperaturen variieren dort nicht so stark. Die Durchschnittswerte liegen bei 24 Grad Celsius im Januar und 18 Grad Celsius im Juli, die höchste Niederschlagsmenge verzeichnen die Monate zwischen Mai und September. Wer also das gesamte Land besuchen will, reist am besten zwischen Ende September und April.

Feste/Feiertage

1. Januar – Neujahr (Año Nuevo)
Ostern (Pascua). Ostermontag wird nicht begangen.
1. Mai – Tag der Arbeit (Día del Obrero)
21. Mai – Jahrestag der Schlacht von Iquique (Combate Naval de Iquique 21 de Mayo 1879)
29. Juni – Peter und Paul (San Pedro y San Pablo)
15. August – Mariä Himmelfahrt (Asunción)
18. September – Unabhängigkeitstag (Día de la Independencia)
12. Oktober – Tag der Entdeckung Amerikas (Día de la Raza)
1. November – Allerheiligen (Todos los Santos)
8. Dezember – Unbefleckte Empfängnis (Immaculada Concepción)
25. Dezember – Weihnachten (Navidad). Am Heiligabend wird offiziell gearbeitet, und es gibt keinen zweiten Weihnachtstag.

Anreise

Mindestens 17 Stunden dauert ein Flug nach Chile, immer unterbrochen von mindestens

einem Stopp. Täglich fliegt die chilenische Airline Lan Chile von Frankfurt über Madrid nach Santiago, Lufthansa über Buenos Aires.
Zur Einreise brauchen Deutsche, Österreicher und Schweizer kein Visum. Die während des Fluges oder nach der Ankunft verteilte *tarjeta de turismo* berechtigt zu einem Aufenthalt von 90 Tagen, der einmalig um 30 Tage verlängert werden kann. Dies muss mindestens 30 Tage vor Ablauf der Touristenkarte bei der Ausländerbehörde (Extranjería, Agustinas 1235, 2. Stock, kostet 100 US-Dollar) oder der jeweiligen Provinzverwaltung (Gobernación Provincial) beantragt werden. Eine Kopie der Touristenkarte verbleibt im Pass und ist bei der Ausreise wieder abzugeben.
Weitere Informationen unter: www.embajadaconsuladoschile.de, www.auswaertiges-amt.de

Gesundheit

In Santiago und einigen Großstädten entspricht die ärztliche Versorgung und die Ausstattung der Apotheken deutschem Standard.
In den Botschaften erfährt man die Namen von deutschsprachigen Ärzten und von Krankenhäusern, in denen Deutsch gesprochen wird. Rechnungen sollte man aufheben und im Original bei der Gesellschaft einreichen, mit der man eine Reisekrankenversicherung abgeschlossen hat.
Apotheken *(farmacías)* führen häufig auch Kosmetika und Drogerieartikel.
Auf 24-Stunden-, Nacht- und Wochenenddienste macht das Schild »turno« aufmerksam.

Auskunft

Die dem Generalkonsulat in Hamburg angeschlossene Organisation Prochile, Generalkonsulat von Chile, Kleine Reichenstraße 1, 20457 Hamburg, erteilt touristische Auskünfte über das Land.
Zur Kontaktaufnahme und für grundlegende Informationen wie über deutsche und chilenische Reiseveranstalter, Reisezeit, Verkehrsverbindungen, Feiertage besucht man ihr Portal www.chileinfo.de
Die staatliche Touristeninformation Sernatur, www.sernatur.cl, unterhält neben ihrem Hauptsitz in Santiago ebenfalls in jeder Regionalhauptstadt und in vielen weiteren Ortschaften Auskunftsbüros, die viele Broschüren bereithalten. Turistel heißt einer der ausführlichsten chilenischen Reiseführer, der auch eine englischsprachige Website hat: www.turistel.cl.
 Weitere nützliche Websites sind www.visit-chile.org, die Seite des Veranstalter-Verbandes Corporación de Promoción Turística de Chile mit Artikeln, Hinweisen und Tipps auf Englisch und Spanisch sowie www.chile-web.de, ein Tourismusforum mit Artkeln, Bücherrezensionen und Tipps.

Baden

Der kühle Humboldt-Strom lässt die Temperaturen in den beliebtesten Pazifik-Strandbädern der Zentralzone wie Viña del Mar, Reñaca und La Serena nicht höher als 20–21 Grad Celsius steigen, im Süden ist das Meer zu kalt zum Schwimmen. Iquique und Arica weisen fast das

Gelandet am Ende der Welt: auf dem Flughafen der Osterinsel Hanga Roa (unten links).
Am Mercado Fluvial in Valdivia (links).
Kalksteinformation bei Iquique (unten).

ganze Jahr über geeignete Badetemperaturen auf.
An der Seenzone im Kleinen Süden reihen sich ebenfalls attraktive Strandbäder aneinander, beliebt ist der Lava-Strand des Villarrica-Sees in Pucón, daneben Caburgua und die Seen Calafquén und Llanquihue mit den Ortschaften Puerto Varas und Frutillar.

Einkaufen

Santiago schmückt sich seit Jahren mit den teuersten, größten und modernsten Einkaufszentren ganz Südamerikas. Galerías und Einkaufspassagen sind die beliebtesten Treffpunkte in den Städten.
Die weniger Betuchten treffen sich auf den *ferias persas*: wörtlich, den persischen Märkten. Einen Besuch lohnen die Lebensmittelmärkte. Der Mercado Municipal der Hauptstadt hat sich zum Touristenmagneten entwickelt. Der Markt von Temuco ist eine der größten

Fortsetzung Seite 174

On the road

Mit dem Wohnmobil durch Chile

Flammendrot schießen die Dampffontänen der Tatio-Geysire in den violetten Abendhimmel des Altiplano. Kurz darauf legt sich pechschwarze Nacht über das 4500 Meter hoch gelegene Tal. Weit und breit kein Zeichen menschlichen Lebens – außer uns. Und wir beobachten das Spektakel auch nur, weil wir im Wohnmobil unterwegs sind. Zu gefährlich wäre die nächtliche Rückfahrt zum nächstgelegenen Hotel, zu kalt die Übernachtung im Zelt.

Chile ist reich an Orten, deren Magie sich nur dem erschließt, der auch die Nächte dort verweilen kann. Kein Hotelreisender erlebt das rosarote Gewitter Tausender, in der Morgensonne startender Flamingos am Salar de Surire oder die sich aus dem Pazifiknebel erhebende Sonne am Pan de Azúcar oder die morgendliche Stille im Myrtenwald des Lago Rieco.

Wem Zelten zu nass, zu kalt oder zu unbequem ist, dem bietet sich seit einigen Jahren die Möglichkeit, das Land per Wohnmobil zu erforschen (Holiday Rent Campers Santiago). Und Chile ist für Wohnmobilisten, mit Ausnahme der Umgebung großer Städte, ein ausgesprochen sicheres Pflaster. Neben einem dichten Netz an Campingplätzen (Turistel Campingführer) gibt es zahlreiche Standplätze in freier Natur, an denen problemlos eine Nacht verbracht werden kann. Maxime ist die bewährte Regel aller Camper: Leave nothing but your footprints. Ranger reagieren zunehmend empfindlich auf von Campern liegen gelassenen Zivilisationsmüll.

Wer sich aber an die wenigen sinnvollen Regeln hält, der erlebt in Chile mit dem Wohnmobil Reisen, die im stressgeplagten und dicht bevölkerten Europa seit Jahrzehnten Geschichte sind.

Ankunft im Nationalpark Pan de Azúcar (ganz oben) und willkommener Picknickplatz am Strand (ganz links) und im Parque Nacional Fray Jorge (oben). Hängebrücke am Lago General Carrera (links).

Natürliche Schönheit
Die interessantesten Nationalparks

1

2

3

Kaum haben wir auf 4517 Metern Höhe den Lago Chungará im Norden Chiles erreicht, in dessen tiefem Blau sich Vulkane spiegeln, da stolpern wir los, um den Zauber der Landschaft zu erkunden. In der dünnen Höhenluft ist langsames Laufen angesagt, da man sonst das Gleichgewicht verliert. Es herrscht absolute Stille. Der Lago Chungará, höchstgelegener Vulkansee der Welt, umstanden von oxidationsgetönten Sechstausendern, gleicht einem Traumbild. Er liegt im Nationalpark Lauca, einer von 31 im Land. Der Parque Nacional Lauca wurde 1970 ernannt und umfasst den Faltenwurf der Kordilleren wie den Altiplano, über dessen von Hochmooren getüpfeltem Steppenbraun sich die schneebedeckten Vulkane Parinacota, Pomerape, Guallatiri und Acotango in die Höhe schrauben. Die staatliche Forstbehörde Conaf hat Schutzhütten und Wanderwege angelegt.

Um in den südlich davon gelegenen Nationalpark Volcán Isluga zu gelangen, durchfährt man den Lauca-Park über Guallatiri auf einer abenteuerlichen Schotterpiste bis nach Enquelga. Zum Übernachten gibt es Schutzhütten der Conaf und in Colchane einfache Pensionen.

Nicht viel belebter geht es im Nationalpark Tres Cruces zu. Salzpfannen, dunkelgrüne Lagunen, Schwefelminen und Bergformationen, die aussehen, als hätte die Fantasie sie gemalt, gestatten nur spärlichste Vegetation. Flamingos ernähren sich aus dem eisigen Wasser der Hochgebirgsseen. Einer davon, die Laguna Verde, ist der Stützpunkt für Aufstiege auf den Ojos del Salado (6893 m).

Um festzustellen, aus wie vielen unterschiedlichen Facetten der Natur Chile zusammengesetzt ist, braucht man nur einen der Nationalparks im Süden aufzusuchen. Zum Beispiel den 250 000 Hektar großen Parque Nacional Vicente Pérez Rosales. Taufpate stand der erste Agent für die Einwanderung aus Europa. Von den Ufern des Lago Llanquihue, wo sich die deutschen Immigranten angesiedelt hatten, weitet sich der Park gleich einem Delta in Richtung argentinische Grenze aus. Die Vulkane Osorno und Puntiagudo und der See Todos Los Santos zählen zu seinen landschaftlichen Höhepunkten. Einstmals bedeckte ein dichter Urwald die Seenlandschaft, heute ist er wohlgeordnet und durch viele Pfade erschlossen. Über die Seenplatte hinweg verbindet die beliebte Ausflugstour »Cruce de los Lagos« Chile mit Argentinien. Der Süden des Landes litt stark unter den Abholzungen während des 20. Jahrhunderts, umso besser, dass weite Teile mittlerweile unter Naturschutz gestellt worden sind. Entlang der Carretera Austral reiht sich ein Nationalpark an den nächsten. Der Parque Nacional Queulat besticht durch seinen namengebenden hängenden Gletscher, dem man sich durch einen Spaziergang und eine kurze Bootsfahrt nähern kann. Die gesamte Region war vorher nie besiedelt worden oder Gegenstand von Erkundungen, wie sie im 19. Jahrhundert unternommen wurden, um Nutzungsmöglichkeiten zu ermitteln. Ein Pionier lieh einer Insel seinen Namen: Robinson Crusoe alias Alexander Selkirk, die Vorlage für Daniel Defoes weltberühmten Meuterer, der hier, 360 Meilen von der Küste entfernt, tatsächlich ausgesetzt wurde. Dort, wo sich das Schicksal des Seefahrers – übrigens ohne seinen erfundenen Gefährten Freitag – vollzog, befinden sich die einzigen Ortschaften des kleinen, aus drei Inseln bestehenden Archipels. Die Insel Robinson Crusoe wurde von Wissenschaftlern als Arche Noah für gestrandete Pflanzen bezeichnet, versammeln sich dort doch seltene und außerdem viele endemische Gewächse. Palmen, Myrten, Zimtbäume und Orangenbäume und der auf Polynesien beheimatete Sandelholzbaum überziehen die vulkanische Erde. Längst sind nicht alle Pollen und Pflanzen identifiziert und katalogisiert. Mehrere Pfade fädeln sich durch den Nationalpark Archipiélago Juan Fernández.

1 Im Lauca-Nationalpark mit dem Vulkan Parinacota. 2 Blühende Kakteen im Nationalpark Fray Jorge. 3 Informationszentrum im Queulat-Nationalpark. 4 Himmelhoch ragen die Bäume im Congillio-Nationalpark empor. 5 Fink. 6 Gürteltiere bevölkern ganz Südpatagonien. 7 Zorro, Wüstenfuchs, im Nationalpark Pan de Azúcar.

Sehenswürdigkeiten der Stadt. Interessante Lebensmittelmärkte sind die Feria Pinto in Temuco, die Feria Modelo in Calama, der Mercado Fluvial in Valdivia und der Fischmarkt Angelmó in Puerto Montt. Regionales Kunstgewerbe erwirbt man auf Märkten oder in entsprechenden Geschäften: Holzschnitzereien auf der Osterinsel; Strickwaren und Körbe in Castro, Dalcahue, Ancud, Achao und Quellón (Isla de Chiloé) sowie in Puerto Montt/Angelmó; Schmuck der Mapuche-Indianer in Temuco und Pucón; Wollsachen und Kuhfelltaschen in Coyhaique; Schnitzereien aus dem weißen Vulkangestein Liparit in Toconao. Für Chile typische Schmucksteine sind Lapislazuli und Mondstein.

Die lohnendsten Adressen sind: Santiago, Pueblito Los Domínicos, angelegt wie ein kleines Dorf mit 180 Häuschen von Töpfern, Malern, Kunstschmieden, Schneidern und Strickerinnen. Fündig wird man auch beim Bummel durch das Stadtviertel Bellavista und auf dem Cerro Alegre in Valparaíso.

Fortbewegung

Die Straßen sind durchweg in gutem bis sehr gutem Zustand und werden von Carabineros überwacht; die Carretera Austral besteht zum überwiegenden Teil aus Schotter und Erde, ebenso wie kleinere Routen und Nebenstrecken, besonders im Norden in den Anden.
Wegen der beträchtlichen Distanzen wählen Gäste oft das Flugzeug. Die Flugstrecken teilen sich Lan Chile, die auch einen Airpass anbietet, www.lanchile.com, den man vor Reiseantritt nur im Ausland buchen kann, Ladeco, Sky Airline und Air Comet Chile. Im tiefen Süden operieren kleinere Fluggesellschaften wie Aerochaitén, Alpine Air und DAP www.dap.com, zur Osterinsel fliegt Lan Chile; die Isla Robinson Crusoe (Fernández) erreicht man mit TAIRC.
Santiago hat eine moderne Metro, die von 6 bis 23 Uhr quer durch das Stadtgebiet fährt. An den Endstationen stehen Metrobusse bereit. Vom Flughafen Merino Benítez aus führt ein Busshuttle in das Zentrum Santiagos.
Die Busunternehmen sind durchweg privat und bieten

Fußgängerzone von Arica, der nördlichsten Stadt Chiles (oben). Eselstreiber im Altiplano. Solche Bilder sind in Nordchile heute selten geworden (oben Mitte). Altes deutsches Dampfschiff im Hafen von Valdivia (rechts).

buchen: www.tranmarchilay.cl und www.navimag.cl
Kreuzfahrten auf den patagonischen Kanälen und zur Laguna San Rafael:
www.patagoniaconnection.cl und www.skorpios.cl sowie in die Antarktis www.crucerosaustralis.cl

Harte Arbeit, karger Lohn: Mapuche-Teppichweberin in Puyuhuapi (links). Oft behindern Eisberge das Landemanöver am Refugio Grey. Von hier starten zahlreiche Wanderungen in den Nationalpark (oben).
Nachfolgende Doppelseite: Castro auf der Insel Chiloé.

Vorsorge

Impfungen sind für Chile nicht vorgeschrieben. Es ist jedoch empfehlenswert, Schutzimpfungen wie Tetanus, Typhus, Hepatitis A und B zu überprüfen. Sicherheitshalber sollte man auf Reisen seinen Impfpass mit sich führen, in dem die Blutgruppe eingetragen ist. Man sollte auch bei bedecktem Himmel eine Sonnencreme mit hohem Lichtschutzfaktor benutzen.

Museen

Wie in allen Ländern der Welt sind die Museen auch in Chile am Montag in der Regel geschlossen.
Am Sonntag haben sie häufig nur bis zum frühen Nachmittag geöffnet.

Sicherheit

Als Tourist wird man höflich behandelt und respektiert, weder vom Taxifahrer übers Ohr gehauen noch auf Busbahnhöfen belästigt oder in Hotelzimmern bestohlen. Alleinreisende Frauen werden das zu schätzen wissen. Gewisse Vorsichtsmaßnahmen einzuhalten ist jedoch nicht verkehrt: Größere Mengen Bargeld und kostbarer Schmuck gehören in den Hotelsafe. Papiere verstaut man körpernah und sollte sie bei nächtlichen Spaziergängen nicht mitnehmen.

Post/Internet

Die chilenische Post arbeitet ziemlich flott, ein Brief oder eine

einen guten Service. Wer längere Strecken mit dem Bus fahren möchte, sollte Schlafsitze buchen. Besonders im buchtenreichen Süden ist man auf Fähren angewiesen. Prochile informiert auf seiner Website www.chileinfo.de über entsprechende Adressen. Die Frequenz der Passagen ist in den Sommermonaten stark erhöht. Bei Strecken wie der Carretera Austral oder von der Isla de Chiloé in den Süden sowie von Puerto Montt nach Puerto Natales sollte man so früh wie möglich

Fortsetzung Seite 178

Chile entdecken
Die fünf schönsten Routen

I. Entlang der Carretera Austral

Eine gute Planung und viel Zeit sind erforderlich, um die Carretera Austral genießen zu können.

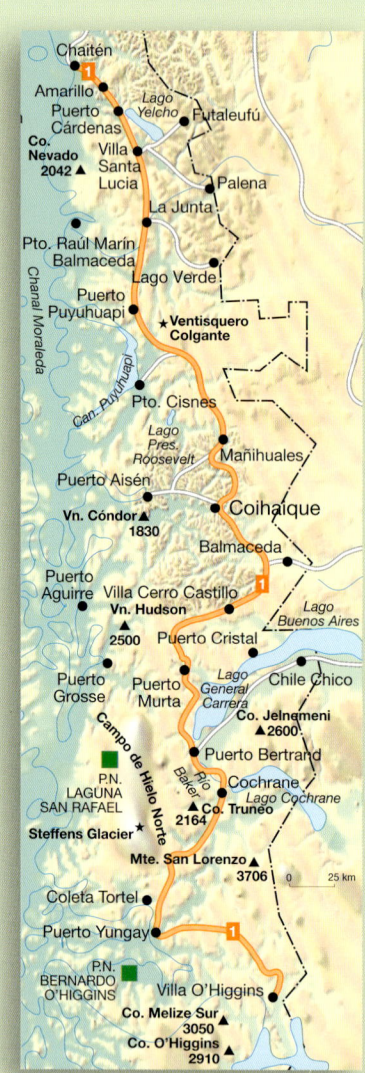

Chaitén wird von den Vulkanen Corcovado und Michinmahuida gekrönt. See und Gletscher Yelcho sind die ersten Höhepunkte. Das Pionierstädtchen Villa Santa Lucía ist von Meseta-Landschaft umgeben, dann beginnt verwunschen anmutender Wald mit Baumfarnen, Alercen, Südbuchen und Bambushainen. Für den Besuch des hängenden Gletschers Queulat bei dem urigen Puerto Puyuhuapi sollte man sich Zeit lassen. Die Carretera Austral führt weiter in die Provinzhauptstadt Coyhaique. Zum zweitgrößten See Südamerikas, dem Lago General Carrera mit seinen tintenblauen und tannengrünen Buchten, ist es nicht weit. Als der Vulkan Hudson 1990 ausbrach, verschwanden ganze Landstriche unter einer Ascheschicht. In den stromschnellenreichen Río Baker fließt der Carrera-See ab, ein Dorado für Fliegenfischer. Ein Abstecher führt in das anmutige Caleta Tortel. Das Pionierstädtchen Villa O'Higgins ist der vorläufige Endpunkt der Carretera Austral.

II. Von Arica in den Lauca-Nationalpark

Das Ziel auf 4600 Metern Höhe ist Arica. Die Strecke hinauf zum Altiplano besticht durch Landschaftswechsel und Zeugen indianischer Kultur. Der Canyon des Río Lluta dient als Anbaugebiet für Alfalfa und zur Viehzucht. An den Bergflanken sind riesige Geoglyphen von 1000 v. Chr. zu sehen, die Tiere, Menschen und kultische Zeichen symbolisieren. Eine der ältesten Kirchen der Region ist die Iglesia de San Geronimo in Poconchile. Aus dem 12. Jahrhundert stammt die Pukara Copaquilla, gefolgt vom Tambo de Zapahuira, einer Rast- und Nachrichtenstation des alten Inka-Pfads. Das auf 3500 Meter platzierte Putre hat alte indianische Vorgänger, ebenso wie das archaische Parinacota, eine Station auf dem Handelsweg zwischen Arica und Potosí. Von schneebedeckten Vulkanen eingefasst ruht der smaragdgrüne Lago Chungará im Nationalpark Lauca.

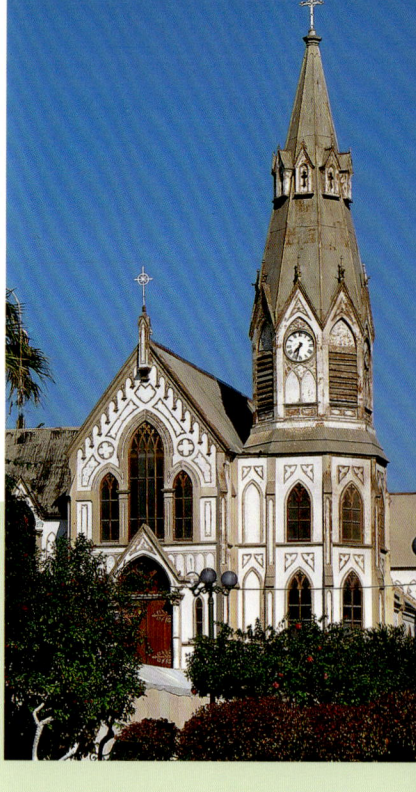

III. Von San Pedro de Atacama nach Calama

Um vier Uhr früh muss man aufstehen, um in den Genuss sämtlicher Höhepunkte der Route zu kommen: zunächst die Tatio-Geysire auf 4300 Metern Höhe, die die aufgehende Sonne zum Leben erweckt. Danach die linke Spur zum Aerodrom nehmen. Nach 14 Kilometern an der Kreuzung rechts abbiegen. Die Strecke ist nach Regenfällen nicht passierbar. An der Cuesta Chita öffnet sich die Landschaft für einen wunderbaren Blick auf den Río Loa. Im winzigen Toconce lässt sich der Terrassenfeldbau gut beobachten. Über einen Abstecher ist die Pukara von Turi zu erreichen. Nach 41 Kilometern bessert sich die Strecke erheblich: Das Indiodorf Caspana kommt in Sicht. Der Abstieg zum Dorfmuseum und zur Kirche San Lucas ist ein Muss. Der eindrucksvoll gelegene Wallfahrtsort Aiquina belebt sich nur zu Ehrentagen der Jungfrau. Eine landschaftlich aufregende Straße führt hinunter in das koloniale Chiu-Chiu. Die Strecke nach Calama ist asphaltiert.

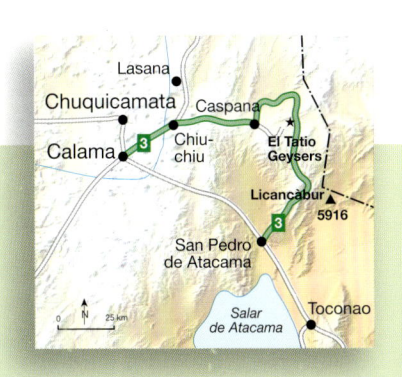

IV. Durch das Land der Mapuche

Waldrouten fädeln sich an Seen und Vulkanen entlang durch das ehemalige Herrschaftsgebiet der Mapuche. Von Villarrica am gleichnamigen See geht es durch fruchtbares Waldgebiet in den Badeort Lican Ray am Lago Calafquén, dann am schwarzsandigen Ufer entlang nach Coñaripe. Mit besonderen Ausblicken auf Vulkane und den Pellaifa-See ist die Strecke über die Cuesta Los Añiques gesegnet; in der Umgebung liegen mehrere Thermalbäder. Hinunter zum Lago Neltume schlängelt sich der Weg durch Eichen- und Buchenwälder bis nach Choshuenco, einem Bauerndorf wie der Holzhafen Puerto Fuy am Lago Pirihueico. Reizvoll ist eine kurze Wanderung zum Wasserfall Huilohuilo. Die Aussicht auf den Vulkankegel des Choshuenco begleitet die Route entlang des Lago Panguipulli in das gleichnamige Städtchen. In Riñihue warten schöne Strände. Hotels gibt es dort und in Puerto Fuy, Baobab und Montaña Mágica.

V. Auf der Isla de Chiloé

Erste Station auf der Bauern- und Fischeridylle: Caulín mit seinem Austernrestaurant. Die bunte Hafenstadt Ancud fällt auf mehreren Terrassen zum Meer hin ab, besuchen sollte man – wie in allen erwähnten Orten – Markt und Museum. Durch Rodungsgebiet führt die Straße hinunter nach Dalcahue, einem Einschiffungshafen für den kleinen Archipel vor der Küste, auf dem es einige der berühmten Holzkirchen der Franziskaner zu sehen gibt. Die Inselhauptstadt Castro besticht durch ihre typischen Pfahlbauten. In einem der hübschesten Orte der Insel, in Chonch, wird alljährlich ein viel besuchter Bauernmarkt abgehalten. Nach Westen gelangt man in den Nationalpark Chiloé mit seinen dichten Wäldern aus Alercen, Zimtbäumen und Südbuchen, nach Süden ans Insel-Ende und nach Quéllon, dem Ausfuhrhafen für Meeresfrüchte.

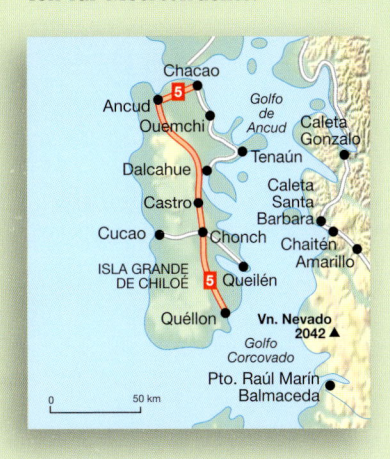

Frühling am Lago General Carrera (linke Seite unten).
Gustave Eiffel erbaute die Kirche in Arica (linke Seite oben).
Adobe-Kirche in Chiu-Chiu (Mitte links).
Araukarien vor dem Vulkan Lanin (links).
Hauptstadt der Insel Chiloé ist Castro mit seiner bekannten Holzkathedrale (oben).

Postkarte braucht mit großer Sicherheit nicht mehr als zehn Tage nach Mitteleuropa. Auch das Postlagersystem *(lista de correos)* funktioniert gut und sicher. Ein Brief oder eine Postkarte ins Ausland kostet 210 Pesos. In großen Ortschaften, den Universitätsstädten sowie touristisch attraktiven Städten gibt es viele Internetcafés, viele haben auch eine Skype-Ausstattung, was die Telefonkosten auf ein Minimum senkt.

Telefon

Mitgebrachte Handys (in Chile: *celular*) funktionieren in der Regel nicht in Chile. Ein Blick auf die Homepage seines Anbieters informiert aktuell. Am internationalen Flughafen in Santiago verleiht die Gesellschaft Bellsouth Handys.
Auch im kleinsten Ort findet man ein *Centro de llamadas*, eine Telefonzentrale für internationale Anrufe. Karten für Telefonkabinen werden verkauft. Vom Hotel vermittelte Auslandsgespräche kosten erheblich mehr. Die Vorwahl nach Chile lautet 0056, nach Deutschland 0049, nach Österreich 0042, in die Schweiz 0041.

Trinkgeld

Üblicherweise wird die Rechnung im Restaurant bis zu zehn

Selbstversorgerhütten beim Refugio Grey (oben). Gehobene Unterkunftsmöglichkeit im Nationalpark Torres del Paine: »Osteria Pehue« am gleichnamigen See (großes Bild). Kolonialbauten um eine kleine Plaza in Arica (rechts).

Prozent aufgerundet; Zimmermädchen, Tankwarte und Kofferträger dürfen ebenfalls eine Anerkennung erwarten.

Unterkunft

In der Hauptstadt ist die Auswahl an Unterkünften in allen Kategorien umfangreich, der Standard entspricht dem mitteleuropäischen. Man kann aber auch preiswert und trotzdem sauber, gemütlich und sicher wohnen. Hospedajes und Residenciales heißen die Familienpensionen, die eine ansprechende Alternative zu kleineren Hotels bilden, zum Beispiel in Pucón, Puerto Varas, Puerto Octay, Villarrica, Caracautin, Puerto Natales, Punta Arenas, San Pedro de Atacama. Was die Hotelpreise angeht, haben die Städte Santiago, Calama, Punta

Die Umtauschkurse lauten zurzeit: 1 Euro = 722 CLP, 1 US-Dollar = 590 CLP.
Am unproblematischsten sind US-Dollar zu wechseln, andere Währungen tauscht man am besten in Santiago in den Wechselstuben (casas de cambio). Einige haben auch samstags geöffnet. Mit »Redbanc« gekennzeichnete Banken verfügen über Geldautomaten (cajeros automáticos).
Auf der Osterinsel tauscht die Banco del Estado de Chile nur bis 12 Uhr Dollar. Sie werden auch als zweite offizielle Währung akzeptiert. Bargeldbezug mit Kreditkarte ist hier nicht möglich.
Nicht sehr verbreitet ist das Bezahlen mit Travellerschecks. Wer aus Sicherheitsgründen damit reisen will, sollte American Express mitnehmen. Größere Hotels tauschen auch, aber zu sehr viel ungünstigeren Kursen.
In Restaurants, Hotels und Geschäften werden mitunter auch Bardollars akzeptiert.

Der Barmann des Café Brighton in Valparaiso bei der Zubereitung des Nationalgetränks Pisco Sour (links). Kneipen säumen die Straßen von Bellavista, dem Künstlerviertel von Santiago (oben rechts).
Nachfolgende Doppelseite:
Der Pia Gletscher, einem der schönsten Gletscher der Darwin-Kordilliere.

Arenas, Pucón und San Pedro de Atacama sowie der Parque Nacional Torres del Paine, das höchste Preisniveau.

Währung

Der chilenische Peso (CLP) zirkuliert in Münzen zu 1, 10, 50 und 100 Pesos sowie in Scheinen zu 500, 1000, 2000, 5000 und 10 000 Pesos.

Zeitverschiebung

Die Abweichung der chilenischen Ortszeit gegenüber MEZ variiert mit der Sommer- bzw. Winterzeit. Vom zweiten Samstag im Oktober bis Ende März beträgt der Unterschied zu Mitteleuropa minus vier Stunden: wenn es dort 12 Uhr ist, ist es in Chile 8 Uhr morgens. Vom zweiten Samstag im April bis Ende September beträgt der Unterschied sechs Stunden. In den zwei Wochen zwischen der Zeitumstellung in Europa und in Chile (Ende September bis zweiten Samstag im Oktober sowie Ende März bis zweiten Samstag im April) weicht die Zeit fünf Stunden voneinander ab.

Zoll

Gegenstände, die für den persönlichen Bedarf des Reisenden während der Fahrt und des Aufenthalts bestimmt sind, können zollfrei eingeführt werden. Devisen kann man unbegrenzt ein- und ausführen.

Menschen, Orte, Begriffe

Menschen

Alexander IV, Papst 42
Allende, Salvador 24, 25
Alacalufes (Volksstamm) 24, 30
Almagro, Diego (Entdecker) 24
Amandus, Rudolph und Bernardo 120
Anwandter, Karl 120, 132
Atacameños 24, 88, 93

Bachelet, Michelle 25
Behety, Maria 157
Braun-Menéndez, Mauricio 157
Bulnes, Manuel 25

Cassidy, Butch 131
Chango (Volksstamm) 24
Cousiño, Matias 119f.
Crusoe, Robinson 173

Darwin, Charles 58
Diaguita (Volksstamm) 70
Defoe, Daniel 65

Eterovic, Ramón Díaz (Schriftsteller) 44

Fernández, Juan (Entdecker) 65
Feuerlandindianer 27
Forster, Georg (Forscher) 65

Frei Ruiz-Tagle, Eduardo 25
Godoy Alcayaga, Lucila 82
Gusinde, Martin 159

Haenke, Thaddäus (Forschungsreisender) 86

Kid, Sundance 131

Lagos, Ricardo 36

Mapuche (Volksstamm) 24, 30, 114ff., 118, 153, 174
Mistral, Gabriela (Lyrikerin) 82
Montt, Manuel 25

Neruda, Pablo 14, 16, 32, 37, 47, 140
Nogeira, José 157

O'Higgins, Bernardo 25
Orllie-Antoine de Tounens 116f.

Pinochet, Augusto 25, 36
Portales, Diego 25

Roggeveen, Jakob (Kapitän) 64

Selk'nam (Volksstamm) 24, 30
Selkirk, Alexander 173
Steffen, Hans 151
Sundance Kid 131

Tompkins, Douglas (Unternehmer) 141, 156

Valdivia, Pedro de 24, 114f.
Videla, Gabriel González 82
Vizcarra, Pedro de 116

Yamana (Volksstamm) 29

Orte und Begriffe

Achao 150
Aconcagua 20
Ahu A Kivi 65
Aiquina 16, 31, 93f., 94f., 169
Albacora 32
Alpaka 101
Anakena 62/63
Andacollo 74
Angelmó 121
Angol 61
Anreise 169f.

Antofagasta 25, 91, 101
Araukarie 118, 131f., 136/137, 140
Arica 34, 113, 174, 176, 178
Arrayanes 140
Asado 33
Atacama 19, 88, 89
Auskunft 170
Aymara 33
Azapa 24

Baden 170
Baños de Puritama 88
Baquedano 112

Geschäft mit Patina in Valparaiso (oben). Huasos im Nationalpark Torres del Paine (Mitte rechts). Vor der Kirche von Chiu Chiu (unten).

Beagle-Kanal 24, 159, 162/163

Calama 93
Caldera 4, 21, 71

Caleta Portales 168
Caleta Tortel 16, 147, 159
Calle Bandera 44
Calle Nueva York 47
Carretera Austral 30, 140, 144, 148/149, 156/157
Caspana 90, 94
Castro 151
Cazuelas 33
Centolla 33
Chacabuco 87
Chañar 6, 68
Chanaral 84/85, 113

Chañarcillo 73
Chango 24
Chillán 61
Chiloé 19, 177
Chinchorro-Kultur 24
Chiu-Chiu 177
Chuquicamata 92f.
Cochamó 34/35, 116, 118, 119, 132
Cochrane 156
Colchagua-Tal 43
Colchane 37
Concepción 42
Concertación 25
Copaiquilla 97

Copiapó 70
Coyhaique 29
Curico 43

Diaguita 24

Einkaufen 170f.
Einwanderer, deutsche 132
El Bosque Norte 44
El Paranal 76f.
Empanada 33
Erizos 32
ESO 76

Feiertage 169
Feste 169
Fernández, Juan, Islas de 64f.
Feuerland 22/23, 29
Flamingos 92, 101
Flora und Fauna 168

Fortbewegung 174
Futaleufu 128

Gesundheit 170
Gigante de Atacama 96
Gran Salto del Rio Paine 154
Grey-Gletscher 39, 155, 158
Guallatire 103
Guanakos 155
Gürteltiere 173

Hangaroa 65, 170
Heredia (Romanfigur) 44
Hotels 166f.
 - Hostaria de los Andes 35
 - Hotel Termas de Puyuhuapi 146, 167
 - Hotel Terrantai 166/167
 - Hotel Hacienda de los Andes 166
Huaso 73
Huemules 16

Inka 24, 68, 103
Iquique 33, 86/87, 100, 100/101, 170
Isla de Chiloé 144ff., 150/151, 177
Isla Robinson Crusoe 173
Islas Damas 83

Kap Hoorn 24, 27, 50, 128, 159
Klima 169
Kongeraal 32

La Portada 90

La Serena 24, 29, 70, 81, 82
La Silla 76
Lago Chungára 172
Lago de Villarrica 115
Lago General Carrera 21, 30, 152, 159
Lago Grey 140
Lago Llanquihue 117, 120, 173
Lago Pehoe 154/155, 155
Laguna Chaxa 92/93
Laguna del Negro Francisco 75
Laguna Santa Rosa 74/75
Laguna Verde 132
Lama 101
Las Condes 44
Linke-Hoffmann-Busch 113
Lluta 24
Longaniza 132

Magellanpinguine 162
Maipo 42

Marina 32
Mariscal 32

Nationalparks 172f.
 - Conguillio 5, 128, 130f., 133
 - Fray Jorge 18, 141, 168, 171, 172/173
 - Isluga 141
 - Lauca 172, 176
 - Pan de Azúcar 21, 71, 78/79, 84, 171
 - Puyehue 129
 - Queulat 38, 172, 173
 - Torres del Paine 14/15, 140, 154f.
 - Tres Cruces 75, 172
 - Vicente Pérez Rosales 172
 - Volcán Isluga 172
Neruda, Pablo, Häuser
 - La Chascona, 49
 - La Sebastiana, 49
 - Isla Negra 49

Observatorien
 - Comunal Mamlluca 77
 - El Tololo 76
 - La Silla 76
Oficina Humberstone 34, 86/87
Oficina Laura 34, 87

Kathedrale im Spiegel in Santiago (links).
Pelikane im Hafen von Arica (Mitte rechs).
Flink über die Lava:
Die Wasserfälle von Petrohue (unten).

Ojos de Salado 34, 172
Ollagüe 18
Osterinsel 60/61, 62/63, 62f., 170

Paila 32
Papudo 21, 47, 56/57
Parinacota 4, 31
Pastel del Choclo 33
Pichilemu 61
Pilchero 73
Pisco 70
Pisco Elqui 71, 166
Piscotraube 81
Portillo 169
Porvenir 30, 159

Puerto Aisén 36
Puerto Bertrand 156/157
Puerto Edén 29
Puerto Ibánez 34
Puerto Natales 152/153
Puerto Octay 30, 120
Puerto Varas 121
Puerto Williams 30, 159
Pukaras 96/97
  - Pukara de Lasana 93, 96/97
  - Pukara von Quitor 96
  - Pukara von Turi 93
Punta Arenas 30, 32, 34, 149

Quínoa 20

Rancagua 61
Rano Raraku 65
Refugio Grey 178
Reisezeit 169
Reñaca 60
Río Baker 163/164, 140/141
Río Biobío 24, 114
Río Hurtado 68

Río Mapocho 50
Río Maule 24
Río Petrohue 128
Robalo 32
Robinson Crusoe 65

Sahara 19
Salar de Aguas Calientes 108/109
Salar de Atacama 92/93
Salar de Surire 108
Salesianer 30, 149
Salpeter 86/87, 86f., 100/101
Salto de Laja 112/113
San Fernando 61
San Miguel de Azapa 24
San Pedro de Atacama 24, 31, 88, 90, 91, 96, 102, 166/167
Santiago 4, 42, 46, 52, 52f.
  - Alameda 52
  - Avenida Bernardo O'Higgins 46
  - Barrio Paris – Londres 46
  - Bellavista 16, 32, 49
  - Börse 50
  - Cerro San Cristobal 53
  - Cerro Santa Lucia 4, 46
  - Estación Mapocho 53
  - La Moneda 47
  - Mercado Central 49
  - Musee de Bellas Artes 48/49, 53
  - Museum für präkolumbische Kunst 53
  - Palacio de la Real Audiencia 52
  - Paseo Ahumada 52
  - Plaza de Armas 44, 45, 51, 42, 54
  - Plaza de la Constitución 46
  - Portal Fernández Concha 52
  - Stadtmuseum 52
  - Museum für Zeitgenössische Kunst 53
Santa Carolina (Weingut) 42
Senderos de Chile 30
Seno Otway 162

Taracapá 25, 42
Tatio-Geysire 5, 88, 90, 91
Tehuelche 24, 30
Telefon 178
Temuco 121
Tihuanaco-Kultur 24, 103
Tocopilla 112
Todos Los Santos 128
Torres del Paine 28
Trinkgeld 178
Tulor 96
Tulor Viejo 24

Undurraga 42
Unidad Popular 102
Unterkunft 178

Valdivia 170, 175
Valle Casablanca 42
Valle de Colchagua 61
Valle de la Luna 129
Valle del Elqui 42/43
Valle Hurtado 5, 6, 68, 166

Valparaíso 26, 27, 44, 46, 50, 59, 60/61
  - Cerro Concepción 28/29
  - Plaza Sotomayor 59
Vientos blancos 74
Vikunja 101
Villa Cerro Castillo 24
Villarrica 116
Vina del Mar 58
Visviri 30
Vulkane
  - Antuco 27
  - Calbuco 117
  - Lascar 98/99
  - Licancabur 88, 128
  - Llaima 132f.
  - Ojos de Salado 74/75, 75
  - Osorno 128
  - Parinacota 89
  - Villarrica 124/125

Währung 179

Zapallar 56/57
Zeitverschiebung 179
Zoll 179
Zorro 173

Detail in der Hacienda de los Andes (links). Grillrestaurant in Antofagasta (Mitte oben). Moai auf der Osterinsel (oben).
Rechte Seite:
Die berühmten Granitnadeln der Torres del Paine

Impressum

Weitere Titel ...

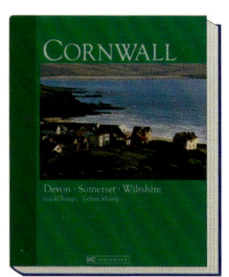

ISBN 978-3-7654-4934-5

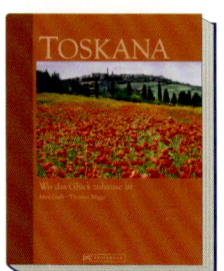

ISBN 978-3-7654-4863-8

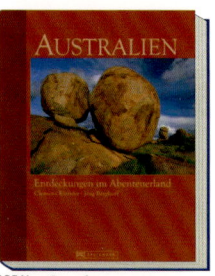

ISBN 978-3-7654-4929-1

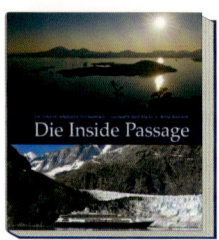

ISBN 978-3-7654-4616-0

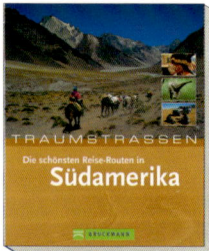

ISBN 978-3-7654-4210-0

Das komplette Programm unter www.bruckmann.de

BRUCKMANN

Der Fotograf

Hubert Stadler (1954–2005), selbständiger Fotograf mit den Schwerpunkten Südamerika und Nordeuropa. Er veröffentlichte zahlreiche Bildbände und Reiseberichte in nationalen und internationalen Magazinen. Mitglied der Fotografenagentur Corbis.

Die Autorin

Susanne Asal studierte Geschichte, Ethnologie und Anglistik. Seit 1986 freie Reisejournalistin. Mehrjährige Aufenthalte in Mexiko und Argentinien. Autorin zahlreicher Bildbände und Reiseführer, vor allem über die spanischsprachige Welt. Sie lebt in Frankfurt am Main.

Produktmanagement und Bildauswahl: Joachim Hellmuth
Textlektorat: Kristin Bamberg
Graphische Konzeption: Uhlig/www.coverdesign.net
Satz und Layout: Werner Poll
Umschlaggestaltung: Frank Duffek unter Verwendung eines Fotos von Hubert Stadler
Kartographie: Astrid Fischer-Leitl, München
Herstellung: Bettina Schippel
Repro: Repro Ludwig, Zell am See
Printed in India
by International Print-O-Pac.Ltd.

Alle Angaben dieses Werkes wurden von der Autorin sorgfältig recherchiert und auf den aktuellen Stand gebracht sowie vom Verlag geprüft. Für die Richtigkeit der Angaben kann jedoch keine Haftung übernommen werden. Für Hinweise und Anregungen sind wir jederzeit dankbar. Bitte richten Sie diese an:
Bruckmann Verlag GmbH
Produktmanagement
Postfach 40 02 09
D-80702 München
E-Mail: lektorat@bruckmann.de

Bildnachweis

Umschlagvorderseite:
Die flechtenähnliche Llareta vor dem Vulkan Parinacota im Lauca Nationalpark.
Umschlagrückseite:
Huasos in Cochamó.

Archiv für Kunst und Geschichte, Berlin: S. 26/27
Bildarchiv Preußischer Kulturbesitz, Berlin: S. 26/27 u., 27 u. u. M.
ESO, Garching: S. 76/77 l. u. u., 76/77, 77 r.
Interfoto, München: S. 24 M.
Keystone/Studio X, Limours: S. 26 u.
Picture Alliance / dpa, Frankfurt: S. 24 u., 25 u. (2) u. r.o.
Sotheby´s/Archiv für Kunst und Geschichte, Berlin: S. 27 o.
Udo Bernhart: S. 10/11, 14/15, 54/55(2), 66/67, 126/127, 134/135, 136/137, 160/161, Vor- und Nachsatz.

Alle übrigen Aufnahmen stammen von Hubert Stadler, Fürstenfeldbruck.

Textnachweis

Das Zitat auf Seite 14 stammt von Pablo Neruda. © 1984–86 by Nachlass von Pablo Neruda, Das lyrische Werk, deutschsprachige Ausgabe erschienen im Luchterhand Literaturverlag, München, einem Unternehmen der Verlagsgruppe Random House GmbH.
Der Text »On the road: Mit dem Wohnmobil durch Chile« stammt von Hubert Stadler

Die Deutsche Nationalbibliothek – CIP Einheitsaufnahme
Ein Titeldatensatz für diese Publikation ist bei der Deutschen Nationalbibliothek erhältlich.

Die Originalausgabe erschien 2004 in der C.J. Bucher Verlag GmbH, München.

Erweiterte und überarbeitete Neuausgabe
© 2009 Bruckmann Verlag GmbH, München
ISBN 978-3-7654-4933-8

Unser komplettes Programm:
www.bruckmann.de